人物叢書

新装版

朱《しゅ》舜《しゅん》水《すい》

石原道博

JN070248

日本歴史学会編集

吉川弘文館

朱舜水肖像

木彫坐像，高さ76cm。　常陸太田市瑞竜，徳川家蔵。作者はよくわからないが，光圀がかかせた舜水の画像(挿図25・26)によって制作したとおもわれる。道服をつけ，紗帽をかぶる。一面に胡粉で白くそめられているが，その風貌には，いかにも老師の静かさと，亡国の遺臣としての寂しさがただよっているようにみえる。手の爪を細長くのばしているのは，文人のシンボル。

杜甫七言律の詩幅。雄健な筆勢。「辛丑」とあるが、これは寛文元年＝永暦十五年・順治十八年（一六六一）にあたる。舜水六十二歳、日本投化後の三年目、長崎流寓時代のものとおもわれる。稲葉君山博士『朱舜水全集』・平凡社『書道全集』二一巻にも所収。

楚王宮北翻《ながく》黄昏、　白帝城西過雨痕《のあと》。
返炤《へんしょう》入レ江飜ニ《り》石壁一《に》、　帰雲擁レ樹失ニ《う》山村一《を》。
衰年肺病惟《ただ》高レ《くし》枕《を》、　絶塞《ぜっさい》愁レ《いて》時蚤《をはやく》閉レ《ず》門《を》。
不レ可ニ久留《しくる》一豺虎乱《のに》一、　南方実有ニ《に》未レ招魂一。

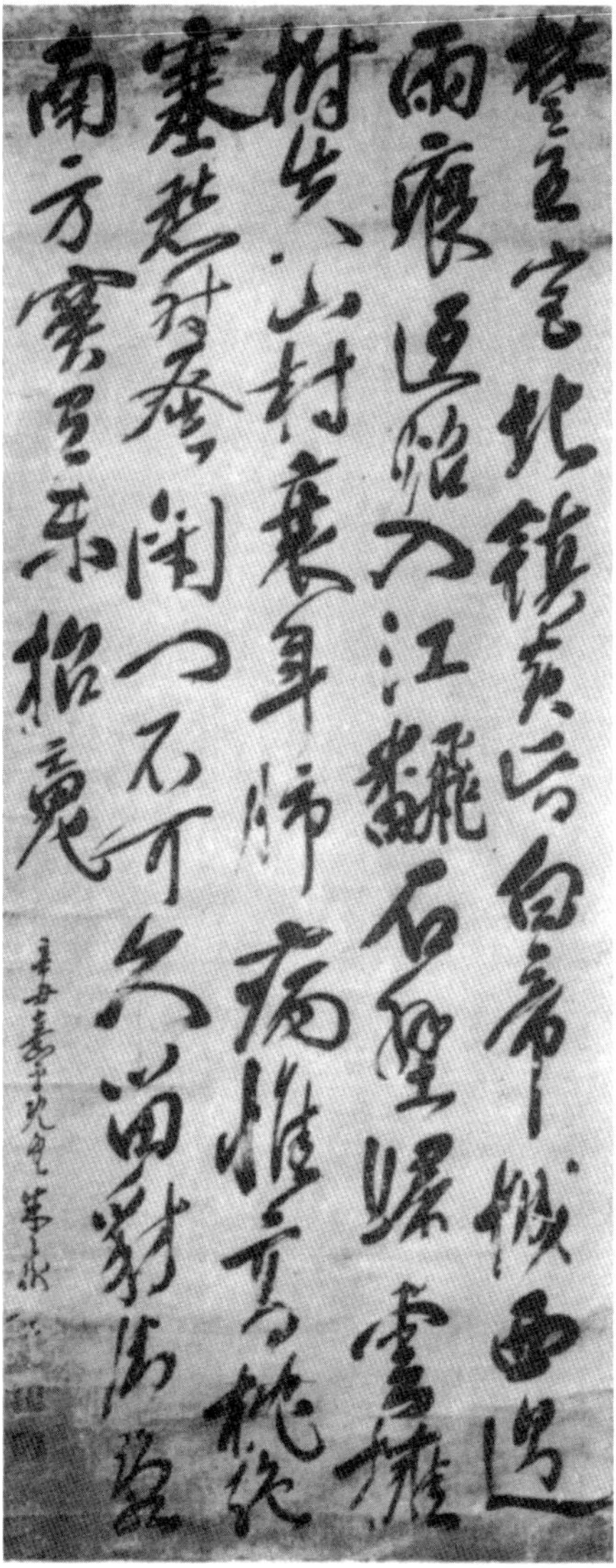

朱舜水の筆蹟（市村瓚次郎博士旧蔵）

はしがき

　わたくしが、朱舜水に直接関心をもちはじめたのは、昭和四年（一九二九）の春、当時、日比谷公園のとなりにあった東京府立一中から、本郷の一高へ入学して、まもないころであった。赤かべの本館の東側に、二メートル四方、高さ一メートル半ぐらいの、まるい土盛りのうえに、三〇センチ角、高さ二メートルほどの石碑がたっていた。碑面には「朱舜水先生終焉《しゅうえん》之地」と雄健・端正にかかれ、碑陰《ひいん》には「明治四十五年六月二日　朱舜水記念会」と刻されていた。明治四十五年（一九一二）といえば大正元年、中華民国元年にあたり、わたくしにしてみれば、まだ数えどし三つのときである。

　その後、はからずも、東大で東洋史を専攻するようになり、しかもわたくしの卒業論文は、偶然にも「明《ミン》末の日本乞師《きっし》」であった。そしていつのまにか、鄭成功《ていせいこう》や朱舜水とは、縁のきれない学徒となっていった。昭和十八年（一九四三）に召集をうけて、ただちに北満におもむいたが、同二十三年（一九四八）にシベリアの捕虜生活からようやく解放されて、六年ぶりに故国の地をふんだ。台北へ赴任する直前の応召だったので、復員しても路頭にまようありさまであったが、やがて、はからずも旧制水戸高校へ奉職することとなった。それからはやくも足かけ十四年、水高が新制茨城大学にかわっても、わたくしと朱舜水との関係は、いっそう密接になっていった。このたびの戦火で、おしくも焼けてしまったけれど、水戸には彰考館があったし、常陸太田の瑞竜山《ずいりゅうざん》には、「明《ミン》徴君子朱子墓」が、むかしをかたり顔に、こけむしている。

いまから四十九年まえに、朱舜水の日本渡来二百五十年祭が、江戸駒籠《こまごめ》（駒込）の舜水の別荘であった旧一高（現東大農学部）でおこなわれた。まえにかいた記念碑がたてられたのは、じつはこのときのことである。舜水十一世の孫という朱輔基《ほき》も、この祭典に参列した。戊戌《ぼじゅつ》政変（一八九八）の立役者であった康有為《こうゆうい》は、当時、日本に亡命中で須磨におり、この祭典に参加できぬ敬慕のこころを、「朱舜水五首」の詩に託した。

来年の昭和三十七年（一九六二）は、半世紀まえの前例をおそうならば、朱舜水の日本渡来三百年にあたる。また同時に、二百八十年忌でもある。直系の朱力行《りきこう》君（千葉大文理学部理学科三年）や一族の朱貽柳《いりゆう》氏（三江公司最高顧問）は、去る四月十七日の二百七十九年忌に来水（水戸）し、舜水の墓参をすませたが、建廟の計画についても、その衷情をうかがっている。わたくしが、たまたま本書を出版するのも、朱舜水の日本渡来三百年を記念し、没後二百八十年を追想しようとする、ひとつのよすがでもある。

　本書は、わたくしの前著『国姓爺《こくせんや》』（人物叢書22・昭和三十四年）の姉妹篇であるから、おたがいに参照しながら、よんでいただければ、しあわせである。内容は、便宜上、中国時代・日本時代・朱舜水論の三部にわけた。日本投化《とうか》以後の朱舜水については、わりあいよくしられているが、日本投化以前、すなわち中国時代の朱舜水のことは、ほとんどしられていない。そこで、わたくしは東洋史専攻のたちばから、中国時代の事蹟についても、できるだけ解明したつもりである。

叙述の方法は、第一の中国、第二の日本両時代をつうじて、事項別に、ほぼ編年的にかきしるした。第三では、その欠をおぎなういみで、学風や日常生活の側面をとりあげ、交遊関係をあきらかにし、おわりに、日中両国における朱舜水回想・研究の経緯をあとづけた。引用した史料は、すべて原漢文である。書きくだしにして、わりあい多く本文にいれたが、意訳したり、大意をとったりするよりも、かえって正確でわかりやすい、とかんがえたからである。しかし、紙数に制約があったので、意あって言たらぬところもあるが、それらについては、こんごも、順次発表してゆくつもりである。系図・年譜・参考文献をはじめ、口絵・挿図などにも、ひそかな苦心があったことを、つけくわえておく。

なお、本書をかくにあたっては、内外の先学・同学から、多大の学恩をうけた。とくに畏友瀬谷義彦教授からは、いろいろ援助をいただいた。大方のご協力とご教示にたいし、深謝の意を表したい。

一九六一年五月三十一日（旧四月十七日、朱舜水二百七十九年忌）

満四年間の茨城大学学生部長の併任を解かれ、文理学部史学研究室にて

石原道博

目次

はしがき

第一　中国時代……一

一　出生……一

二　結婚……八

三　沈潜……一一

四　徴辟……二一

五　海外経営……三五

六　安南之役……五四

七　北征従軍……七〇

八　日本投化……九〇

第二　日本時代……一〇一

一　長崎流寓……一〇一

二　東上……一二四
三　江戸定住……一四三
四　永眠……一六八
第三　朱舜水論……一八三
一　学問思想……一八三
二　生活……二一一
三　知友門人……二二一
四　彰考……二四五
略系図……二八一
略年譜……二八三
参考文献……二九五

口絵

朱舜水肖像……巻頭
朱舜水の筆蹟……巻頭

挿図

1 朱舜水の印章……三
2 監国魯王の印章……三
3 上監国魯王謝恩奏疏（前疏）……三—三
4 朱舜水の墓……六
5 明徴君子朱子墓（拓本）……六
6 鄭成功、帰化舜水に贈る書……九六
7 安東守約筆蹟……九八
8 皇明監国魯王壙誌（拓本）……一二
9 徳川光圀肖像……一三七
10 弘道館の学生警鐘（拓本）……一四三
11 朱舜水尺牘(一)……一五〇

12 朱舜水祠堂図……一七四
13 同祠堂平面図……一七四
14 15 朱舜水神主図(一)(二)……一七五
16 『朱舜水先生文集』……一八〇
17 旧水戸藩弘道館之図……二〇四
18 鄭大木、朱舜水に与うる書状……二二九
19 舜水朱賢兄肖像……二三三
20 湊川楠公碑……二三八
21 楠公父子訣別図讃……二四〇
22 朱舜水尺牘(二)……二四一
23 逐日功課自実簿……二四三
24 明故徴君文恭先生碑陰（拓本）……二五〇
25 朱舜水画像(一)……二七〇
26 朱舜水画像(二)……二七一
27 朱舜水書……二七四

28 朱舜水、板矩・村顧言に与うる書……二四—二五
29 朱舜水詩幅……二六
30 朱舜水書（拓本）……二七
31 朱舜水扁額……二八

第一　中国時代

一　出生

生年月日

朱舜水《しゅしゅんすい》(一六〇〇―八二)は、中国の浙江《せっこう》省餘姚《よよう》のひと。明《ミン》の万暦二十八年(一六〇〇)十月十二日にうまれた。日本では、天下分け目の関ヶ原の決戦がおこなわれた慶長五年にあたる。いわゆる西力東漸《とうぜん》のなみにのったイギリスが、東《ひがし》インド会社を設立したのも、このとしである。二年まえには、フランスで「ナントの勅令」がでている。

名・号

舜水は、名を之瑜《しゆ》という。一書には之璵《しよ》としるす(張廷枚『姚江詩存』)。瑜も璵も、タマのいみであるが、これはあやまりである。舜水というのはその号で、これはかれの

字

郷里の餘姚をながれる河の名からとったもの。そのいわれについては、はじめ水戸義公(圀光)が「一庵斎」という私号でよぼうとしたとき、舜水は「今、已《すで》に舜水を将《も》って号と為す。舜水とは、敝邑《へいゆう》の水名なり。古来、大名公、多く此の等《たぐい》有り。瞿《く》昆湖《こんこ》・馮巨区《ふうきょく》・王陽明の如きは、皆な本郷の山水なり」（『文集』巻六・与安東守約書一一、『全集』一一四ページ）とこたえているのによって、あきらかである。

字《あざな》は魯璵《ろよ》、また楚璵《そよ》といった。中国側の史料には楚嶼《そしょ》とあり（『姚江詩存』）、また「字は楚嶼、海外に至り、復《ま》た字は魯嶼」ともみえる（『海東逸史』巻一八）。日本側の朱舜水伝としてもっとも確実な史料によれば、「字は魯璵」としるし、それに註して「魯を楚に作るは非なり。印章、楚璵と訛刻《かこく》して、復《ま》た改刻せず。故に人、或いは楚璵と称す」（『行実』、『全集』五六七ページ）とあるから、最終的には魯璵がただしいとおもう。前田家所蔵のなだかい「楠公父子訣別《けつべつ》図讃」や、市村瓚次郎《さんじろう》博士旧蔵の朱舜水自筆の詩幅（巻首・口絵）などには、「楚璵」の印がおされている。ただ印章（挿図1）のような貴重なものを、かんたんに楚と魯とをあやまって刻《ほ》るということはありえないから、中国時代は楚璵といい、日本投化後は魯璵に統一したのではあるまいか。「魯」の字をもちいたについては、わたくしの推測にすぎないが、舜水が恩詔をうけ感激してやまなかった監国魯王以海にちなんだものではなかったろうか。

姓の朱も、はじめは「邾《しゅ》」であったらしく、また「諸」とも称したらしい（『文集』巻二〇・対源光圀問、『全集』三七八ページ）。のち、ものごころのついた舜水が、自分の姓が、はからずも明《ミン》の国姓朱（第一代太祖洪《こう》武帝の姓名は朱元璋《げんしょう》）と

ここにかかげた五種は、沢田章『日本画家大辞典』（啓成社・大正二年）二一〇―一一ページによった。「朱之瑜印」「楚璵」「溶霜斎」などとある。「楚璵」は訛刻で、「魯璵」がただしいという。「溶霜斎」という別号も、注目すべきである。

挿図1　朱舜水の印章（模写）

おなじであったことは、おそらくかれを勇気づけ、はげましたことであろう。宋《そう》学としてなだかい朱熹《しゆき》（朱子・朱文公）の子孫かどうかについては、舜水自身が、直接には関係がなさそうだといっているが、けっしてこれも、わるいきもちではなかったであろう。

先祖・父母・兄

ふるい先祖のことはよくわからないが、曾《そう》祖父は詔《しよう》といい、守愚《しゆぐ》と号し、栄禄大夫《たいふ》をおくられている。祖父は孔孟《こうもう》といい、恵翁《けいおう》と号し、光禄大夫をおくられている。父は正といい、字《あざな》を存之《そんし》、定寰《ていかん》と号し、別号を位垣《いえん》ともいった。光禄大夫・上柱国《じようちゆうこく》大□兼太子太□兼□前総督漕運《そううん》軍門をおくられている（『文集』巻二〇・対源光圀先生縁繇履歴、『全集』三八〇ページ）。母は金氏。舜水はその三男である。

伯兄は之琦《しき》、また啓明といい、字は蒼嶼《そうしよ》。之琦を之珂《しか》とするものもあるが、琦がただしいとおもう。珂は「タマにつぐ石」のいみをもつから、兄弟三人とも「タマ」という名をそろえて命名したのにそぐわない。熹宗《きそう》の天啓五年＝寛永二年

（一六三五）の武《ぶ》進士《しんじ》で、南京《ナンキン》神武営総兵（南京洋務軍門）となったが、兵部侍郎《じろう》（次官）阮《げん》大鋮《たいえつ》ににらまれて、一時、その職をうばわれた。明《ミン》の第十七代毅《き》宗《そう》の崇禎《すうてい》年間、うたがいがはれて漕運総督をさずけられようとしたが、たまたま明朝《ミンちょう》がほろびて仕官せず、老寿をまっとうした。仲兄は之《し》瑾《きん》といい、諸生であったが、冠儀（元服）のまえに早死している。

　母の金氏についてはよくわからないが、こうしてみると、舜水の父祖・兄弟たちは、いちおう堅実な士《し》大夫《たいふ》階級であったことがしられる。

中国のありさま

　さて、舜水がうまれたつぎのとし、万暦二十九年・慶長六年（一六〇一）は、中国では各省に天災がしきりにおこり、人民はうえ、盗賊ははびこり、しかもいわゆる「礦税《こうぜい》の害」はさかんにおこなわれ、ようやく明室《ミンしつ》衰亡のきざしがみえそめていた。徳川家康が将軍となり、江戸幕府をひらいたのは、これからさらに二年後のことである。

礦税というのは、ゆきづまった明《ミン》の財政を、なんとかとりつくろうとした、ばあたりの政策で、さかんに礦山をひらき、また塩・茶・船などの税をまし、礦監・税監・塩監などを各地において、しきりに税をとりたてた。歴史家は「明《ミン》の亡ぶるは、崇禎に亡びずして、万暦に亡ぶ」（趙翼『二十二史劄記』巻三五）と、非難のこえをあびせている。したがって、万暦中にも、廷臣たちが礦税を廃止するよう、たびたび建言している。大学士沈鯉《しんり》は、雨をおかし、素服《そふく》のまま文華門におもむいて、万暦帝に上奏し、帝のこころもかなりうごいた。しかし、けっきょくもたついて、成功しなかったといわれる。

舜水の少年時代も、よくわからない。かれ自身は、その当時をふりかえって「郷の長老、毎《つね》に言う、総角《そうかく》（あげまき）の時、志概《しがい》（こころざしみさおがたかい）ありと」（『文集』巻七・答安東守約書・『全集』一二六ページ）といい、また「典籍《てんせき》を見る毎《ごと》に、竊《ひそ》かに自ら心を傷《いた》め、毎毎《まいまい》、涙下る。不幸、幼齢にして父を喪《うしな》い、学を為《な》すの道を知らず。遂に昧昧《まいまい》（いくら）として此《ここ》に至る」（『遺書』巻一四・

答安東守約雑問、九葉前)とへりくだっているが、八歳のとき、父の存之が死んでいる(『文集』巻一九・祭顧考某府君文、『全集』三七二ページ)。「九歳、父を喪う」(『行実』、『全集』五六七ページ)とするのは、あやまりのようである。

しかし、いずれにしても、舜水は、はじめ慈《じ》谿《けい》(浙江省)の李契玄《けいげん》についてまなび、そののち吏部《りぶ》左侍郎朱永佑《えいゆう》(聞遠)・東閣大学士兼吏戸工《りここう》三部尚書《しょうしょ》(長官)張肯堂《こうどう》(鯢《げい》淵《えん》)・礼部尚書呉鍾巒《しょうらん》(霞舟《かしゅう》)らについて、業をうけたことは事実らしい。永佑と肯堂とは、おなじ華亭(江蘇省松江県)のひと、鍾巒は武進(江蘇省)のひと。「古学を研究し、特に詩書に明らかなり」(『行実』、『全集』五六八ページ)とあるから、はやく父をうしなった不幸な境遇から、地味ではあるが、堅実な学問と教養をみにつけていたとおもわれる。このころ、明《ミン》末清《シン》初の大儒となった梨洲《りしゅう》＝黄宗羲《こうそうぎ》(一六一〇—九五)や亭林＝顧炎武《こえんぶ》(一六一三—八二)が、あい前後してうまれている。

ヨーロッパでは、ロシアのロマノフ王朝がはじまり(一六一三)、わが国では、大阪夏の陣（一六一五）があって豊臣氏がほろぼされていたが、東アジアでも、異常な大変革が胎動していた。すなわち、満州のヌルハチ（清の太祖）が帝を称し、年号をたてて天命といい、後金《こうきん》国が成立していたのである。ときに万暦四十四年、わが元和二年（一六一六）のことであった。

二　結婚

冠婚葬祭は、中国においては、とくに人生の四大行事である。「十有五にして学に志し、三十にして立つ」あいだに、人生の第二のスタートとして、多くのばあい、結婚のことがある。

舜水の長男である大成がうまれたのは、万暦四十六年（一六一八）で、かれが十九歳のときであったらしい（『文集』巻一・与諸孫男書、『全集』一一ページ）。してみれば、かれの結婚は十八歳であったかもしれぬ。早婚は当時のならわしで、現在のわれわれの標準はあてはま

葉氏

らない。このあいだの事情も、つまびらかでないが、葉《よう》氏と結婚し、二男子をあげている。

すなわち、長男が大成、字《あざな》は集之《しゅうし》、また元楷《げんかい》といった。次男は大咸《たいかん》、字は咸一、また元模《げんぼ》という。大成は隠居し、毓仁《いくじん》・毓徳の二子があったが、大咸は仕官せず、わかくして死に、子はなかった。

舜水はのち陳《ちん》氏をめとり、一女高《こう》をあげた。葉・陳両夫人や子女についても、あまりしられていない。しかし、葉氏は、たいへんよくできた婦人だったようである。舜水みずから「荊妻《けいさい》、頗《すこぶ》る能く徳を一にし、饒《じょう》（ゆたか）にして孟光桓《こうかん》少君の風有り」（『文集』巻五・答小宅生順書、『全集』八九ページ）とさえいっている。高（字は柔端《じゅうたん》）については、あとでのべる。

さて、十九歳の舜水が、長男大成の誕生をよろこんでいたころ、満州のヌルハチは、いよいよ明《ミン》と開戦し、みずから歩騎二万をひきいて撫順《ぶじゅん》をおとしいれ、さらに清河堡《せいかほ》に進撃していた。明《ミン》では大いにおどろき、楊鎬《ようこう》に命じて遼東《りょうとう》をまもらせたが、防衛費はまったくたりない。そこで、天下の田賦《でんぶ》二百余万をまし、つぎのとしには、じつに八百万をましている。このとし、ヨーロッパでは、三十年戦争(一六一八―四八)がはじまっているが、翌年の万暦四十七年＝元和五年(一六一九)は、明《ミン》・清《シン》の関ヶ原戦ともいうべき、サルホの一大決戦が展開された。ヌルハチが「七大恨《こん》」をかかげ、数万の精兵をひっさげて明《ミン》に宣戦したのにたいし、明廷では、楊鎬を遼東経略とし、その軍二十万、あるいは四十万と号した。しかし、ヌルハチは、おりからの大雪に乗じて、勇猛果敢、明軍を各個にうちやぶり、決定的な勝利をおさめたのである。

ここで、まなこを中国をはさんで、その南北にむけよう。このとし、南方のオランダ人は、ジャワにバタヴィア(ジャカルタ)を建設し、北方のロシア人は、エニセイスクにあたらしい城塞をきずいている。アジアにも、西力東漸《とうぜん》の波がひたひたとおしよせて、やがて大きく変化しようとする潮騒《しおさい》がきこえるようであった。

三　沈潜

万暦四十七年＝元和五年（一六一九）は、舜水二十歳のとしである。修学と結婚と、そして愛児をあげ、いわば人生の門出《かどで》にたったころ、舜水のむねのなかには、家庭と妻子と、人生とその使命とについて、ふかい沈潜ともえるような反省とが、活火山のけむりのように、内底からふきあげていた。かれみずから「我れ幼きより食貧しく、齏塩《せいえん》（なます・しおから）にして疏布《そふ》（そまつなきもの）なり。年二十歳、七載《さい》（七年）の饑荒《きこう》に遭逢《そうほう》（あう）するも、一家数十口を養贍《ようせん》（やしないにぎわす）し、其の所を得ざる者有る無し」（『文集』巻一・与諸孫男書、『全集』一一ページ）といっているが、幼年時代から粗食粗衣にあまんじ、七年にもわたる饑饉《ききん》にあっても、数十人の大家族を、なんとかやしなってきている。こうした事実は、舜水のひととなりをかんがえるうえに、重要な素材であろう。

はじめは、南京松江府《ナンキンしようこう》(江蘇省)の儒生《じゆせい》となって、オーソドックスな修学・修養につとめたらしい。ところが、時々刻々と変貌《へんぼう》してゆく現在の政治・社会のうごきや、これに対処してゆく世道人心のおもむくところなどを、したしく見聞するにつけ、とおりいっぺんの仕官のみちに、ようやくうたがいをもつようになった。「少《わか》くして経済の志を抱き、動《どう》は輒《すなわ》ち礼に適《かな》う。宗族及び郷の先生、多く公輔《こうほ》を目《も》(以)って相期す。弱冠《じやっかん》(二十歳)、世道日に壊《やぶ》れ、国是《こくぜ》日に非なるを見、慨然《がいぜん》として進仕の懐《おもい》を絶ち、高蹈《こうとう》の致《ち》有り」(『行実』、『全集』五六八ページ)とあるから、はやくから親族や郷党のひとびとから、その「経済」――経世済民《けいせいさいみん》のこころざしをたかく評価されて、将来の三公四輔(天子を輔佐する大官)をもって期待されていた。

ところが、かれのかかげる理想と、「世道日に壊れ、国是日に非なる」現実とが、妥協をぬきにして、きびしく対決したとき、これまで常道とかんがえていた

「進仕」・仕官のことがばからしくなり、ついに「高蹈」・弧《こ》高《こう》のみちを、えらばせるようになったらしい。いつも、妻子にむかって、つぎのようにいっていた。

「我れ若《も》し一進士に第《だい》して、一県令と作《な》るも、初年、必ず逮係《たいけい》（とらえてつなぐ）されん。次年・三年、百姓《ひゃくせい》、徳を誦《しょう》し、上官、誉《ほまれ》を称すとも、必ず科道《かどう》（つみとが）を得ん。此れに由《よ》って建言するも、必ず大罪を獲《え》、身家《しんか》、保たざらん。自ら揣《はか》るに、浅衷《せんちゅう》激烈、隠忍含弘《いんにんがんこう》する能わず。故に志を上進に絶つのみ」（『行実』、『全集』五六八ページ）と。直情径行《ちょくじょうけいこう》の正義派、「浅衷《せんちゅう》激烈」で「隠忍含弘《いんにんがんこう》」しない非妥協主義。舜水のこうした人生観・処世観では、たとえ一時「進仕」のみちにはいったとしても、おそらく一―二年たたぬうちに、明《ミン》末の混濁した官界にあいそをつかしてとびだすことを、かれ自身が、もっともよくしっていた。舜水もみずから「僕、幼学の時、固《もと》より用行《ようこう》の志有り。夫《か》の弱冠（二十歳）に逮《およ》びて偶《かな》わず。彼《か》の時、時事大いに非、即ち退耕《たいこう》の心有り。……而も父兄・宗族・戚友、聴《ゆる》さず。勉強して世に応ぜざるを得ず。実は富貴に心無し」（『文集』巻五・答小宅生順書、『全集』八九ページ）といっている。
はじめは、青雲《せいうん》のこころざしをいだいて、大いに「用行舎蔵《しゃぞう》」——用舎行蔵《ようしゃこうぞう》ともいう（『論語』述而篇）——のファイトをもっていたが、「時事大いに非」なるをさとって、「退耕の心」がきざしたという。しかし、周囲のものがうるさく、あるていど、処世の道にもこころがけねばならなかったが、もともと一身の「富貴」とは、はじめから無縁の存在であったことがしられる。

明《ミン》の第十四代神宗万暦帝（一五七三—一六一九在位）の四十七年間の治世は、まことに多事多難であった。ことに、後半の万暦二十年から七年間は、いわゆる「万暦三大征」のひとつである万暦朝鮮の役（文禄・慶長の役）があり、また、まえにのべたように、満州にはヌルハチが興起して後金《こうきん》国をたて、明《ミン》の一大敵国となった。こうした外患がおしせまっているにもかかわらず、国内では、財政の困難にわをかけて、廷臣たちの党争はますます激化していた。東林党・非東林党のあらそい、いわゆる三案（梃《てい》撃・紅丸・移宮）をはじめ、「大罪二十四事」をもって弾劾《だんがい》された宦官《かんがん》魏《ぎ》忠賢の専横など、内憂もまた深刻なものがあった。明《ミン》末の官界が、くさりきっていたことは、顧炎武も、庸吏《ようり》の貪《どん》より才吏の貪のほうが禍害が大きい、といい、また「黷貨《とくか》（贈収賄）の風、日に甚だしく、国維《こくい》張らず、人心大いに壊《やぶ》るること、此《ここ》に数十年」（『日知録』巻一三）といっているし、黄宗羲《こうそうぎ》も、胥吏《しょり》（下級の官吏）の「四弊《へい》」をあげているので（『明夷待訪録』）、その一斑がうかがえよう。

舜水が、こうした実状をみて、その渦中にはいることを、いさぎよしとしなかったのは、その性格からいっても当然のことであった。このとし、船山《せんざん》＝王夫之《おうふうし》（一六一九―九二）がうまれている。

舜水二十歳までの事蹟も、以上のべたように、あまりつまびらかではないが、二十一歳から四十歳までの二十年間は、いっそうつまびらかでない。明《ミン》朝も万暦がおわり、泰昌《たいしょう》（一六二〇）から天啓（一六二一―二七）・崇禎《すうてい》（一六二八―四四）にうつっている。このあいだ、舜水の身辺として、ややはっきりしられることは、まえにふれた継室陳氏によって、女高《こう》が、崇禎七－八年（一六三四－三五）のころ、うまれていることぐらいである。舜水、三十五－六歳のときである。

高は字《あざな》を柔端《じゅうたん》といった。桑端とするのはあやまり（『全集』五七七ページ）。おさないときから利発で、三－四歳のとき、すでに大人の風があった。言動もすべて礼法にかない、家人から敬愛されたという。「忠孝の性成り、聡明絶世《そうめいぜっせい》」（『行実』、『全集』五七七ページ）といわれたが、早熟のおませであったらしい。舜水も、目にいれてもいたくない愛《いと》し子であった。六歳のとき、母に死別し、その悲歎のさまは、はたでみるのも、いたましいかぎりであった。

明《ミン》朝がほろびたとき、彼女は十二－三歳であったが、昼夜の別なく、短刀を肌《はだ》身《み》からはなさなかった。「今、夷虜《いりょ》（満清）は犬羊《けんよう》、豈《あ》に礼義を知らんや。児、若《も》し不幸有らば、即ち此れを目《も》（以）って自頸《けい》（のどをつく）せんのみ。寧《いずく》んぞ肯《あ》えて身を辱《はずか》しめんや」（『行実』、『全集』五七七ページ）といい、妗《きん》（母の兄弟の妻・義理のおば）と起居をともにしていた。その妗が、すきをみて短刀をとりあげようと努力したが、四年かかっても、とうとうることができなかったという。母方の親類のものが、「虜官」（満官）となって節をうしなったことに憤激したり、父の舜水が、あとでのべるように、海外に流落しているのを日夜心配したりして、ついに病気になり、嫁入りもせずに死んでしまった。

　舜水が、高の死をしったのは、それから数年後のことらしいが、舜水みずから、監国魯王（以海）にたいし、「幼女高、忠に死し、孝に死す。最も幽惨《ゆうさん》と為《な》す」（『文集』巻二八・安南供役紀事、『全集』五六三ページ）といい、また「少女、性剛決《ごうけつ》、身に利器を佩《お》ぶるもの多年、日夜離さず。弟（舜水）、素《もと》より之れを憂う。嫂《そう》氏（あによめ）も亦た素より之れを憂う。今も未だ其の死の故を知らず」（『文集』巻一・与陳遵之書、『全集』七ページ）とか、「吾が女、明徳淑順《しゅくじゅん》、動は矩度《くど》（のり）に合い、独り郷邦、之れを称するのみならず」「吾が女、世を挙げて与《とも》に比する無く、又た弟（舜水）の鍾愛《しょうあい》（あいをあつめる）する所なり」（同上）とかいい、また、孫たちに書きおくったてがみのなかにも、「汝の姑娘《ころう》（柔端）、性至孝、且つ魂気《こんき》の之《ゆ》かざる所無し、或いは自ら随って来るなり」（『文集』巻一・与諸孫男書、『全集』一二ページ）といっている。くちのかたい舜水が、くちをきわめて賞賛しているところをみると、よほど聡明で、従順で、直情で、勝ち気で、父おもいのりっぱなむすめであったらしい。ちなみに、出典のなかにみえる陳遵之《じゅんし》というのは、陳夫人の弟で、高（柔端）にとっては叔父（母舅）にあたるひとである。

東アジアの形勢

さて、この二十年間における中国内外の状勢を概観してみよう。まえにのべた宦官《かんがん》魏《ぎ》忠賢のわがままは、いよいよきわまり、天啓五年（一六二五）には楊漣《れん》・左光斗・魏大中らをころしているし、同七年（一六二七）には監生《かんせい》陸万齢が忠賢の生祠《せいし》を太学のかたわらにたて、孔子の祀祭《しさい》のようにすることをねがって、許可されている。

崇禎《すうてい》元年（一六二八）には、さすがの忠賢もついにころされたが、このとし、陝西《せんせい》の飢《き》民《みん》や流賊が大挙して、鄜《ふ》州（鄜県）や延安（膚施県）をあらしている。

これよりさき、天啓元年（一六二一）には、後金《こうきん》の軍が瀋陽《しんよう》（奉天）、ついで遼陽《りようよう》をおとしいれている。後金の太祖ヌルハチが死んで、太宗がついだのは同六年（一六二六）であるが、その翌年、天命の年号を天聰《てんそう》とあらためた（一六二七）。国姓爺《こくせんや》・鄭成功《ていせいこう》の父鄭芝竜《しりゆう》が、明《ミン》にくだり、沿海の軍事力・経済力をましたのが崇禎元年（一六二八）である。翌年、袁崇煥《えんすうかん》が毛文竜をころしている（一六二九）。山東に白蓮《びやくれん》教の乱がおこったのは天啓二年（一六二二）であったが、崇禎四年（一六三一）には、流賊李自成および孔《こう》有徳が乱をおこしている。太宗の第一回朝鮮征討は天啓七年（一六二七）であるが、崇禎九年・寛永十三年（一六三六）には第二回の朝鮮征討をおこなっている。このとし、後金《こうきん》は国号を清《シン》とあらため、年号も崇徳とあらためた。わがくにでは、江戸幕府が「鎖国令」をだしたとしにあたる。舜水三十七歳のときである。

このあいだにも、清《シン》軍の南下は、いよいよ急であった。明《ミン》朝では、たびたび「賦《ふ》を増して餉《しょう》に充《あ》てる」ことをくりかえし、当面の軍事費をなんとかまかなっていたが、崇禎十一年（一六三八）、清軍ははやくも万里の長城線にせまっていた。首都北京《ペキン》は大いに動揺し、非常事態をみぢかにかんじて、戒厳令をしいた。

　西力東漸の波にのる北方では、ロシアのシベリア経略が着々とすすみ、崇禎五年（一六三二）にはヤクーツク、同十一年（一六三八）にはオホーツクに城塞をきずいている。また南方では、天啓四年（一六二四）にオランダ人が「美しい島」台湾に拠っている。日本では、徳川幕府の基礎がようやくかたまって、日光東照宮の陽明門ができたり（一六三四）、参覲《さんきん》交代制が確立されたりした（一六三五）。六昆王《ろくこんのう》山田長政が、シャム（タイ）で毒殺されたのは、その中間ごろである（一六三〇）。ヨーロッパでは、ドイツで三十年戦争がおこなわれていたが、イギリスでは清教徒の北アメリカ移住（一六三〇）や権利の請願（一六二八）がなされていた。

明朝には、いわゆる内憂外患が、いつやむともしれぬ嵐のように、つよくはげしく吹きまくっていたのである。

四　徴《ちょう》辟《へき》

舜水が三十七－八歳のころ、「家譜」を手にいれたことがある。のちのはなしだが、安東守約《しゅやく》が、舜水に「朱姓だから朱文公（朱子・朱熹《き》）の子孫か」とたずねたとき、関係はありそうだが、はっきりしないことは付会《ふかい》しない、として、とくに虚栄や攀援《はんえん》（たよりすがる）をしりぞけている（『遺書』巻一四・答安東守約雑問、八葉前）。どうせ、当時の日本人には、なんといってもわからぬことである。朱熹でも、朱元璋《げんしょう》（明《ミン》の太祖）でも、自分の先祖だといえないことはなかったろうが、こういう点にも、舜水の性格がはっきりあらわれている。

崇禎十一年（一六三八）、三十九歳のとき、恩貢生《おんこうせい》として礼部（六部の一）に推薦されたらしい。提督蘇松（蘇州松江）等処学政監察御史亓《き》某——これは亓煒《い》（山東省濰《い》県のひと）らしい——は、舜水を「文武全才第一」とした。『行実』には「崇禎某年」となっている（『全集』五六八ページ）。貢劄《こうさつ》（しけんのとうあん）には「徳は遼東の管を茂らす」などの語が、しるされていたという（『文集』巻二〇・対源光圀縁繇履歴、『全集』三八一ページ）。もっとも、舜水みずからは「礼部尚《しょう》書（長官）呉穉《ち》山《ざん》老師、諱《いみな》は鍾巒《しょうらん》、常州武進の人。此れ我が恩貢の座師なり。我が貢劄を開国来第一と為す。乃ち呉老師の筆なり」（『文集』巻一・与諸孫男書、『全集』一二ページ）としるしているが、呉鍾巒は崇禎年間には、提学のことに任じたためしがないから、これは舜水の記憶ちがいとおもわれる。いずれにしても、当時、「文武全才第一」とか、「開国来第一」とか称せられた舜水の学問と才幹は、とくに珍重すべきものがあったとおもう。

文武全才第一

開国来第一

崇禎十二年（一六三九）、舜水は不惑《ふわく》のとしをむかえた。

このとしの春正月、清《シン》軍は済南（山東省）まで侵入し、徳王由枢《ゆうすう》がとらえられた。

退耕の志

「年四十に至り、挙子の業（官吏）を棄て、退きて耕鑿《こうさく》（土地をたがやし井戸をほる）に安んぜんと欲するも、諸父兄弟、其の器度大いに用う可きを愛《おし》みて許さず。是《ここ》に於いて、大比《たいひ》（三年ごとの考査）に逢う毎《ごと》に、徒《いたず》らに游戯を作《な》して事を了《お》わるのみ。或いは顕達を勧むる有れば、則ち恬然《てんぜん》（やすらか）として省《かえ》りみず」（『行実』、『全集』五六八ページ）とあるが、舜水には、仕官ということが、人生の岐路として、むしろ無位無冠の自由なたちばで、存分にふるまう道をえらぶことにふみきったらしい。かれほどの非凡な才能をもち、栄達はわりあい容易にめのまえにひらけていたにもかかわらず、すすんで苦難の道をえらぶことは、言うは易く、行うはまことに難い。

徴辟十二次

『行実』をみると、永暦六年壬辰《じんしん》（一六五二）にかけて、「時に天下大いに乱れ、憲《けん》綱蕩然《こうとうぜん》（法度がやぶれる）たり。先生（舜水）、匡救《きょうきゅう》（ただしすくう）に志有りと雖も、時事、為す可からず。故に累《かさ》ねて徴辟《ちょうへき》（任用の召集）を蒙《こうむ》ること十有二次、前後力《つと》めて辞す」とある。文字のうえからいえば、「徴」とは天子からの召、「辟」とは州府からの招をさす。

このとしは、舜水五十三歳にあたるから、これまでに、すでに十二回にわたって仕官のチャンスがあったはずである。わたくしの調査したかぎり、この十二回として、ほぼ確認できたものを列挙すると、つぎのとおりである。

1　崇禎十六年（一六四三）四十四歳のとき、欽差《きんさ》鎮守貴州等処充統兵官・右軍都督府署都督僉《せん》事方某が、監紀同知に任じようとしたが、ことわった（『文集』巻二〇・対源光圀問先世縁繇履歴、『全集』三八一ページ）。ちなみに、貴州はなにかのあやまりであろうし、方某は方国安のことであろう。このとし、舜水の母、金氏がなくなっている。胡氏を継室にするわけであったが、こうした母の死や、国内乱離のまきぞえをうけて、ついにめとらなかった（『行実』、『全集』五七六ページ）。

2　崇禎十七年（一六四四）四十五歳のとき、「詔を奉じて特に徴せられしも、受けず」（『文集』同前、『全集』三八一ページ）。このとし三月、流賊李自成が北京をおとしいれ、毅《き》宗《そう》皇帝は皇后を自刃《じじん》させ、公主に「汝、何んぞ帝室に生まれたる」という悲壮な一語をあたえてこれを斬り、侍従長とともに帝宮うらの景山（もと石炭の築《つき》山だったので煤《ばい》山ともいう）にのがれ、披《ひ》髪覆面《はっふくめん》、わが身は寸断されようとも、つみのない「百《ひゃく》姓《せい》は一人をも傷つくる勿《なか》れ」とえりにしたため、侍従長とあいたいして、大樹のもとに首をくくって死んだ。翌四月、流賊をうつという名分をえた清《シン》軍は、呉三桂の先導によって、勇躍、天下第一関の山海関をこえて、北京に殺到した。五月、清軍は待望の入城を完了、明《ミン》はほろび、清《シン》は順治と建元した。この月、南京では、明《ミン》室復興の第一陣として、福王由崧《ゆうすう》（弘光帝）がもりたてられていた。舜水が徴《ちょう》辟《へき》をうけたのは、おそらく、この福藩にあった江南総兵方国安の推挙によるものとおもわれる。

3　弘光元年（一六四五）四十六歳のとき、この正月にふたたび徴せられたが、うけなかった（『文集』同前、『全集』三八一ページ）。

4　弘光元年（一六四五）四月、江西提刑《ていけい》按察使・兼兵部職方清吏司郎中を即授《そくじゅ》（家について官を拝す）され、鎮東伯、ついで荊国公《けいこくこう》方某。（国安）の軍を監することを命ぜられたが、これもうけなかった（『文集』同前、『全集』三八一ページ）。

5　監国魯《ろ》二年＝永暦元年（一六四七）、四十八歳のとき、舟山（浙江省）の守将黄斌卿《こうひんけい》（虎痴《こち》）が昌《しょう》国県（浙江省定海県東）の知県にしようとしたが、うけなかった。「源光圀、先世の縁繇《えんゆう》（由）・履歴を問うに対《こた》う」（『文集』巻二〇、『全集』三八一－二ページ）に「隆武参永暦貳年□月、欽差《きんさ》恢《かい》勦《そう》直浙《せつ》掛□将軍印少師・兼太子太師尚《しょう》方剣蟒玉《ぼうぎょく》招討大将軍威虜《りょ》侯黄某……」とあり、『行実』に「隆武三年丁亥《ていがい》永暦元年、舟山守将、招討大将軍威虜侯黄某名闕……」（『全集』五六九ページ）とあるのがそれで、黄某というのは、あきらかに黄斌卿のこと。また隆武三年は、事実上なかったし、さらにこれを永暦二年とするのも、もとより元年のあやまりであろう。

6　監国魯二年＝永暦元年（一六四七）十月、おなじく監察御史管理屯田《とんでん》事務を命ぜられたが、うけなかった（『文集』同前、『全集』三八二ページ）。

7　つづいて軍前賛画《さんかく》にこわれたが、つかなかった（『文集』『全集』同前）。舜水は、黄斌卿のことを黄虎老とよんでいるが、かれの「強悍《きょうかん》不法」をしばしば指摘して、側面から援助している。このとし、魯王は長垣《ちょうえん》（福建省）にうつっており、呉鍾巒《しょうらん》は通政司から礼部尚書にすすんでいる。舜水無二の「知友」であった王翊《よく》（完勲《くん》）は、浙江の四明山（余姚県南）に義兵をあげているが、舜水も、舟山――日本――安南のあいだを、あわただしく往来している。このことは、つぎの「海外経営」のところで、まとめてのべるつもりである。

8　監国魯五年＝永暦四年（一六五〇）五十一歳のとき、正月に安洋軍門劉《りゅう》世勲が監紀推官にすすめたが、うけなかった（『文集』『全集』同前、『行実』、『全集』五六九ページ）。

9 10　つづいて吏部《りぶ》左侍郎朱某。（永佑《ゆう》）が兵科給事中、さらに吏科給事中にすすめたけれど、いずれもうけなかった（同前）。

11　さらにつづいて、礼部尚書呉某。（鍾巒《しょうらん》）が翰林院《かんりんいん》の官をさずけようとしたが、「再三、力《つと》めて辞し」た（同前、『行実』、『全集』五六九―七〇ページ）。

12　同年三月、巡按直浙監察御史王某（翊《よく》）が孝廉《こうれん》にあげようとしたが、たちどころに魯王に疏《そ》をたてまつって辞退した（同前、『行実』、『全集』五七〇ページ）。これがいわゆる「永暦帝に上《たて》まつり孝廉を辞する奏疏《そうそ》」（『文集』巻一、『全集』一―二ページ）であるが、「永暦帝」はむろん監国魯王のあやまりである。

舜水が、魯王の徴辟におうじたのは、じつに第十三回目の監国魯九年＝永暦八年（一六五四）三月の恩詔で、五十五歳のときであったが、このとき舜水はまだこれをしらなかった。「徴召・薦辟《せんぺき》・除擬《じょぎ》を通計するに、丌院《きいん》（提督蘇松等処学政監察御史亓煒《きい》――前述）の疏薦を除く外、凡そ壹拾貳次、終始、受けず」（『文集』巻二〇・対源光圀問先世縁繇履歴、『全集』三八二ページ）とあるから、わたくしはこの前後十二回を、いちおう前記のようにかんがえてみた。

さて、最後の魯王の徴辟は、舜水をもっとも感激させたものであった。「監国九年丙申三月、魯王、特に勅して徴す。勅書、舟山(浙江省)より降るも、先生(舜水)、東漂《ひょう》西落《らく》、能く速かに達する莫《な》し。明年丁酉正月に至り、始めて交趾《こうし》に達す。先生、特に処士の衣巾《いきん》を制し、香案を設けて開読し、叩頭《こうとう》して恩を謝す。歔欷《きょき》(むせびなく)慷慨《こうがい》し、海路より思明(福建省厦門)に赴きて徴に就かんと欲す。適《たまたま》〻安南の役に遭《あ》い、果たさず」(『行実』、『全集』五七〇ページ)とある。『行実』の監国の年号については誤解があり、丙申は監国十一年にあたるが、それはともかく、舜水をかくまでも感激させた「監国魯王敕」とは、どんな内容であったか。つぎに煩《はん》をいとわず、とくに全文をかかげて参考に供したい。

監国魯王敕

監国魯王、勅して貢生朱之瑜に諭《さと》す。昔し宋相陳宜中《ぎちゅう》、占城を諭すことを託せられ、去りて返らず、君に背きて苟免《こうめん》(つとめをおこたりはじとおもわぬ)す。史氏、之を譏《そし》る。蓋《けだ》し時に為《な》す可からずと雖《いえど》も、聖賢の大道を明らかにする者は、当《まさ》に回天衡《こう》命《めい》の志を尽くすべし。若し恝然《かいぜん》(平気)として遠く去らば、天下の事、伊《こ》れ誰か任ぜんや。予の国家、運は陽九(わざわい)に丁《あた》り、綫脈《せんみやく》(いとみやく)猶《な》お存し、重光待つ可し。況《いわ》んや祖宗の功徳は、人心を泯《ほろ》ばさず、中興の局面は、応《まさ》に遠く晋《しん》・宋に過ぐべし。且つ今、陝《せん》(陝西)・蜀《しょく》(四川)・黔《けん》(貴州)・楚(湖北)悉《ことごと》く版図《はんと》に入り、西粤《えっ》(広西)は久しく正朔《せいさく》を尊ぶ。即ち閩《びん》(福建)・粤(両広)・江(江蘇)・浙(浙江)も、また正に紛紜《ふんうん》(多くみだれる)挙動の間に在り、景炎(南宋端宗年号一二七六―七七)の代の、勢い其の窮に処《お》るが若《ごと》きに非ず。故に宜中《ぎちゅう》復せざるも、亦《ま》た命有りて往《ゆ》き、其れを召して還るを聞かざるなり。爾《なんじ》、矯矯《きょうきょう》(志がたかい)として折れず、遠く避けて家を忘る。陽武の椎《つい》、尚お再試に堪《た》え、終軍の請、豈《あ》に竟《つい》に情を忘れんや。予、夢寐《むび》にも賢を求め延佇《えんちょ》(くびをながくしてのぞむ)して以って俟《ま》つ。茲《ここ》に特に耑勅《たんちょく》(みじかいみことのり)して爾を召す。即言旋前《そくげんせんぜん》(ことばどおりすぐすすむ)、来りて予を佐《たす》く可し。恢興《かいこう》の事業は、当《まさ》に爾の節義文章に資すべし。幸免《こうめん》に安んじて他邦に濡滞《じゅたい》(とどまる)すること毋《な》かれ。欽《つつ》しめや、特に敕す。

監国魯玖年

監国
参月
之宝

日（『全集』巻頭、『遺書』巻三・一―二葉）

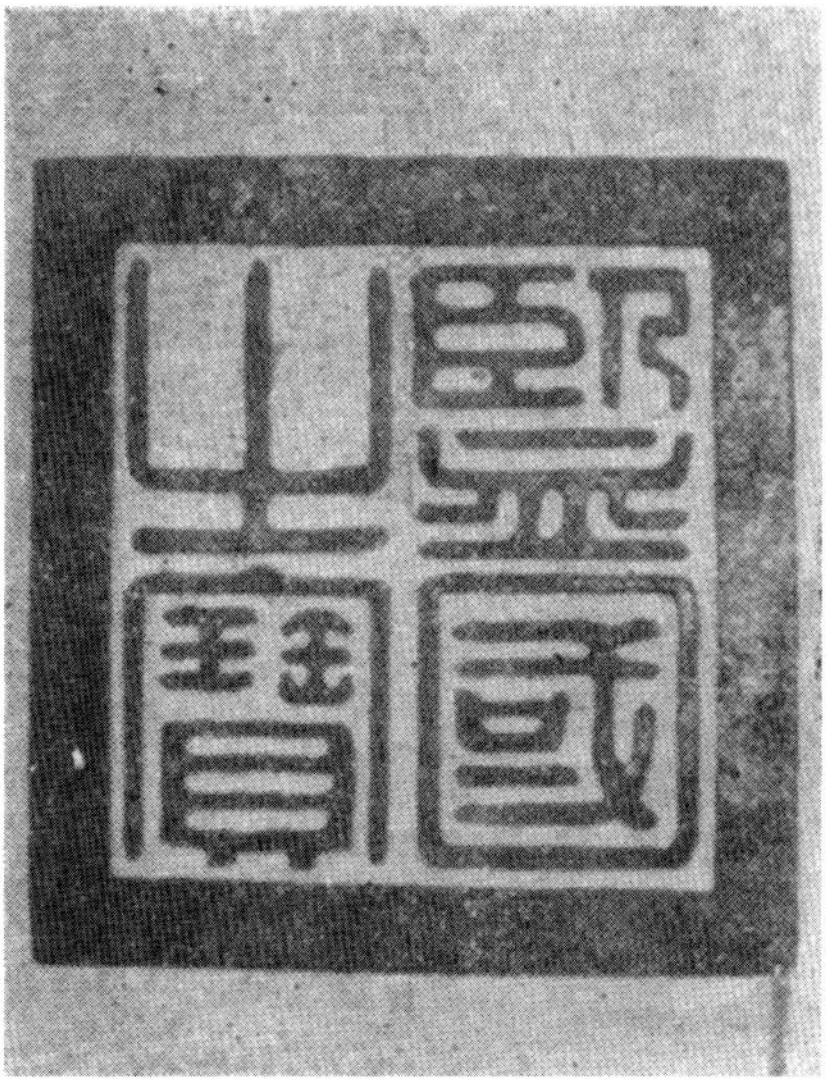

挿図2　監国魯王の印章（模写）

監国魯玖（九）年は永暦八年甲午（一六五四）にあたる（挿図2）。

「予、夢寐にも賢を求め、

監国魯王朱以海は、太祖洪武帝十一世の孫。字は巨川、号は恒山、また常石といった。紹興（浙江省）でもりたてられ、明室の復興をはかった。「監国之宝」とある。監国とは、国事を監督するいみで、天子・諸侯の太子の任とされた。転じて太子のいみにも用いられる。朱舜水の第十三回目の徴辟にあたる「監国魯王敕」に押されたものからとった。

延佇して以って俟つ。……即言旋前、来りて予を佐く可し。恢興の事業は、当に爾の節義文章に資すべし。幸免に安んじて他邦に濡滞すること毋かれ」とさされては、さすがの舜水も、全身の熱血がいちどにわきたったことであろう。監国魯丁酉《ていゆう》（十二）年二月十七日と同年五月二十七日付をもってかかれている「監国魯王に上《たて》まつり恩を謝する疏」二首は、当時の舜水の心境を、いかんなくのべて

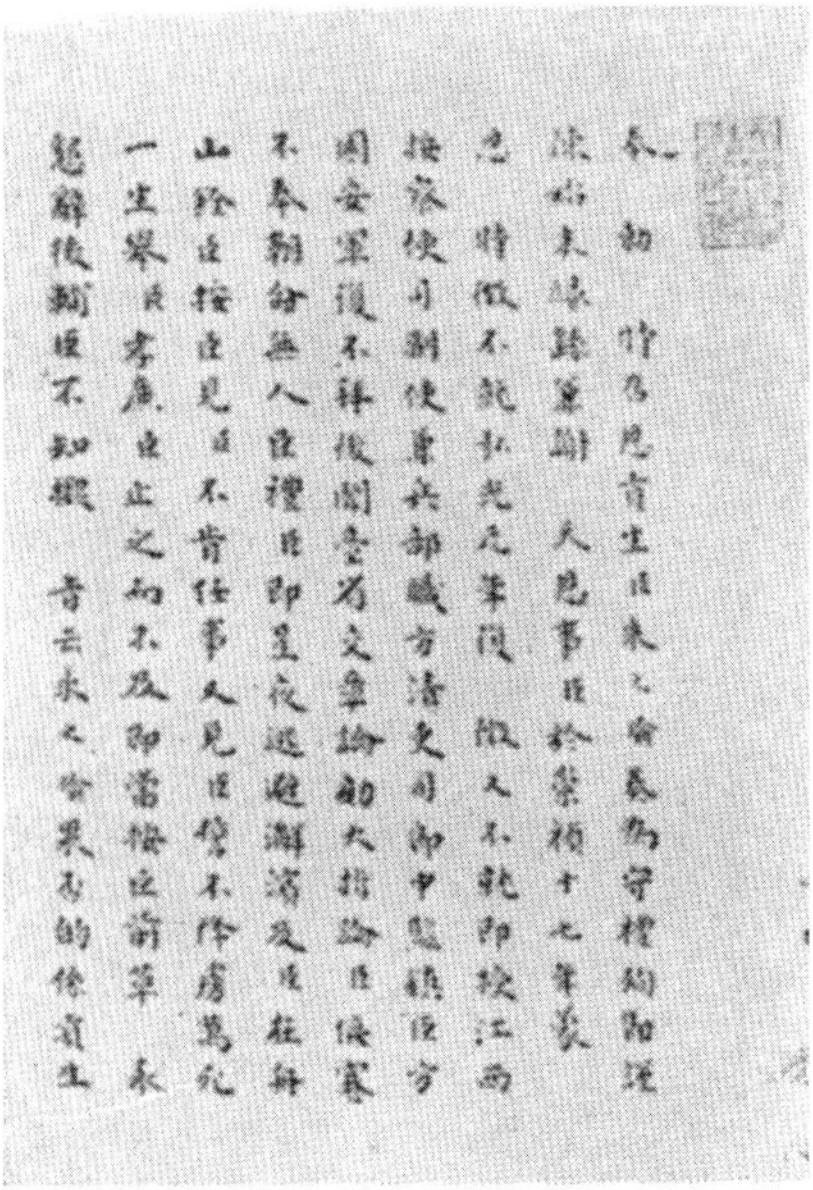

（天理図書館蔵）

軸。26×160センチ。安南において魯王に上まつりて恩を謝する奏疏」(前疏)のとなる。天理図書館稀書の一。

恩詔をうけたわけ

いる（『文集』巻一・奏疏には略され、巻二八・安南供役紀車にみえる。『全集』五六一―六四ページ。『遺書』巻三・二―四葉）。

勅書をえたいきさつについて、前疏には「本年（丁酉・一六五七）正月十四日に至り、日本船回《かえ》り、主上、監国魯九年三月、黄綾《こうりょう》勅諭一道を賚有《らいゆう》（たまわりもつ）す。特に臣を召して還らしむ。臣、褻服《せったく》（ふだんぎ）を旨《も》（以）って敢て命を拝せず、星夜、処士の巾衣《きんい》を草剏《そうそう》（はじめてつくる）し、謹みて十六吉日を択び、又た敢《あえ》て公所に於いて（以）礼を行わず。即ち私寓《しぐう》に於いて、恭しく香案

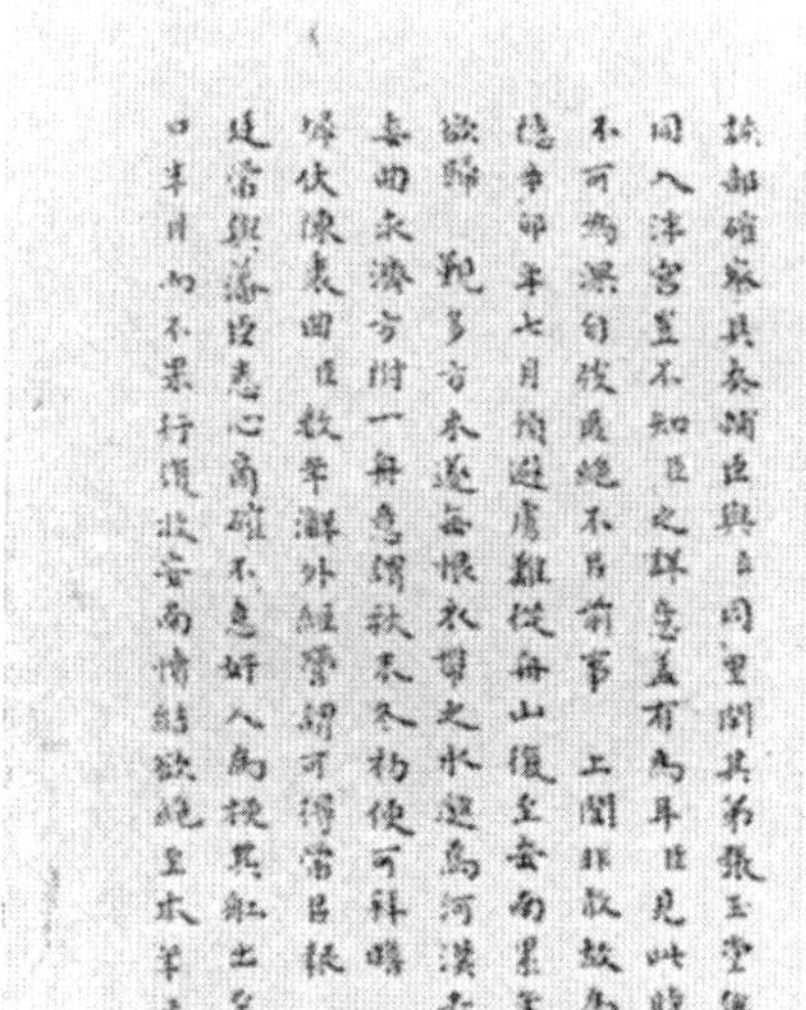

挿図3　上監国魯王謝恩奏疏（前疏）

朱舜水自筆の「上奏文案文」である。一の恩詔にこたえた，いわゆる「監国魯王案。『朱舜水全集』所収のものと多少こ

を設けて開読し、叩頭《こうとう》、恩を謝して畢《おわ》る」（『全集』五六二ページ）といい、また「臣、節義文章の重き、主上、夢寐《むび》延佇《えんちょ》の求めに副《そ》うに足ること無しと雖も、犬馬恋主《れんしゅ》の誠、回天衡命《こうめい》の志に至りては、未だ嘗《か》つて一刻も少しも弛《ゆる》くせざるなり」（同前）とも、いいきっている。その自負自任は、まったくみあげたものといえよう。ちなみに、この前疏の舜水自筆の案文は、いま天理図書館に珍蔵されている（挿図3）。

犬馬恋主の誠・回天衡命の志

舜水が、前後十二回にわたる徴召・薦辟《せんぺき》・除擬《じょぎ》を、いつもかたく辞退した理由は、まえにも一言したが、舜水みずからが、日本の「知己」安東守約《しゅやく》の質問にこたえて、つぎのようにいっている。わたくしのことは、呉徴君（康斎）のばあいと、よくにている。かれは、忠国公石亨《せきこう》の権将にすすめられ、国政をつかさどるものは「賢相」李賢であった。わたくしは、荊国公《けいこくこう》方国安にすすめられ、国政をつかさどるものは「姦相《かんしょう》」馬士英であった。しかも、わたくしを再三説得したのは、陳夫人（舜水の継室）の一族で、かれの配下である何不波《かふは》（東平）であった。

「若し与に相首尾すれば、是れ姦臣《かんしん》の同党なり。若し直行無私なれば、是れ義に背《そむ》き恩を忘るるなり」（『文集』巻一五・対安東守約問八条・問老師徴辟不就、其義如何。『全集』二九六ページ）とのべている。舜水は、けっきょく公私のいたばさみとなって、それ以後、いっさいの仕官を断念したものとおもわれる。

さて、舜水がこのように、すべてをなげうって、たびかさなる徴辟を固辞していた背後に、かれはいったいなにを志し、なにを行っていたのであろうか。それは、つぎにのべようとする、いわゆる「海外経営」にほかならなかった。

五　海外経営

舟山・日本・安南間の往来

中国時代の朱舜水について、はじめもっとも奇異にかんずるのは、すでにのべたように、どうしても「徴辟」に応じなかったことと、舟山（浙江省）を中心として、数回にわたり日本・安南のあいだを往来していることである。この事実は、史料によりたがいに出入があるので、はじめに、まず事実そのものを、すこしく考証しておく必要がある。『行実』をよんでゆくと、つぎの三つの記事がめにつく。

A　弘光元年乙酉《いつゆう》……四月……既にして舟山より日本に至り、転じて交趾《こうし》に抵《いた》るも、未だ幾ばくならずして舟山に還る（『全集』五六九ページ）。

B　永暦五年辛卯《しんぼう》、舟山の諸将、互いに疑貳《ぎじ》を抱き、相屠殺《とさつ》せんと欲す。清《シン》兵、将《まさ》に至らんとす。先生（舜水）、予《あらかじ》め禍敗《かはい》を料《はか》り、舟山より安南に至らんと欲するも、風に阻《はば》まれ転じて日本に至る（同前）。

C　〔永暦〕七年癸巳《きし》監国六年 七月、復《ま》た日本に来る。十二月、復た安南に赴く（『全集』五七〇ページ）。

『行実』は朱舜水伝のうち、もっとも信頼のおける詳細なものではあるが、日本投化以前――中国時代の記事のうちには、誤解・誤認のところもあるようである。右の交趾・安南渡航のことも、注意を要する。ゆえに、ABCをほかの史料と比較しながら、検討をくわえてゆきたい。便宜上、南京で福王由崧《ゆうすう》が、明《ミン》室復興の第一声をあげた弘光元年乙酉以後における、舜水の行動をあとづけてみよう。

Aの舟山——日本——交趾——舟山の航海については、右のように弘光元年乙酉＝隆武元年（一六四五）四月にかけてしるしてあるから、舜水四十六歳のときとおもわれるが、じつは交趾におもむいたのは、すくなくとも翌年の隆武二年丙戌《へいじゅつ》＝監国魯元年（一六四六）、四十七歳のときであったらしい。それは、監国魯丁酉（十二年＝永暦十一年（一六五七）、五十八歳の舜水みずから記録した『安南供役紀事』のうちに、弘光元年の渡日のこと、および翌隆武二年の安南到来のことをかえりみて、「之瑜、家人と別れず、隻身《せきしん》(ひとり)日本に前来すること已《すで》に十三年、貴国（安南）に至ること已に十二年、苦しみを受くること尽《ことごと》く言う可からず」（『文集』巻二八、『全集』五四八ページ）といっているのから逆算すると、まさに丙戌のとしとなる。

『行実』にも、まえにしるしたAの記事につづけて丙戌の記事はなく、ただちに隆武三年丁亥《ていがい》＝永暦元年（一六四七）の記事をかかげている。この丁亥のとしには、四十八歳の舜水は、馮京第《ふうきょうてい》・黄孝卿《こうけい》らとともに長崎におもむき、いわゆる「日本乞師《きっし》」をなしたとおもわれる。このあいだの事情は、日本側の『行実』にはみえないが、中国側の諸史料から推断される。これについては、かつてわたくしが詳論したことがあるが、たとえば、一書には「……〔馮〕京第、〔黄〕斌卿《ひんけい》に師を日本に乞うことを勧む。斌卿、因って弟孝卿に命じ、京第に副《そ》うて往かしむ。〔朱〕之瑜、之れに従う。撒斯瑪王、罪人三千及び洪武銭数十万を発することを許す。京第は先に帰り、之瑜は留まる」（『海東逸史』巻一八）とあり、また他書には「餘姚《よよう》の朱之璵《よ》、字《あざな》は楚璵。浙東破れて海に浮かび、黄虎痴《こち》の記室と為る。虎痴刺《さ》さる。之璵、日本に之《ゆ》きて師を乞う。長崎王、客を留め、以って東京に達す。大将軍、罪囚三千を発することを許す。之璵、兵を発せずして罪人を用うるを以って、身もて東京に入り、面のあたり方略を陳《の》ぶ。会々《たまたま》已《すで》に大いに定まり、乃ち東京に留まる」

（『思復堂文集』巻三・明遺民所知伝）とある。撒斯瑪《さしま》王・大将軍とは薩摩の島津氏をさし、長崎王とは長崎奉行のことである。

舜水はかつて黄虎痴（虎老・斌卿）の記室であったし、馮京第に「日本乞師」をすすめられた斌卿が、弟の孝卿をつかわし、舜水がこれにしたがっていたらしい。罪人三千と洪武銭数十万を応援するという対日交渉のうしろだてになったのは、かげのひと舜水であったらしく、あとまで滞日して、大いに幕府を説得したもようである。のち国姓爺《こくせんや》・鄭《てい》成功と南京攻略におもむいた張煌言《こうげん》（蒼水《そうすい》）が、このとき「黄金吾・馮侍御の師を日本に乞うを送る」と題して、つぎの七言八句の詩をはなむけとした。

張煌言の詩

中原《ちゅうげん》、何《いず》れの地か墻《しょう》（きか）を依するに足らん
惆悵《ちゅうちょう》（かなしみいたむ）師を徴す日出の方
竜節臨持《りんじ》す豸《ち》斧《ふ》の客

魚書泣捧《きゅうほう》す豹衣《ひょうい》の郎
黄河、北に去れば青雀《せいじゃく》を浮かべ
滄海《そうかい》、東に回《かえ》れば白狼《はくろう》を献ず
行《こう》聴《ちょう》衣を垂る万里の客
繡弧《しゅうこ》、応《まさ》に復して扶桑《ふそう》に挂《か》くべし（『張蒼水全集』巻五・奇零草）

馮《ふう》侍御は馮京第（躋仲《さいちゅう》）、黄金吾は黄孝卿をさす。後者を黄宗羲《そうぎ》とする説は、あやまりであろう。

黄斌卿の詩

このとき、黄斌卿《ひんけい》もおなじく七言八句の一詩をおくって、日本乞師の行《こう》を壮《さか》んにした。「黄斌卿、馮躋仲の錦衣家弟と同じく日域に之《ゆ》きて師を借るを送る」が、これである。

飛鳧《ひふ》（とぶかも）を整頓して甬《よう》（浙江省鄞県）東を出づ
稜稜《りょうりょう》（さむざむときびしい）たる剣気、雙虹《そうこう》（出）を吐く
半肩の行李、山河重（市）く

一紙の羽（昭）書、日月通ず
声は秦庭《しんてい》に徹す、悲夜の雨
煙は赤壁に銷（消）す、借天の風
謾（漫）りに誇る郭子（郭子儀）、回紇（鶻）（ウイグル）を聯《つら》ぬるを
麟閣（麒麟閣）、今ま標（応）す駕海の功（加藤善庵『柳橋詩話』巻下）

躋仲はむろん馮京第の字《あざな》。加藤善庵は「錦衣家弟」を黄宗羲にあてており、これに賛成する学者もおられるが、わたくしは黄孝卿と断ずる。かれを黄金吾とよんだとすれば、兄の斌卿が、また錦衣家弟とよぶことも、きわめて当然である。

さて、はなしをもとへもどそう。

永暦元年丁亥（一六四七）、四十八歳のとき、馮京第・黄孝卿らと日本乞師におもむいた舜水は、このとし、日本から舟山へかえった。同四年庚寅《こういん》（一六五〇）、五十一歳のとき、また海に浮かび、たまたま船中で、清《シン》兵の白刃にかこまれ投降をせまら

れたが、「談笑自若《じじやく》」、そこで清将劉《りゆう》文高らも、舜水の義烈にかんじて、ついに舟山におくりかえしたという。『行実』に永暦六年壬辰《じんしん》（監国魯王五年）とするのは、文字のうえでは、すくなくとも七年のあやまりであるが、いわゆる「時に先生、浮海の志有り」とは、おそらく安南方面への渡航をいみするものであろう（これをA′とする）。

浮海の志

監国魯王の年号

ちなみに、監国魯王（以海）の年号については、あやまったものがすくなくないので一言しておく。監国魯元年は隆武二年・順治三年・正保三年丙戌（一六四六）であることは、中国側の史料、たとえば『明季五藩実録』『海外慟哭記《どうこくき》』『海東逸史』『南疆繹史勘本《なんきようえきし》』『続明紀事本末』などにも明記してあり、うたがいのないところである。『続明紀事本末』巻六浙海遺兵をみると、洪光（弘光）元年の条に「閏《うるう》六月戊申、王（魯王以海）、紹興（浙江省）に至り、明年を以って監国元年と為す」とあり、順治三年の条にも、割註して「隆武二年は監国魯王元年なり。是の年、隆武帝亡ぶるも、朱成功仍《な》お其の号を用う。桂王（永明王由榔）、肇《ちょう》慶（広東省高要）に立ち、仍《よ》って隆武二を称す」とある。

ところが、わがくにでは、異説が二つある。ひとつは、『華夷変態』などが、魯王監国三年を「慶安二年に当る」とするところから逆算すると、一年後の丁亥（一六四七）となる。もうひとつは、ここにみる『朱舜水先生行実』の二年後の戊子（一六四八）とするものである。これは、右の永暦六年壬辰＝監国魯王五年から逆算した結果である。

なお、監国の年号は、正式には同八年＝永暦七年（一六五三）までつづいたのであって、このことは、前引の『続明紀事本末』にも明文がある。たとえば、同書巻六の順治十年の条に註して「永歴（暦）七年は監国八年なり。是の歳、魯王、監国の号を去る。朱成功は隆武八年を称す」とみえ、本文にも「監国、金門（福建省）に在り。三月、魯王、自ら監国の号を去り、寓公と為る」としるしている。したがって、九年（一六五四）以後は、たとえ使用してあっても、厳密にいえば、称監国魯〔王〕何年とすべきであろう。

隆武・永暦の年号

おなじように、唐王聿鍵《いっけん》の隆武の年号も、正式には二年（丙戌、一六四六）までである。通行の年表のうちには、隆武元年（乙酉、一六四五）を隆武二年とあやまっているものがあるが、これらは、かつてわたくしの指摘したところ。永暦も、正式には十五年（一六六一）までであり、翌年からは〔海上〕称永暦十六年（一六六二）というようにしるされているのが、普通である。また、弘光を宏光・洪光、永暦を永歴とするのは清《シン》代の避諱《ひき》で、高宗乾隆《けんりゅう》帝の諱《いみな》弘暦をさけたもの。

ふたたび、はなしをもとへもどそう。

永暦五年辛卯《しんぼう》（一六五一）は、舜水五十二歳である。舟山がおちいり、安南におもむいているが、これがBの記事である。本文には「舟山より安南に至らんと欲するも、風に阻《はば》まれ転じて日本に至る」とあるから、一見して風波のため安南にゆけなかったように解せられ、また他の一書には「辛卯、舟山陥る。海島に漂泊し、転じて日本・交趾・暹羅《せんら》の間に徙《うつ》る」（『海東逸史』巻一八）と、あいまいにしるされている。しかし、まえにのべた「監国魯王に上《たて》まつり恩を謝す奏疏《そうそ》」のなかに、「辛卯七月、預《あらか》じめ虜難を避け、舟山より復た安南に至る」（『安南供役紀事』前疏、『全集』六六一ページ）とあって、まさしく安南におもむいていることに、あやまりはない。

『行実』の翌永暦六年壬辰（監国魯王五年）――七年（一六五三）のあやまり――の記事はあやまりであるから、べつに記載がないこととなる。しかし、舜水が定西侯張名振（侯服）におくった書のなかに、四月以後にかけて「病軀委頓《びょうくいとん》（つかれおとろえる）、故に仍って日本に帰る」（『文集』巻一・致張定西侯書、『全集』五ページ）とあるのに信をおけば、五十三歳のとき、安南から日本におもむいたとおもわれる（これをB'とする）。Bの「風に阻《はば》まれて日本に至る」とは、おそらくこの事実をさしたものであろう。

永暦七年癸巳《きし》・監国魯八年（一六五三）七月に長崎にきて、十二月に安南におもむいたことは、Cのとおりであろう。五十四歳のときである。永暦八年甲午＝監国魯九年（一六五四）、五十五歳のときにも、日本・安南のあいだを一往復したらしいことは、同年八月十三日、舜水無二の「知友」であった兵部左侍郎王翊《よく》（完勲《くん》・烈愍《びん》）を祭る文のなかに、「今ま正に日本より来る」（『文集』巻一九・祭王侍郎文一、『全集』三六二ページ）とあるによって推測される（これをC′とする）。B′C′の事実は、『行実』にはみえぬところであり、注目すべきであろう。このとし三月に、まえにのべた「監国魯王敕」が発せられたのであって、『行実』の「監国九年丙申三月、魯王、特に勅して徴す……」（『全集』五七〇ページ）の記事は、甲午のあやまりとしなければならぬ。

なお、このくだりで、とくにわたくしの注意をひくことは、右の王翊を祭る文のなかで、「但《ただ》ゝ瑜（瑜之）、病骨支離、十載、女を御さず、終年嘔血《おうけつ》（血をはく）す」（祭王侍郎文一、『全集』三六四ページ）の一句である。十年このかた、悪戦苦闘をつづけながら、このとしは、ことにつづけざま吐血のくるしみを満喫している。病苦とたたかいながら、その旺盛な精神力と実践力には、まったくあたまのさがるおもいがする。

永暦九年乙未《いつぴ》(一六五五)から同十一年丁酉(一六五七)までは、安南にとどまっていたらしい。もっとも、同十年丙申(一六五六)には、中国へかえろうとして、はたさなかったようである(『文集』巻二八・安南供役紀事、『全集』五六一ページ)。そうして、永暦十一年丁酉(一六五七)正月十四日、舜水は安南の旅寓で、はじめていわゆる「監国魯王敕」をうけとり、当時、魯王が移ってきた思明(福建省厦門)にかえろうとして、いわゆる「安南之役」にあった。舜水五十八歳のときである。

「安南之役」については、つぎにのべるが、舜水は、これよりさき正月二十一日、暹羅《シャム》におもむこうとしていた(同前、『全集』五六二ページ)。そして翌永暦十二年戊戌《ぼじゅつ》(一六五八)八月に日本にわたり、はじめてかの安東省菴《せいあん》(守約)とあいしる機会をえた。五十九歳のときである。同十三年己亥《きがい》(一六五九)には思明におもむき、それから国姓爺・鄭成功の南京攻略(北征)に従軍したらしく、その敗戦後、舟山にのがれ、それか

蹈海全節の志

らいわゆる「海を蹈み節を全うするの志」(『行実』『全集』五七二ページ)を決して、ついに日本を永住の地とさだめたものとおもわれる。このとき、舜水は、はやくも白髪みだれる還暦のとしをむかえていた。これらの事情については、あとで順次にのべるであろう。

海外経営の大要

以上、中国・日本・安南をむすぶ、舜水のいわゆる「海外経営」(魯王以海の避《ひ》諱《き》で「澥外経営」ともかく)について、そのあらましをのべたのであるが、これを年代的に表示してみると、かれの行動は、ほぼつぎのようになろう。

舟山—長崎[1](乙酉・一六四五)—安南[A]—舟山(丙戌・一六四六)—長崎[2]—舟山(丁亥・一六四七)—浮海[A′](安南方面?)—舟山(庚寅・一六五〇)—安南[B](辛卯・一六五一)—長崎[3]—安南[B′](壬辰・一六五二)—長崎[4]—安南[C](癸巳・一六五三)—長崎[5]—安南[C′](甲午・一六五四)(安南之役、丁酉・一六五七)—長崎[6]—思明—南京(北征)—舟山—長崎[7](己亥・一六五九)

以上の考説が、もし大過ないとすれば、舜水が乙酉（弘光元年・正保二年・一六四五）に舟山を発してわが長崎におもむいてから、己亥（永暦十三年・万治二年・一六五九）に長崎にきてついに日本投化を決意するまでの十五年間、その日本渡来は前後七回、安南方面へは六回（AA′BB′CC′）をかぞえることができる。右のうちには根拠のややよわいものもあり、ことにA′などは、たとえ是認されても、じっさいに安南の地をふんだわけではない。しかし、いずれにせよ、舜水が中国の舟山を中心として、日本・安南のあいだを往復すること六—七回、暹羅方面へもでかけようとしていた、この前後十五年にわたる「海外経営」とは、いったいなにを意味するものであろうか。

海外経営の目的

舜水が、舟山の魯藩朝廷から、たびたび徴召をうけながら、いつも固辞してうけなかったことは、すでにまえにのべた。「累《かさ》ねて徴辟を蒙むること十有二次、前後力《つと》めて辞す」（『行実』）といい、その理由として「時に天下大いに乱れ、憲綱蕩然《けんこうとうぜん》たり。先生（舜水）、匡救《きょうきゅう》に志有りと雖も、時事為す可からず」（同前）ともしるされているが、わたくしはもっと具体的な理由として、以上のべた「海外経営」とむすびつけてかんがえている。

まえにのべた舜水が魯王にたてまつった奏文のなかに「誠に恐る、主上（魯王）、未だ臣の苦心を察せざるを。疑うて私を営み旨に背《そむ》くと為す」（上魯王謝恩奏疏・前）とか、「静かに夏間を候《うかが》い、船に附して日本に前去《ぜんきょ》し、復《ま》た日本より方《まさ》に思明に達す。目《も》（以）って其の道を紆廻《うかい》（まわりみち）するものは、臣の苦衷《くちゅう》、明言するに便ならず。庸人《ようじん》（凡人）、臣の此《か》くの如きを見て、競《きそ》うて狂惑《きょうわく》と詆《そし》る」（同前）とかのべている。季節風をうかがい、安南から日本へ、日本から思明へ、こうしたまわりみちを、ひとびとはみて「狂惑」とか、「私を営み旨に背く」とかいって非難する。しかし、その理由を、はっきり説明できない「苦心」「苦衷」がある、と舜水はいう。

わたくしの想像では、これこそ中国を中心とする安南・日本間の三角貿易とふかい関係があると断ぜざるをえず、これがいわゆる「海外経営」の本質であったとおもう。文字どおりの東奔西走であってみれば、たとえ前後十二回にわたる徴辟にも、応ずることはむつかしかったであろう。

舜水が、安南居住の日本人たちと交誼のあつかったこと（安南供役紀事）、また南海産の香木・香料などについても、特別のふかい知識をもっていたことなどは（『朱氏談綺』巻下、『文集』巻二〇・対小宅生順問十七条、『全集』三八四―八五ページ）、つぎにものべるが、このさいとくに、おもいおこすべきであろう。「臣（舜水）、節義文章の重き、主上（魯王）、夢寐《むび》延佇《えんちょ》の求めに副《そ》うに足ること無しと雖も、犬馬恋主の誠、回天衡命《こうめい》の志に至りては、未だ嘗つて一刻も少しも弛《ゆる》くせざるなり」（上監国魯王謝恩奏疏、前）と魯王にそのまごころをしめしている舜水、また前記Cにつづけても、「先生（舜水）、雅《まさ》に外邦を経歴して恢復の勢いに資するに意有り。是の故に、東南の海外、暹羅の小夷《しょうい》と雖も、亦た曾《か》つて至る」（『行実』、『全集』五七〇ページ）とあり、おなじくBの記事につづけても、経略直浙兵部侍郎王翊《よく》や舟山の諸将と、ひそかに「恢復の策」をさだめたことをのべたつぎに、「蓋《けだ》し先生（舜水）、㠯《も》（以）って屢〻日本に至るものは、王翊を㠯（以）って主将郷導《きようどう》と為して、援兵を借らんと欲するなり」（同前・五六九ページ）としるされている。舜水の「知友」には、さきに王翊（完勲）があり、のちに安東守約（省菴）があった。当時、舜水が王翊を主将郷導として、日本乞師《きつし》を達成させようとしていたことは、注意を要する。王翊が義兵をあげた浙江の四明山寨《さんさい》は、舟山のいわば前線基地だったのである。なお舜水が、わがくにに投化してからも、つねにふかく日本にのぞみをかけ、終始、明《ミン》朝の回復を念願としたことは、またあとでのべるであろう。

翼を南冥に鼓し、鱗を東海に奮う

さて、舜水の「海外経営」は、以上のようであったから、かれの死後も、その行実をいうものは、かならずこのことに言及して、その苦心をたたえぬものはない。たとえば、徳川光圀が「文恭」とおくりなし、したしく墓参りをされたとき、その祭文のすえにも「光を弢《おさ》めて肥遯《ひとん》（心ゆたかに世をのがる）し、恩を謝して遠く辞す。翼を南《なん》溟《めい》に鼓《こ》し、鱗を東海に奮う。風饕《むさ》ぼり雪虐《しいた》ぐるも、義気益〻堅し」（『行実』、『全集』五七九ページ）とむすんでいるし、安積覚《あさかかく》も「海外に流落すること幾《ほと》んど十五年、数〻《しばしば》我が邦に至り、交趾・暹羅の間を漂泊す。艱苦万状《かんくばんじょう》、往きて復た返る。蓋し志為す有るも、事竟《つい》に成る無きなり」（明故徴君文恭先生碑陰、『全集』七五三ページ）といい、また「海を航し迹を晦《くら》まし、交趾・暹羅に流落し、轗軻《かんか》（車がすすまぬ）阻《そ》絶《ぜつ》、節に抗し皦厲《きょうれい》（明らかではげしい）、幾《ほと》んど死に瀕《ひん》すれども悔いず、遂に崎《き》港（長崎）に客となる。屹《きつ》（そびえたつ）として明《ミン》室の遺老と為す」（『朱氏談綺』序、『全集』七六五ページ）といっているし、大学頭藤原（林）信篤も、「安南に飄転《ひょうてん》（ただよいうつる）するも、耿介《こうかい》（かたく心をまもる）にして屈せず、日東（日本）に寄寓するも、韜《とう》（韜？）晦《かい》（才徳をつつみくらます）して待つ有り。存亡を以って其の志を改めざるなり」（舜水先生画像賛、『全集』五九〇ページ）と特記している。

それではつぎに、舜水の「日本乞師《きっし》」をもふくめた中国・安南・日本間の「海外経営」において、はからずも安南に不法抑留され、一時は死にも直面した、いわゆる「安南之役《えき》」についてのべてみよう。

六　安南之役

永暦十一年丁酉(一六五七)正月十四日、舜水にとっては、その生涯における、おそらくは最高のよろこびをはこんでくれた、五十八歳の春であった。ゆめにもわすれなかった監国魯王の恩詔が、日本船によってもたらされたのである。「特に処士の衣巾《いきん》を制し、香案を設けて開読し、叩頭《こうとう》して恩を謝し」たのである(『行実』、『全集』五七〇ページ)。

ところが、運命はまことに皮肉なものである。舜水としては、第十三回目に、はじめて徴辟《ちょうへき》におうずる決意をして、旅装をととのえていたやさき、翌二月に、おもいがけぬ最大の不幸が用意されていたのである。「安南之役」「安南供役《きょうえき》の難」といわれるのがそれで、虜囚《りょしゅう》のように抑留されること五十余日、死ととなりあわせの恐怖であった。さいわい、このあいだの事情は、舜水が日記をかきのこしているので、かなりくわしいことがしられる。いわゆる『安南供役紀事』（『文集』巻二八、『全集』五四一―六五ページ）がこれである。

『安南供役紀事』

同書には、はじめに「自叙」があり、本書をかいたいわれがのべてあるが、たとえば「況《いわ》んや瑜（之瑜）の大讐《しゅう》（満清）、未だ復せず、また何んぞ肯《あ》えて軽ろがろしく溝《こう》渠《きょ》（みぞ）に喪《うしな》わんや」「三百年、養士の気、未だ大いに伸《の》ぶるを得ず。謹んで逐日《ちくじつ》（日をおって）、問答・行略・書札《しょさつ》を将《も》って、録して一巻と為す」（『全集』五四一ページ）とある。「供役」というのは、「庶人《しょじん》、之れを召して役《えき》すれば、則ち往きて役す」（『安南供役紀事』投翁該體書、『全集』五四五ページ）から、とったものであろうか。以下、本書の記述を中心に、このあいだの事情を解明してゆきたい。

永暦十一年丁酉（一六五七）正月二十九日に、「国王の檄《げき》（ふれぶみ）を奉じて、字を識《し》るの人を檄取《げきしゅ》」したが、翌二月三日、舜水を「一時に掩捕《えんぽ》（ふいにとらえる）し、寇虜《こうりょ》（外敵）を擒《とりこ》に

安南黎・莫両氏のあらそい

する如く」であった。そして「面《ま》のあたり詩を作り、字を写さんことを試み」たという。これは、どういうことであったろうか。わたくしの想像では、このころ安南の国王は黎維禔《れいいし》であったが、家臣の莫《ばく》氏にうばわれ、莫元清は高平（寧朔）によっていた。維禔は、わずかに沿海の数郡をたもって回復をはかっていた。「檄を伝えて賊を討つ」ことは、当時の有力な軍事的・政治的PRの手段・方法であったから、文筆のたつ中国人を、書記にかこっておくことが必要となる。たまたま、安南の会安（海防か）に滞在していた舜水に、白羽の矢がたてられたというわけであろう。

ところが、舜水は詩はつくらず、ただつぎのように書いた。「朱之瑜、浙江餘姚《よう》の人。南直（南直隷・江蘇省）松江の籍。中国、柱を折り維《い》（つな）を鈇《ぶ》（おのできる）し、天傾き日喪《うしな》うに因り、薙髪《ちはつ》（かみをそる・弁髪）して虜《りょ》（えびす・満清）に従うに甘んぜず、貴邦（安南）に逃避す。今に至るまで一十二年、墳墓《ふんぼ》・妻子を棄捐《きけん》（すてる）するも、虜氛《りょふん》（えびすのわざわい）未だ滅びず、国族帰し難し。潰耄《かいぼう》（くずれおいぼれる）憂焚《ゆうふん》（うれいもえる）、詩を作るも取る無けん」（『全集』五四二ページ）と。しかし、役人はいっこうききいれず、舜水を軟禁しておどかし、百方てをつくし、なんとか屈服させようとした。舜水は、決死の覚悟をかためていたから、なんらわるびれることなく、そのあいだの「往復の言は、忠憤義烈、激切慨然《がいぜん》」たるものがあった（『行実』、『全集』五七〇ページ）。

国王接見

そこで、二月八日になると、国王のいる外営沙（安南音陵甲）につれてゆかれ、接見ということとなった。文武の大臣はことごとくあつまり、「刀を持して環立《かんりつ》（ぐるりととりまく）する者数千人」（『安南供役紀事』、『全集』五四五―四六ページ）であった。役人が仗《つえ》で「拝」という一字を砂の

不拝の砂文字

うえにかいたが、舜水はその仗をかりて、そのうえに「不」の一字をつけくわえた。役人はめをみはり、そでひき、手ひき、なんとか国王に拝礼させようとしたが、舜水は身をおどらせてこれをふりはらったので、国王は大いに怒った。舜水が「中国の勢いを挾《さし》はさみ、小国（安南）を欺陵《ぎりょう》（あざむきしのぐ）した」（同前、『全集』五四六ページ）として、

安南の将相・文武の大臣たちは、ひとしく「震怒《しんど》」し、かならず舜水を殺せ、ということになってしまった。黎《れい》医官がきて、舜水に、「おもいなおして、国王を拝してはどうか。拝さねば、かならず殺される」と忠告したが、舜水は「今日、礼を守りて死せば、笑いを含みて地に入らん。何んぞ必ずしも多言せん」（同前、『全集』五四七ページ）とこたえ、従容《しょうよう》として死につく決意は、いよいよかたかった。

身辺の整理

翌二月九日、舜水は早暁におきいで、水でからだをきよめ、衣がえをし、家事を交誼のふかかった日本人に託し、監国魯王の勅書を供奉《ぐぶ》して、身辺いっさいを整理した。「次日（九日）、黎明にして起く。自ら其の牖下《ゆうか》（まどした）の水を取り、洗沐《せんもく》（体をあらう）して衣を更《あらた》め、土を撮《と》り北に向って拝辞し訖《お》わる。天明を竢《ま》ち、餘人尽《ことごと》く起く。家事を将《も》って陸五に嘱託《しょくたく》す。寓《ぐう》（かりずまい）中、有る所の物を売りて、弥左衛門に銀四十両八銭、寓主権兵衛に房租《ぼうそ》（たなちん）銀三十両を還し、餘は汝（陸五）に与え、盤《ばん》費《ぴ》（売買のついえ）と為す。帯来の衣服・行李《こうり》は尽《ことごと》く蘇五呂に附す。内楼に勅書を供奉し、拝上す。仔細《しさい》収好し、帯《お》びて日本に至り、家下、人の来る有るを待ちて、附去《ふきょ》せよ」（同前、『全集』五四七ページ）とある。

これによれば、舜水の寓居は、日本人の権兵衛というものが家主であったらしく、おなじく陸五というものが、つねに舜水のそばにいて、生活の面倒をみていたらしい。他の弥左衛門にも借金があったようだし、蘇五呂ともなみなみならぬ交誼があったと察せられる。おそらく前夜、死を決してまんじりともしなかったであろう舜水が、まだ家人のねしずまっている未明《みめい》、ひとりしずかに床をはなれ、斎戒沐浴《さいかいもくよく》して身心をきよめ、世話になった日本人たちに、こまごました死後の処置を依頼しているすがたは、まことにみごとである。

まえにふれたが、舜水が安南において日本人と交わりがふかかったであろうことは、右の陸五・弥左衛門・権兵衛・蘇五呂などという日本人の名が、『安南供役紀事』にしるされていることによっても、想像されよう。ことに蘇五呂は、かの安南普陀山霊中仏碑（一六四〇年建立）に、「日本営宋五郎道真、供銭一百貫」とみえる宋五郎、そのひとである。ちなみに、この碑がたてられたのは崇禎十三年にあたり、そのなかに日本人の名がみえることは、かつてサレ博士によって紹介された(Sallet : Les Montagnes de marbre. Bulletin des Amis du Vieux Hué, Ile Année, 1924, Hanoi)。黒板勝美博士も「南洋に於ける日本関係史料遺蹟に就きて」（啓明会・第二七回講演集）・「安南普陀山霊中仏の碑について」（『史学雑誌』四〇－一）において、また松本信広教授も「安南普陀山霊中仏碑中の一日本人名」（『史学』三－二）において、言及されている。

さて、舜水は黎《れい》医官にむかって「我れは大明《ミン》の徴士なり」といい、「後ち虜変を日《も》（以）って逋逃《ほとう》（のがれる）して此に来る。誼として王を拝す可からず。是《ここ》を日（以）って王を拝せず」と断じ、「死後、料《はか》るに爾《なんじ》が輩、敢て骨を収めざらん。如《も》し収む可くんば、乞う、題して明《ミン》徴君朱某之墓と曰《い》わんことを」とのべている。いま、茨城県常陸太田にある舜水の墓に、水戸光圀が「明徴君子朱子墓」としるしたの

明徴君朱某之墓

は、おそらく右の史実にちなんだものとおもわれる(挿図4)。

　なお、わたくしがはじめて墓参したときの疑問を、ここでのべておく。舜水の墓には、まさに右のように刻されているが、よくみると、明徴君子の子の字が「小子」の二字のようにもみえる。「小」の

↑挿図4　朱舜水の墓（常陸太田市瑞竜）
←挿図5　明徴君子朱子墓（拓本）

瑞竜は，水戸徳川家歴代の墓地のあるところ。そこにまったく例外として，「明の遺民」舜水の墓をつくった。これだけでも，舜水にとっては最高の栄誉であろう。「明徴君子朱子墓」は光圀の筆。安南で抑留され，決死の覚悟をした舜水が，遺言として「明徴君朱某之墓」と墓石にかくよう依頼した史実に，もとづくものであろう。

字は、文字どおりきわめて小さく、子のうえにかかれているが、そのときわたくしはあるいは、わざと「小子」とかいたのではあるまいか、という疑問が、ふとあたまをかすめた。それは、安南抑留のさい、舜水のよびなについては、「太師」「尊師」といわれたが、みずからは「小子」「小可」といっていたからである（『安南供役紀事』、『全集』五五〇ページ）。しかし、これはむろんあやまりで、子の字の古文（孚）は「学」のかたちに、よくにている（挿図5）。

擅殺の計から任用の心へ

さて、もともと安南国にたいして、ことさらな悪意も敵意もない舜水である。舜水の「挙動を訪察」し、その「履歴事実」をしればしるほど、かれの無実はあきらかにされてきた。なかには、「奇人」としてむしろ敬意をしめすものもあらわれ、「擅殺《せんさつ》（ほしいままにころす）の計」はようやくゆるみ、「任用の心」さえきざしてきた。

一方、舜水は「身名、外夷《がいい》に埋没《まいぼつ》して、天朝に達すること無きを恐れ」（『行実』、『全集』五七一ページ）、監国魯丁酉《ていゆう》年二月十七日付をもって、「奉勅特召恩貢生朱之瑜奏して、

魯王へ謝恩の疏(前疏)

礼を守り節に殉《じゅん》ずるを為し、謹んで始末縁繇《えんゆう》(由)を陳《の》べ、兼ねて天恩を謝する事」、すなわち、いわゆる「監国魯王に上《たて》まつりて恩を謝する奏疏」(前疏)をたてまつった(『安南供役紀事』、『全集』五六一―六三ページ)。ちなみに、繇(由)・㠯(以)・佀(似)・澥(海)などは、福王由崧《すう》(弘光帝)・桂王由榔《ろう》(永暦帝)・魯王以海のいみなをさけたものとおもわれる。

さて、二月十九日には、安南国王から一書がおくられて、舜水に仕官をすすめ、「太公(殷の人)は周を佐《たす》けて周王たり。陳平(魏の人)は漢に在りて漢興る」(同前、『全集』五五一ページ)などといったが、舜水は、その日にいわゆる「安南国王に復する書」(同前、五五一―五三ページ)をかいて拒絶した。「徒《いたず》らに天、明室《ミン》に禍《わざわ》いするを㠯《も》(以)って、貴邦(安南)に遁逃《とんとう》す。苟《いやし》くも性命を全うすれば、別に他図《たと》無し」(同前、五五二ページ)とはっきりいっている。

莫氏を討つ檄文

しかし、二月二十日には「国王に代りて答書」しているが、これがいわゆる「安南王に代る書」「節略」であり、わたくしの推測では、「莫《ばく》氏を討つ檄文」ではなかったかとおもう。安南の黎氏と莫氏との関係は、王朝簒奪《さんだつ》のことからいえば、明《ミン》と清《シン》との関係によくにており、舜水もこころよく、ふでをとったものとおもわれる。「虜（莫氏?）、目中に聚《あつ》まり、功、指顧《しこ》に成らん。旂常《きじょう》（交竜と日月をかいたはた）をして翼輔《よくほ》（たすける）の勲を銘し、乾坤《けんこん》（あめつち）をして忠義の気を正さしむ。土を列し茅を分かち、圭《けい》（また）を錫《しゃく》し卣《ゆう》（酒器）を奠《てん》す。光栄は祖考《そこう》に増し、福沢《ふくたく》は子孫に流る。豈に大丈夫の偉烈にして、奇男子の愉快に非ずや」（代国王答書、『全集』五六〇ページ）とか、「蓋し忠孝は天下の大節にして、簒逆は千古の罪魁《ざいかい》なり」（節略、『全集』五六〇ページ）とかのべて、名分をただし、大いに志気をはげましている。

こえて三月三日、国王から使者がきて、「確」という字について質問してきた。舜水は、堅確・的確・確論などを例にひいて説明したが、やがて、いわゆる「堅確の賦《ふ》」（『安南供役紀事』、『全集』五五三—五五ページ）ができあがったのである。

つづいて、四月はじめに「文武大小の臣工に榜示《ぼうじ》す」（同前、五五五—五六ページ）、また四月十三日には「留札存案」（同前、五五六―五七ページ）の一文を、それぞれものしているが、「既に拘留の患《うれ》い無く、海に浮んで帰らんと欲し」た舜水は、四月二十一日は「国王に辞別する書」（同前、五五八―五九ページ）をかいている。安南国王を「大王閣下」といっているのは注目すべきであるが、はじめに「治平の本は、斅学《こうがく》（おしえとまなび）を先と為す」といい、歴史上の事例をあげたのち、「是れ則ち賢相・良将は、咸《み》な礼を習い書を知るを貴ぶ」とのべ、「是《ここ》に於いて、人《ひと》文し化成り、教興り俗厚し。洵《まこと》に千古賢王の盛業にして、万代流聞の美名なり」とのべている。

　こうして舜水は、外営沙（砂）から会安にかえったが、かえってみると、かれの寓居はからっぽで、留守中、どろぼうに押し入られていた。周囲のひとびとは、家主にうたがいをかけたが、舜水は信じてうたがわず、けっきょく、家主は無実であることがわかり、「常人の能くする所に非ざるなり」と、ひとびとを感心させたという。いわゆる『安南供役紀事』をかいたのはこのときで、五月二十七日

魯王へ謝恩の疏（後疏）

には、いわゆる「監国魯王に上《たて》まつり恩を謝する疏」（後疏）をしるしている（同前、『全集』五六三―六四ページ）。前疏につづいて、安南抑留のありさまを報告し、ただちに徴辟におうじがたい理由を釈明している。安南をさして「国小にして気驕《おご》り、学浅くして識陋《いや》しく、頗る能く夜郎《やろう》（西南夷）より抜萃《ばっすい》（ぬきんでる）し、天を観れども井《せい》に坐するを免かれず」（同前、『全集』五六四ページ）といい、尊大（夜郎自大）でありながら、きわめて見解がせまい（坐井観天）と評しているのが、めにつく。

以上、いわゆる「安南之役」「安南供役の難」の大要についてのべたわけであるが、『安南供役紀事』の最後をみると、「六月初三、拝書よりの後、連日、嘔《おう》血《けつ》（血をはく）して止まず」（同前、五六四ページ）とあるから、舜水の健康状態は、きわめてわるかったこととおもう。それを克服しての精神力は、じつにみごとなものではなかろうか。舜水の事蹟をいうもの、かならず安南抑留の一事におよんでいるのも、いわれないことではあるまい。たとえば、釈独立（性易）は、『安南供役紀事』の跋に

凛々たる大節・今古第一の義幟

おいて、本紀事をよんで「嘉歎《かたん》に勝《た》えず」、つぎのようにのべている。「於戲《ああ》、夫《か》の天の正気、夫の君子に鍾《あつ》まるとは、是れなる哉《かな》。昔し子卿《しけい》（蘇武）、節を単于《ぜんう》（匈奴の王）に持して屈せざる者は、君命有るが為めなり。いま先生（舜水）、逋《ほ》臣客軌《しんきゃくき》（のがれた臣客のみち）を以って、義を執りて自ら高く、磬折《けいせつ》（つきておれる）を為さず、死亡も顧みず、言奪い気争い、錚錚《そうそう》（金鉄のこえ）たる鉄石、今古《きんこ》上下、其の事無く、其の人無し」といい、「凛《りん》凛《りん》（さむさきびしい・りりしい）たる大節」をしめしたことは、「今古第一の義幟《ぎし》（正義のはた）」とほめたたえている（同前、『全集』五六五ページ）。

前漢の蘇武（字は子卿）が匈奴《きょうど》につかいして、十七年間も抑留されたが屈せず、おすの羊が乳をだしたら、帰国させてやるといわれたが、幽囚の身を、あるいは野ねずみをくい、あるいは雪に旃《き》毛《もう》をまぜて空腹をみたしたりした故事をひきあいにだし、これと比較してたたえているわけである。なお、舜水の身辺におこったとおなじような事例を、ここでつけくわえておきたい。それは、永暦十二年＝万治元年（一六五八）正月に、永暦帝から左副都御史に拝せられた徐孚遠《ふえん》が、滇《てん》（雲南）にゆこうとして、安南にまぎれこんでしまった。そして、舜水とおなじように、安南王から臣礼をもって賜見《しけん》するよう要求されたが、孚遠は、毅然としてこれを一蹴している。しかも、かれのばあいは、かの鄭成功が、それまで展開していた広南貿易を禁止する、ひとつの原因ともなったのである（『海上見聞録』『続明紀事本末』『南明野史』『小腆紀年』『台湾外記』）。

はなしを、もとへもどす。舜水の安南供役については、安東守約も「其の安南に在るや、国王、将《まさ》に殺さんとするも、礼を守りて屈せず、凛凛として節を樹《た》つ」（『祭朱先生文一』『全集』七四三ページ）といい、安積覚も「流離困苦、海外に漂泊するも、能く冠裳《かんしょう》の故を存し、腥羶《せいせん》（なまぐさいけもの・それをたべる外国人）の俗に染《そ》まず、身を処すること既に善くして、志は則ち在る有り。大義は安南の供役に著《あら》われ、方略は陽九の述略に存す」（『祭文恭朱先生墓文』『全集』七五四―五五ページ）といっている。ちなみに、『陽九述略』は、むろん舜水の著作で、「虜を致すの繇《ゆう》（由）」「虜勢」「虜害」「虜を滅ぼすの策」からなっている。安積

大義と方略

『陽九述略』

覚によれば、舜水の「大義」は『安南供役紀事』に、その「方略」は『陽九述略』に、それぞれのべられている、という見解である。藤原（林）信篤が「飄《ただよ》うて安南に転ずるも、耿介《こうかい》（かたく心をまもる）にして屈せず」（舜水先生画像賛、『全集』五九〇ページ）といっているのも、やはり舜水の安南抑留をさしたものにちがいない。

さて、永暦十一年丁酉（一六五七）は、舜水は安南の会安にとどまったのであるが、そのとし八月、「忠烈の知友」王翊《よく》（完勲《くん》・完翁・烈愍《びん》）を祭っている（『文集』巻一九・祭王侍郎文二、『全集』三六四—六七ページ）。舜水の中国時代の知友は王翊であり、日本時代の知己は安東守約であったが、王翊を追慕敬重してやまなかったことは、三年まえの永暦八年甲午（一六五四）八月にも、かれを祭っており（同前・祭王侍郎文一、『全集』三六二—六四ページ）、また翌同十二年戊戌（一六五八）九月にも、日本の旅次において、かれを祭っている（同前・祭王侍郎文三、『全集』三六七—六九ページ）。

鄭成功の南京攻略——北征は、このとしにはじまったもので、舜水も従軍したとおもわれるが、つぎに、このあいだの事情をのべることにしよう。

七　北征従軍

『朱舜水先生行実』には、いわゆる鄭成功の「北征」――わたくしのいう南京《ナンキン》攻略に、舜水が従軍したという記事はみあたらない。しかし、内外の史料をいろいろしらべてみると、舜水が鄭軍の「北征」に従軍したことは、ほぼ確実とおもわれる。はじめに、南京攻略の大要をのべ、つぎに、その一環としての、舜水の行動をあとづけてみたい。

鄭成功の南京攻略

国姓爺《こくせんや》としてなだかい鄭成功の「北征」は、かれのいわゆる大陸反攻・中原《ちゅうげん》回復の一大目標であり、明《ミン》室復興闘争の関ヶ原戦でもあった。南京は「国家の根本」である。いわゆる南京攻略は、それよりまえに、鄭軍が連年くりかえしてきた江蘇・浙江《せっこう》・福建・広東《カントン》の沿海経略の総決算でもあったから、その意気ごみにも、また異常なものがあったのである。鄭成功（一六二四―一六六二）と朱舜水とは、年齢のうえでは、舜水が二十四歳の長上であり、ほとんど親と子とほどのちがいである。しかし、明《ミン》室光復《こうふく》の「大義」においては、もちろん同志であった。ただ舜水は、さいごになって監国魯王（以海）を奉じようとしたのにたいし、成功は、隆武帝（唐王聿鍵《いつけん》）、ついで永暦帝（桂王・永明王由榔《ろう》）を奉じている。桂藩を主流派とすれば、いうなれば、魯藩は反主流派であった。南明《ミン》のちから関係からいっても、むろん魯藩は、桂藩にとおくおよばなかったのである。

鄭成功が、永暦帝から延平郡王に封ぜられたのは永暦七年（一六五三）、三十歳のときであったが、舜水はこのとき、すでに五十四歳である。厦門《アモイ》（福建省）の中左所を思明州とあらためて、明《ミン》室復興の決意をあらたにしたのが、同九年（一六五五）、このとし成功は、永暦帝からさらに潮《ちょう》王に封ぜられている。

一方、清《シン》朝としては、華南における成功のいきおいが増大するのは、もとよりこのまない。さかんに、いわゆる「和議」「招撫《しょうぶ》」がくりかえされたが、成功の決意は、怒濤に屹立《きつりつ》する巨巌のように、微動だにしなかった。沿海経略をくりかえしているだけでは、いつの日か中原回復を実現することができよう。いつかは、南京へ突入して、満清《シン》と雌雄《しゆう》を決しなければなるまい。

当時の大陸の形勢は、どうであったか。東南一隅の鄭成功にたいして、西南一帯には、李定国が「義軍」をおこしていた。永暦帝も、定国をたよりにしていたが、永暦十一年（一六五七）には、清《シン》軍の雲南攻撃が、積極的に三方面からくわえられていた。もし定国がやぶれると、成功はひとり南方のすみに孤立することとなり、ひいて明《ミン》室回復闘争にも、一大危機をまねくこととなる。雲南攻撃の清《シン》軍を牽制《けんせい》するいみからも、いまが絶好のチャンスである。

鄭成功が十万五千の精兵を三百あまりの艦船に分乗させ、厦門《アモイ》を出発して、いわゆる「北征」の途についたのは、永暦十二年＝万治元年（一六五八）五月のことであった。第一軍は中提督の甘輝《かんき》、第二軍は右提督の馬信、第三軍は後提督の万礼、第四軍は招討大将軍の鄭成功である。鄭軍は、福建から浙江へと北上していったが、六月には平陽・瑞安《ずいあん》を攻略し、七月から八月にかけて舟山から羊山（山洋）にすすんだ。温州（永嘉）をおびやかし、七月から八月にかけて舟山から羊山にすすんだ。ところが、ここで暴風雨におそわれ、数十百隻が沈没、また難破のうきめをみた。成功の妃嬪《ひひん》と男の子三人（明・睿《えい》・発の三人とおもわれる）をはじめ、数千人の精兵が怒濤にのまれた。成功はさいわい無事であったが、まさに、ではなをくじかれた大自然の一大痛撃をこうむったのである。羊山の覆没《ふくぼつ》の原因については、中国側の史料によれば、羊にまつわるいわば「放砲驚竜《きょうりゅう》説」、もしくは「殺羊湧濤《ようとう》説」とでもいうような伝説をあげて説明しているが、この覆没の真因は、夏から秋にかけて江蘇・浙江の沿海地方の名物である、台風と津浪のためであったことに、まちがいはない。

このように、鄭成功の「北征」は、おもわぬ大自然の暴威のまえに、ひとたびくじけはしたが、一方、将兵の動揺もおおえぬものがあった。はやくも前途の不安を予想して、ひそかに逃亡するもの、離反するものがあらわれだした。鄭軍の軍規は、とくに厳正をもってきこえ、たとえば、婦女に乱暴したり、むやみに人畜をうばいころしたり、建造物をやきこわしたり、名をかたってわるいことをしたりするなどは、もちろん厳禁である。ところが、このとし十一月、磐石衛《ばんせきえい》（浙江省）を攻略して「擒殺《きんさつ》（とりこにしたりころしたり）無数」という大勝を博したとき、はじめて婦女を虜《りょ》掠《りゃく》するものがあらわれたりした。

しかし、これらも大地震のあとの小さな余震のように、一方では、羊山覆没後の善後処置が着実にはかどり、軍需品の補充・調達、艦船・兵器の修理・建造など、捲土《けんど》重来を期する鄭軍の再編成が、ひそかにすすんでいた。磐石衛を中心に、台州（臨海）・温州・瑞安・平陽など、浙江沿海の要地に、将兵はじゅうぶん休養をとるとともに、来るべき春を待望して、年をこしていた。

永暦十三年・万治二年（一六五九）三月、再編された鄭軍は、磐石衛に集結した。四月、鄭成功は、みずから第一軍の艦船を指揮して定関城(浙江省鎮海)を攻略、余勢をかって寧波《ニンポー》(浙江省鄞県)へ突入した。このとき、「江を横ぎりて限を為す」ところの「滾《こん》江竜《こうりゅう》」を排除してすすんだが、清《シン》軍は、艦船の航行を阻害するため、水中に鉄索《てっさく》のたぐいを、はりめぐらしていたのである。五月には舟山から羊山へ。こんどは風波もおだやかで、むしろ、あらしのまえのしずけさをおもわせた。そして「江南の門戸」といわれた崇明(江蘇省)から、さらに呉淞《ウースン》へ。鄭軍は、いよいよ待望の揚子江へ進撃したのである。

瓜州・鎮江の攻略

この長江進撃において、鄭軍がもっとも活躍したのは、六月における「京都(南京)の門戸」といわれた瓜《か》州と鎮《ちん》江(ともに江蘇省)の攻略戦であった。瓜州と鎮江は、揚子江と大運河がまじわる地点にあたり、軍事上・交通上の要地である。清《シン》軍も、このあたり一帯に要塞をきずき、砲台をそなえ、「滾江竜」を江中にはりめぐらしている。また「満州木浮営」、あるいは「木城」と称する江上の浮かべる城――

浮遊陣営をつくって、鄭軍の進撃をさまたげた。

滾江竜

木浮営

ちなみに、滾江竜とは「江を横ぎりて限と為す」とか、「鉄索（鎖《さ》）を以って江を横ぎる」「巨纜《きょらん》（大きいともづな）を列《なら》べて江を横ぎる」とかいわれるもの。「滾」とは、水のさかんに流れるかたちをいうから、竜にちなんで命名されたのであろう。満州木浮営とは、満州木城ともいわれ、またたんに木浮営・木営・木城ともいい、攔江壩《らんこうは》・長壩・木壩などともよばれた。「攔」はさえぎる、「壩」はせきのこと。これは「木簰《はい》（木のいかだ）を置いて流れを截《き》る」ものであるが、その大きいものは「内に各〻《おのおの》兵五百人を蔵し、火礟《かほう》（火砲）四十門、火薬・火礶《かん》は計られず。上流より圧下し、船、之れに遇わば立ちどころに砕く」（『海上見聞録』）という強力な、浮かぶ要塞であった。

鄭軍はこれらを、あるいは斬《ざん》断し、あるいは焚奪《ふんだつ》し、また清《シン》将を、あるいはいけどりにし、あるいは斬った。瓜州攻略戦は、鄭軍にとって、厦門《アモイ》を進発してか

張煌言の先発

ら、もっとも神速果敢な一大快戦であった。鄭成功と行動をともにしていた張煌《こう》言《げん》(一六二〇―六四)が、南京先制の任務をおび、先発隊として、とおく蕪湖《ぶこ》(安徽省)をつくため成功とたもとをわかったのは、このときである。鄭軍の勝期を、機敏にみとおして、神速かつ大胆な機動作戦にうつったのである。この張煌言は、「師、燕《えん》子《し》磯《き》に次す」と題して、

横江の楼櫓、自ら雄飛し
霜は伏し雲は靡《なび》き、国威を尽くす
夾岸《きょうがん》の火輪は畳陣《じょうじん》を排し
中流の鉄鎖は重囲と闘《たたか》う
戦余の落日、鮫人《こうじん》の窟《いわや》
春到《しゅんとう》の長風、燕子《えんし》の磯
興亡を指点すれば、感慨を倍にす

当年此の地、是れ王畿《おうき》（『奇零草』甲午作）

とうたっている。甲午＝永暦八年（一六五四）は己亥＝永暦十三年（一六五九）のあやまりであるが、「横江の楼櫓」は木浮営、「中流の鉄鎖」は滾江竜《こんこうりゅう》をさしたものであろう。

神兵・天兵

さて、鎮江攻略戦も、瓜州《かしゅう》戦をうわまわる激戦であったが、右武衛周全斌《ぜんびん》らの活躍は、とくにめざましかった。銀山のふもとの白兵戦に、かれは部下に決死の覚悟をうながすため、陣地のうしろに長い縄をはって督戦し、士気はいやがうえにもあがった。鄭軍独特の「鉄人」は、斬人・斬馬の本領を発揮して大活躍し、その奮戦ぶりは、まさに「神兵」としてたたえられた。不敗をほこった清《シン》の猛将管《かん》効忠さえ、「吾れ満州より中国に入り、身、十七戦を経たるも、未だ此の一陣の戦に死する者有らず」（『明季南略』巻二）となげいたという。「江南の門戸」「南北の咽《いん》喉《こう》」といわれた瓜州・鎮江を、またたくうちに攻略した鄭成功は、鎮江城において、九軍からなる鄭軍の精鋭を閲兵《えっぺい》した。その偉容は、「天兵」としてたたえられた。

めざす南京は、もはや指呼《しこ》のあいだにある。わたくしの想像では、鄭成功は、右の二大攻略戦によって大いに自信をふかめ、羊山の覆没や、一年余におよぶ遠征の苦労も、ひとしおむくいられたおもいであったにちがいあるまい。ことに、さきに張煌言を蕪湖《ぶこ》へ進発させた成功の作戦は、みごと効を奏し、六月から八月にかけて、揚子江の南北にある四府・三州・二十四県は、あいついで来降した。鄭軍の意気は、まさに天をつき、戦わずしてすでに南京をのむ、といういきおいであった。このとき、成功は「師を出だして満夷(清軍)を討ち、瓜州より金陵(南京)に至る」と題し、得意の七言四句の詩をつくっている。「雄師十万、気は呉(江蘇地方)を呑む」とたからかにうたい、天然の要塞である揚子江をおしわたれば、中原《ちゅうげん》もたちまち朱姓(明の国姓)となるであろう、とうたいあげている(『延平二王遺集』)。

南京への進撃には、「水行」か「陸行」かについて議論もあったが、けっきょく水行をえらんだ成功は、七月には南京の北、十六外郭門《がいかくもん》のひとつ、観音門にせまった。南京攻囲の陣形は、まったくととのった。たれのめにも、南京の陥落は、もはや日時の問題とみえた。ところが、こうした一瞬の安心と油断から、清《シン》軍の奇襲反撃をうけ、たちまち、全軍ほとんど潰滅《かいめつ》にちかい惨敗をこうむった。敗残の将兵は、水陸から鎮江へのがれかえった。自分の手足として、たのみにしていた中提督の甘輝、後提督の万礼をはじめ、多くの勇将・猛卒をうしなった。成功にとっては、ほとんど致命傷にちかかったが、「勝敗は常時、またなんぞ慮《うれ》えん」（「従征実録」）と全軍をはげまし、ただちに戦没将兵にかわる鄭軍の改編を断行した。瓜州・鎮江まで放棄して、揚子江をくだる成功の血涙《るい》と長恨《こん》。南京攻略のゆめも、むなしく長江のうたかたときえさった。

鄭軍は帰路、「長江の咽喉」である崇明を攻略したが、やはりだめだった。このころ、清《シン》朝では、鄭成功の南京攻略の失敗を、おおげさに宣伝して、「水陸の

国姓陣没のデマ

全軍覆没し、国姓《こくせん》(成功)もまた陣中に没せり」(『従征実録』)といつわった。南明《ミン》の陣営、ことに鄭氏軍民の心理的混乱と分裂とをねらって放送されたデマにすぎなかったが、やはりかなりの効果をおさめたようである。朝鮮でも、「国姓、乱軍中に死す」とか、郭信《かくしん》(国姓の近音異字とおもう)と変名し、「身を脱して走り、生死を知らず」(『顕宗改修実録』巻二)とか、うわさされた。

郭信

崇明攻略を放棄した成功は、艦船を林門(浙江省)にひきあげた。そして、一軍を舟山につかわして防禦と鎮守にあたらせる一方、各軍を浙江・福建の沿海各地方にそれぞれつかわし、将兵の休養ならびに兵糧の補給と訓練にあたらせた。こうして成功は、九月に一年五ヵ月ぶりで、厦門《アモイ》の思明州に帰船したのである。

張煌言の江南北経略

なお、さきに鎮江(江蘇省)で鄭成功とわかれ、蕪《ぶ》湖(安徽省)に先発した別軍の張煌言の動静は、そのごどうであったか。

一時は、まえにのべたように、江南・江北の四府・三州・二十四県が帰付するという大成功をおさめ、さらにすすんで九江（江西省）を経略しようとしていたが、寧《ねい》国《こく》（安徽省）で鄭軍の南京敗北をしり、七月のすえ、いそぎ蕪湖にかえった。ところが、たのむ鄭成功は、鎮江・瓜州もすてて揚子江をくだってしまったので、煌言は、清《シン》軍のために、完全に退路をたたれてしまった。そこで繁昌《はんしょう》にゆき、さらに鄱陽《はよう》におもむいて「義勇を号召」しようとし、八月に銅陵にむかった。このあいだ、にわかに清《シン》軍にぶつかり、将兵たちはおどろいて、ちりぢりになってしまった。進退きわまった煌言は、ついに巨艦を江中にしずめ、無為《むい》にゆき、焦湖《しょうこ》（巣《そう》湖）にはしって再挙をはかろうとした。ところが、焦湖は冬期は水がかれて、船をとどめておくことができない。そこで、おもいきって船を全部やきすてて岸にあがり、一時、英霍山《えいかくざん》にのがれることとした。こうして、桐城《とうじょう》から霍山・英山の山間を、あるいは変装し、あるいは変名して、くるしい逃避行をつづけた。そして、ようやく高河埠《こうかふ》から樅陽湖《しょうようこ》をすぎ、揚子江をわたって池州《ちしゅう》から九華山にのぼろうとしたが、これを変更して江をさかのぼり、東流の張家灘《ちょうかなん》で登岸。これから建徳——祁門《きもん》——休寧——徽州《きしゅう》（歙《きゅう》）——淳安《じゅんあん》（以上、安徽省）——遂安《すいあん》——厳州《げんしゅう》——婺州《ぶしゅう》（金華）——義烏《ぎう》——東陽——天台（以上、浙江省）を間行《かんこう》して寧海にいで、千辛万苦のすえ、九月になって、ようやく浙江の海岸にたどりつくことができたのである。

朱舜水の従軍

以上は、いわゆる鄭成功の「北征」——南京攻略のあらましであるが、朱舜水が、この「北征」に従軍していた。どうしたわけか、『行実』には、このことについては一言半句もしるしてないが、諸史料をていねいにしらべてみると、このあいだの事情が、ほぼあきらかになってくる。

『海東逸史』

邵廷采《しょうていさい》の『海東逸史』巻一八 朱之瑜《しゅ》の条をみると、

己亥、王（魯王）に金門（福建省）に朝す。時に朱成功・張煌言、師を会して長江に入る。之瑜、建威伯馬信の営を主《つかさ》どる。信は台州（浙江省）の副将にして、張名振に降りし者なり。名振死し、兵を以って成功と忠靖伯《ちゅうせいはく》陳輝《ちんき》とに属す。之瑜、常に両軍の間を往来し、瓜州《かしゅう》に克《か》ち、鎮江を下すとき、皆な親しく行陣を経たり。未だ幾《いく》ばくならずして事敗れ、益〻徬徨《ほうこう》（さまよう）して向う所無く、日本に返る。日本人安東守約、之れを周給す。（『全集』七一八ページ）。

とある。己亥は、もとより永暦十三年＝万治二年（一六五九）である。建威伯馬信は、「北征」鄭軍の第二程（第二軍）右提督であった。忠靖伯陳輝のことはつまびらかでないが、おそらく「北征」鄭軍の合後（第四程）延平郡王招討大将軍・朱成功の幕下にいたものとおもわれる。

舜水は、第二軍右提督馬信の幕下にあり、しんがりをうけたまわる本軍の忠靖伯陳輝とのあいだを、たえず往来し、連絡していたらしい。ことに、まえにのべた瓜州・鎮江の二大激戦のときも、したしく鉄火の戦陣をくぐっている。また、南京敗戦のありさまを、安東守約におくったてがみのなかで、つぎのようにのべている。

七月八-九、南京に至る。其の下、驕《おご》りて戢《おさ》めず、漁して萃《あつ》まらず。中に一-二の要人有り、剛愎《ごうふく》（がんこで もとる）貪忌《どんき》（むさぼり きらう）、小勝に狃《な》れて上命を用いず、其の瑕《か》（きず）を舎《す》てて其の堅を攻め、之れを離して分れしめず、反って慢《みだ》りに合せしめ……遂に爾《し》かく一敗して此《こ》こに至らしむ。死すと雖も、何んぞ㠯《も》（以）って罪を贖《あがな》うに足らんや。上游（上流）は則ち豫章江黄、滙北《いほく》は則ち推揚（江蘇）・盧鳳《ろほう》（安徽）、蒿目《こうもく》（うれい みる）して㠯《も》（以）って王師の水火より抜くを待ち、糧を輸《いた》し米を運ぶ、会同に駅有り、印を送り款《かん》を納《い》る、期に後《おく》るるを懼《おそ》る。民心の漢《かん》を思うの誠、玆《ここ》に於いて大いに験あり。一旦、辜負《こふ》（そむく）すること此《か》くの若《ごと》し。（直）真に大慟《たいどう》（かなしみ なげく）す可し。（『文集』巻六・与安東守約書一、『全集』一〇六ページ）

なお、これにつづけて、捲《けん》土重来を期してつぎのようにいう。

今ま退きて舟山、閩《びん》（福建）・浙《せっ》（浙江）を守るも、意は重来に在り。若《も》し能く自ら怨み自ら艾《くさぎ》り、深く前過を思わば、則ち敗を転じて功と為すこと、直ちに唾手《すいしゅ》

(手につばきする)の間のみ。幸いに総督忠靖伯陳燦老は、老成にして重きを持し、鎮定周密なり。提督馬玉老は、雄豪激烈にして、気を吐き胡《こ》を呑む。況《いわ》んや復《ま》た謙雅《けんが》和衷《わちゅう》、剛柔相済《すく》い、分陜《ぶんきょう》(わかれせまい)猶興《ゆうこう》、文武同心なるおや。豈《あ》に目《も》(以)って高皇(明の太祖)に復するに足らざらんや。(同前)

この書は、じつは鄭成功におくった書と、安東守約におくった書とが、前後あわされているという見解もある。右に引用した文中にみえないが、「藩台《はんたい》」というのは鄭成功をさし、「足下」というのが守約をさしている。「陳燦《さん》老」は陳輝《き》、「馬玉老」は馬信であること、前後の事情からあきらかである。

舜水が「北征」に従軍したことは、舜水みずからふでをとった「滅虜之策」のなかにも、右とほぼおなじようにのべているのは、注目にあたいする。

己亥の年、国藩と同じく長江へ入るも、南京未だ下らず、兵律尚お未だ厳ならず。而して江右江左・蘄黄漢沔《きこうかんべん》(水名《みな》)、正に雲合響応《きょうおう》(ひびきおうず)し、首を翹《あ》げて時雨を望む。即ち家室・妻孥《さいど》(妻女)、軀命《くめい》(いのち)は、事事《じじ》揖《す》つ可し。而して惟《た》だ大明《ミン》の光復を望むのみ。民心の迫切も、亦、甚だ憐れむべし。儻《も》し能く其の家を燬《や》かず、其の妻女を汚さず、其の軀命を戕《そこな》わざれば、民心の愛戴《たい》、言わずして知る可し。瑜(朱之瑜)、身は行間に在り、親知して灼見《しゃくけん》(あきらかにみる)し、日に各処の士大夫《たいふ》と相接し、已《す》でに耳食《じしょく》(いたずらに他説を信ずる)して塗説《とせつ》(すぐに途上で説く)する者と同じからず。況んや瑜はまた眷々懇々《けんけんこんこん》(ねんごろにかえりみる)、此《ここ》に夢寐《むび》(ゆめのま)飲食する者おや。

(『文集』巻二七、陽九述略、『全集』五三七—三八ページ)

「己亥」は、いうまでもなく永暦十三年＝万治二年(一六五九)、「国藩」も、まえの「藩台」とおなじく、鄭成功をさす。

さて、以上の考説がまちがいでないとすれば、朱舜水が鄭成功の南京攻略(北征)に従軍した事実も、またうごかすことのできない史実である。白髪みだる還暦の身をもって、乾坤《けんこん》一擲《てき》の「北征」に従軍したことは、おそらくかれの本懐であったであろう。しかし、とこころざしとたがい、惨敗して長江をくだり、舟山にひきあげてきた心境は、鄭成功とはまたべつのいみで、きわめて複雑なものがあったにちがいない。

次子大咸の死

なお、この「北征」従軍中の、ひとつの悲しみをつけくわえなければならない。このとしの春、舜水がまだ思明州（厦門）にいたとき、次男の大咸《たいかん》（咸一・華鶴《かかく》）がたずねてきた。舜水が陳遵之《じゅんし》にあたえた書のなかに、「己亥、咸児至り、纔《わず》かに動定を聞く」（『文集』巻一、与陳遵之書、『全集』七ページ）とあるが、「咸児」は大咸のことである。そして、そのさきに「咸児、即ち此の年の六月十七日に於いて、傷寒《しょうかん》（高熱）を患《わずら》う。五日にして熱除く。……是の夕、即ち復た熱喘《ねっせん》（高熱にあえぐ）急にして、一夜にして亡う。……特に弟《てい》（舜水）、老年にして壮子（大咸）を失い、更に伶俜《れいへい》（さまよう・おちぶれる）孤苦を覚ゆるのみ。柩《ひつぎ》を他山に寄するも、未だ存毀《そんき》（のこるかこわされるか）を知らず」（同前、七―八ページ）とあるから、かならずや大咸も、父の舜水とともに、右の「北征」に参加したにちがいない。梁啓超《りょうけいちょう》が、五月十七日としているのは、なにかのあやまりであろう（梁啓超『朱舜水先生年譜』二七ページ）。

そのとしの六月十七日といえば、瓜州の攻略がなり、張煌言が先発して蕪湖《ぶこ》（安徽省）をつこうとする計画がすすめられたときである。鎮江の攻略は、同月二十日から二十三日にかけて敢行された。大咸は、十七日から五日間発熱し、いちどは平熱になったようにみえたが、その夕方から再発し、一夜であえなく死んでしまったらしいから、その死亡の日時は、六月二十二日の朝であったとおもう。「海外経営」のため、東奔西走し、席のあたたまるひまのなかった舜水にとって「北征」に従軍し、はからずも愛児と起居をともにした両三月は、またとない、たのしい会合であったろうが、これが一転して、死別のかなしみをあじわう運命でもあった。六十の父親が、愛児にさきだたれた悲哀と苦悩と孤独とが、行間ににじみでている。

このとしの冬、舜水は日本におもむいている。第七回目であったが、結果において、これが日本永住のきっかけとなったのである。

八　日本投化

日本投化の事情

まえにのべたように、朱舜水が最後に長崎にきたのは、永暦十三年・万治二年（一六五九）の冬、六十歳のときであった。このあいだの事情について、『行実』には、つぎのようにのべている。

A　明年戊戌《ぼじゅつ》（一六五八）夏、また日本に至る。蓋し魯王の召に因りて、日本より思明に抵《いた》り、親しく情実に拠《よ》りて去就《きょしゅう》を決せんと欲すればなり。

B　是の時、海内幅裂《ふくれつ》し、兵革鼎沸《ていふつ》（かなえのわくようにさわぎたつ）す。安南より直ちに赴かんと欲すれば、則ち行路艱渋《かんじゅう》（くるしみとどこおる）す。是《ここ》を㠯《も》（以）って、海路を取らんと欲するも、舟山既に陥り、先生（舜水）の師友、兵を擁し忠を懐《おも》う者、朱永佑《ゆう》・呉鍾巒《しょうらん》等の如き、皆な已に節に死す。先生、之れを聞き、進退狼狽《ろうばい》（あわてる）す。然れども審《つまび》らかに時勢を察し、密かに成敗を料《はか》らんと欲し、故に沿海に濡滞《じゅたい》(とどまる)す。艱厄《かんやく》危険、万死髪の如し。

C　是に於いて、声勢敵す可からず、壊地《かいち》復す可からず、敗将振う可からざるを熟知す。若し内地に処《お》れば、則ち清《シン》朝の俗に従い、毀冕裂裳《きべんれつしょう》(冠服をやぶりさく)、髠《こん》頭束手《とうそくしゅ》(頭をそり手をつかねる)せざるを得ず。乃ち海を蹈《ふ》んで節を全うするの志を決す。

D　明年己亥（一六五九）を目《も》(以)って、また日本に至る。是より先、筑後の柳川に、安東守約(省菴)なる者有り。其の学植・徳望を欽《うやま》い、之れに師事し、深く先生の忠義の心を体す。其の帰路絶え、宿望沮《はば》まれしを知り、固く先生の日本に留まらんことを請う。先生、焉《こ》れに従う。

E　乃《すなわ》ち同志の者と、連署して長崎鎮巡《ちんじゅん》に白《もう》す。鎮巡、之れを許す。(以上・『全集』五七二ページ)。

以上を要約すると、舜水が魯王の徴召をうけて思明にゆき、「親しく情実に拠って去就を決せんと欲し」たが、華中における大陸反攻の拠点であった舟山はすでに陥落し、朱永佑・呉鍾巒のような師友も、みな節に死んだので、こんごの方針について十分検討した結果、すでに残明《ミン》の回復が不可能という状勢を察した。このままでは、けっきょく清《シン》朝に屈し、手をつかねて、その夷風胡俗にしたがわなければならぬ。それくらいなら、むしろ日本に亡命し、「海を蹈んで節を全うする」にしくはない。たまたま日本には、「知己」安東守約がいる。その守約の懇請もあり、ついに日本投化を決意した。手続きとして、長崎奉行に連署申請し、日本永住の許可をえた——というのである。

日本投化の理由は、ほぼこのとおりであろう。しかしわたくしは、なお具体的な遠因・近因を二―三つけくわえたい。

そのほかの理由

第一は、鄭成功に従軍した南京攻略（北征）の失敗である。『行実』には、すでにのべたように、舜水の北征従軍については、一言半句もふれていないが、最終的に「声勢敵す可からず、壊地復す可からず、敗将振う可からざるを熟知し」たのは、この南京敗戦という決定的事実であったにちがいない。

第二は、監国魯王と桂王（永明王）永暦帝との関係である。南明《ミン》復興の主流派は、福王弘光帝――唐王隆武帝――桂王永暦帝である。舜水が徴辟されたのは、反主流派といってもよい、唐藩とはあまり仲のよくなかった魯藩である。魯王以海は舟山をおわれ、思明にくるようになっても、桂藩にとっては、いぜん傍系であり、明《ミン》室光復の中心勢力とはなりえなかった。魯王と鄭成功との関係も、あまりよくはなかったのである。舜水が、生涯ただいちどの値遇《ちぐう》として「犬馬恋主《れんしゅ》の誠、回天衡命《こうめい》の志」（『文集』巻二八・安南供役紀事・前疏、『全集』五六二ページ）をささげた監国魯王をすてて、いまさら桂王永暦帝につかえることは、舜水としては、どうしてもできなかったのであろう。

第三は、愛児大咸《たいかん》の死去である。「北征」に従軍中の舜水が、数日にして愛児を失ったことは、公的な南京敗戦の悲境を、私的にいっそう深刻にしたものとおもわれる。「老年にして壮子（大咸）を失い、更に伶俜《れいへい》孤苦を覚ゆるのみ。柩を他山に寄するも、未だ存毀を知らず」（『文集』巻一・与陳遵之書、『全集』七ページ）という自懐からは、まことに孤影悄然《しょうぜん》といった舜水のすがたが、目にうかぶ。

安東守約の援助

以上の考察がほぼあやまりないとすれば、こうしたいろいろな事情がたがいに表裏して、舜水は、日本投化を決意したものとおもうが、これをあるていどうらづけしたのが、安東守約の援助であった。守約が、その俸禄の半分をさいたはなしは有名であるが、だれでもできそうで、じっさいはなかなかできるものではあるまい。やはり美談中の美談といいえよう。『行実』には、「然れども、先生（舜水）、流離屯蹇《とんけん》（なやみくるしむ）、四海空嚢《くうのう》（無一文）、孤身飄然《ひょうぜん》（ただようさま）、自ら支うること能わず。守約、乃ち祿を分ち、其の半ばを奉ず。先生、辞するに過多を目《も》（以）ってす。守約曰く、……先生、乃ち其の志の移す可からざるを知りて、其の請う所を許す」（『全集』五七二―七三ページ）とみえる。

六十年の前半生をかけ、十二回にわたる徴辟もことわりつづけ、中国・安南・日本のあいだを往来すること数次、「恢復の資」をえようとして東奔西走、孤舟に鯨濤《げいとう》をのりこえたこともいくたびか。いま、南京攻略に惨敗して、「四海空嚢、孤身飄然」安東守約にたすけられなければならなくなった舜水の心境は、察するにあまりある。それだけに、守約の義に感じ、「老師の高風峻節《しゅんせつ》（たかいみさお）」をしたった状景は、いっそううるわしいものとなってくる。

なお、ここで問題の一書「鄭成功、帰化舜水に贈る書」（挿図6）について、一言つけくわえておきたい。

鄭成功、帰化舜水に贈る書

一別万里、雲外、常に東天を望み、眷恋《けんれん》（おもいしたう）して休《や》まず。俯すに忠孝の道を以ってし、君寵父慈《くんちょうふじ》の徳を原《たず》ぬ。剰《あまつ》さえ森《しん》（成功）の家、世《よよ》ゝ上帝の鴻恩《こうおん》（大恩）を厚くし、森微身にして其の中に生成するなり。然らば則ち忠孝併単《へいたん》、君主を奉ずるに在りて余無し。此《ここ》を以って森不肖《ふしょう》、光武重興の義を荷《にな》い、寝食の間に舎《す》つるを得ず。然りと雖も、力微《かす》かにして勢疲れ、狼狽《ろうばい》(あわてる)するを奈無《いかん》せん。いま遠く日本諸国侯に憑《よ》り、多少の兵を仮らんと欲す。恭《うやうや》しく望むらくは、台下(舜水)、森に代りて之れを諸国侯に乞わんことを。便《すなわ》ち是れ台下と曾《か》つて謀りしの処なり。台下、いま採薇《さいび》の客(わらびをとる・亡命する)に倣《なら》うも、国恩の懇懇《こんこん》を忘るる莫《な》し。若《も》し諸庇《しょひ》に託して復運の勢いを得ば、森の功はみ

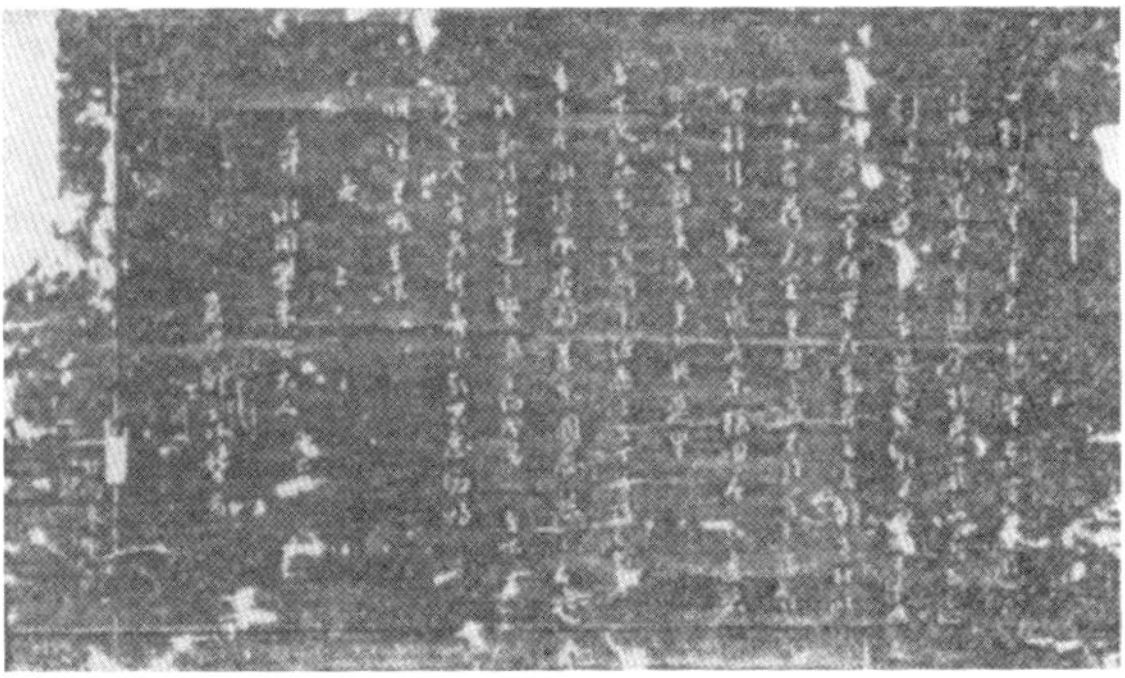

挿図6　鄭成功，帰化舜水に贈る書（板倉氏蔵板）

これまで偽書とされた問題の一書。鄭成功から朱舜水をつうじて，日本諸国侯へ援兵を請うている。わたくしは完全に偽書とはいいきれないとおもっている。たとえ偽書としても，成功・舜水のめぐりあいを待望する一史料ではある。

な台下の手裏《しゅり》に出ずる者なり。黄泉《こうせん》(よみ)朽骨するも、敢えて空しく忘れず。俯して明鑑《めいかん》(明察)を賜う。至戦至慄《しせんしりつ》(おののきふるえる)。(『通航一覧』巻二二三・唐国部九・鄭氏援兵願付風説)

右の主旨は、成功が舜水をつうじて、日本諸国の大名に援兵を乞うているのである。本文につづけて「右、舜水同盟朱公大人に上《たて》まつる、床下《しょうか》」「愚弟鄭森稽《けい》首」とあるが、年月の記入もなく、『通航一覧』の編者も、疑問の一書として「後《こう》勘《かん》にそなふ」と、その按文にしるしている。

わたくしの結論だけをのべると、偽書のうたがいはあるが、偽書でないとすれば、成功から舜水にこうした一書をおくる可能性は十分にあり、その年月は、おそらく、永暦十三年己亥《きがい》(一六五九)八月、成功の南京敗戦以後であろうとおもっている。また偽書とすれば、中国人が日本渡航、ないし貿易の便宜などをえるためか、もしくは後世の日中好事家たちの作為か、あるいは「擬策文《ぎさくもん》」としてかかれたか、などが想像される。

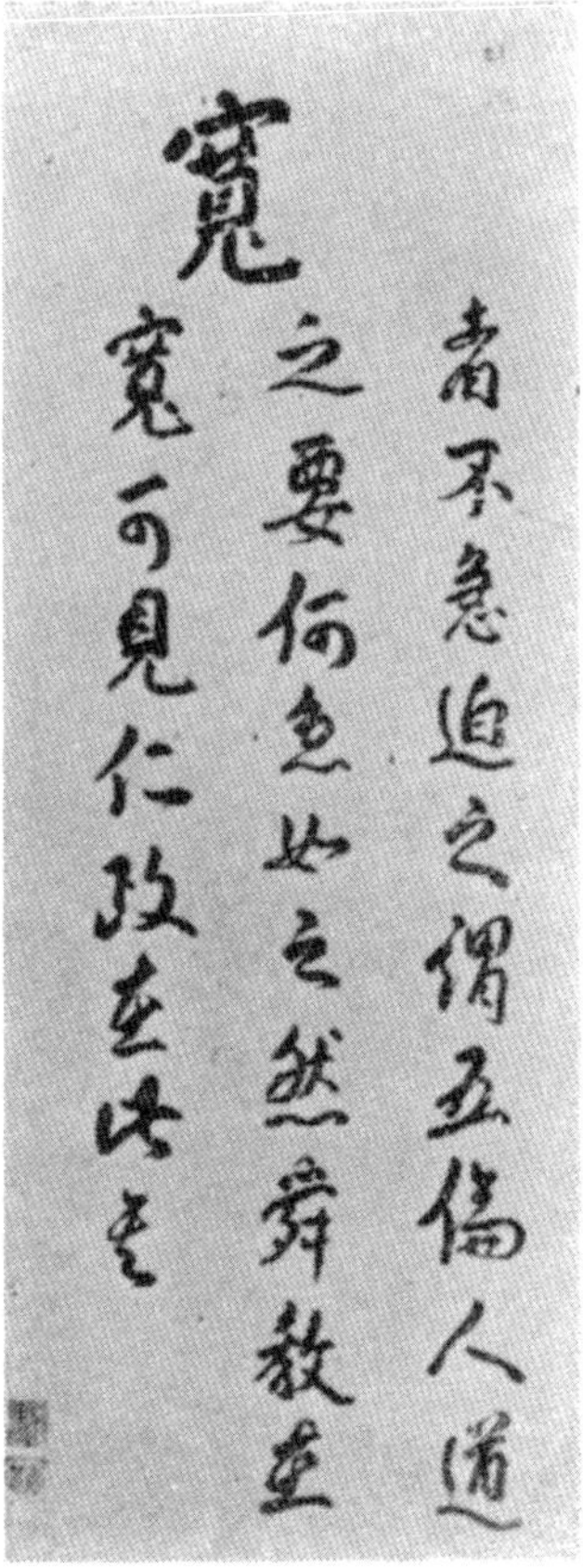

挿図7　安東守約筆蹟
（井上哲次郎博士旧蔵）

安東守約は筑後（福岡県）柳川の人。号は省菴。朱舜水の中国における「知友」は王翊であるが、日本における「知己」は守約であった。「寛者、不ニ急迫一之謂、五倫人道之要」といっている。

ちなみに、安積《あさか》覚の臨写による「鄭大木、朱舜水に与うる書状」という一幅もあるが（茨城県立図書館蔵）、これはあとでふれることとする。

安東守約の詩

安東守約が、舜水におくった詩にいわく、

　遠く胡塵《こじん》を避けて海東に来り
　凛然《りんぜん》節出す、魯連の雄

忠を励まし義に仗《よ》るは仁人の事
利に就き安きを求むるは衆俗同じ
昔日名題す、九天の上
多年身は落つ、四辺の中
鵬程《ほうてい》（とおいみちのり）好去《こうきょ》し恢復を図《はか》る
舟楫《しゅうしゅう》（ふねのかい）今乗ず、万里の風

と（挿図7）。魯連というのは、戦国の斉《せい》の魯仲連のこと。「肯《あ》えて仕宦《かん》・任職せず、好んで高節を持す」（『史記』魯仲連伝）といわれ、「連、東海を蹈んで死せんのみ」と、談笑のうちに秦《しん》軍をしりぞけたという。また、舜水の遺詠にいわく、

国亡びて力の相支う可きもの無く
絶海援けを求む、也《ま》た悲しむ可し
誰れか料《はか》らん孤棺《こかん》、殊域《しゅいき》に葬るを

一たび草屋を開く、百年の祠

と。殊域とは、異域・殊境のいみであるが、ここではむろん日本をさす。このふたつの詩も、もとより舜水の日本投化をうたいあげたものである。

第二　日本時代

一　長崎流寓

朱舜水が日本に投化した大要については、まえにのべた。当時の徳川幕府は、すでに「鎖国」の外交方針をうちだしており、たとえひとりの中国人にしても、たやすく日本流寓をみとめるはずはない。このことは、舜水自身もよくしっていたところで、小宅《おやけ》安之（生順）にあたえた書のなかでも、「日本三―四十年、一唐人を留めず」（『遺書』巻一一・与小宅安之、一三葉後）といい、また孫の毓仁《いくじん》にあたえた書のなかでも「日本、唐人を留むるを禁ずること、已に四十年」（『文集』巻一・与孫男毓仁書、『全集』一三ページ）といい、まったく安東守約の異常なほねおりによって、長崎にとどまることができたのである。舜水も「是れ特に我れ一人の為めに、此の厲禁《れいきん》（鎖国）を開きしなり」（同前）といっている。

守約の苦労、そして幕府の苦境――そういうものを十分しって、なおかつ日本投化を決意した舜水。それには、舜水が日本にたいする、なみなみならぬ期待と願望がひめられていたのである。たとえば、守約にこたえた書のなかに、「異国より遠く来り、誠に足下（守約）と今古を商搉《しょうかく》（はかりさだめる）するを望むは、古今の盛事と為す」、「将《まさ》に大明《ミン》、貴国（日本）と世世《よよ》和好の窾《かん》（うつろ）にして、貴国、文明開闢《かいびゃく》の機なること、均《ひと》しく此《ここ》に基づかんとす。係る所、豈に重且つ大ならずや。誠に人力の能く為す所に非ざるなり」（『文集』巻七・答安東守約書三、『全集』一二〇ページ）とか、また「不佞《ふねい》（舜水）、賢契《けんけい》（守約）と講究針砭《しんぺん》（かねと石のはり・いましめただす）せんと欲する者は、身心性命の大にして、動《やや》もすれば中国・日国千年の好《よしみ》に関す。豈に区区（ちいさい）たる人力の能く為す所ならんや」（同前・答安東守約書三、『全集』一二一ページ）とかあるによってもしられよう。

破格・異数

舜水が長崎にとどまった経過について、『行実』には、まえにのべたように、「乃ち同志の者と、連署して長崎鎮巡に白《もう》す。鎮巡、之れを許す」（『全集』五七二ページ）と、かんたんにしるしているが、当時の長崎鎮巡は黒川丹波守正直であり、かれの建議により、肥前小城侯鍋島直能の同意をえて、はじめて許可されたものである（『遺書』巻一一・与小宅安之、一三葉后）。しかも、こうしたことが、まったく「破格」のことであり、「異数」のことであったことは、舜水が鍋島侯にあたえた書にも「破格の留止《りゅうし》を蒙むり、慰藉《いしゃ》（なぐさめたすける）加隆《かりゅう》（てあつくもてなす）せらる」（『文集』巻三・与鍋島直能書、『全集』四二ページ）とか、また陳遵之《じゅんし》にあたえた書にも、「日本国の禁三十余年、唐人を留めず。弟《てい》（舜水）を留めしは乃ち異数なり」（『文集』巻一・与陳遵之書、『全集』八ページ）とかあるによって、あきらかであろう。

安東守約が祿の半ばを奉ずる

守約が「祿を分かち、其の半ばを奉じ」たことも（『行実』）、まえにのべたが、当時の守約の祿高は二百石、実米八十石であり、その半分の四十石をさけば、守約が毎年二回、長崎にきて舜水をみまう費用、かりに一回五十両として、二回で百両はかかる計算になる。これでは、守約の実収四十石が、それだけでなくなってしまう。しかも、「土儀時物《どぎじぶつ》」（その土地の季節のもの）は、わすれぬうちにどんどんおくってよこす。それでいて、守約自身は「敝衣《へいい》（やぶれたきもの）・糲飯《れいはん》（玄米）・菜羹《さいこう》（やさいのあつもの）」にあまんじ、ごちそうといえば、わずかに鰯《いわし》数枚にすぎない。家のなかには、「唐鍋」がひとつあるだけで、それもあまり利用しないから、ほこりだらけで鉄さびがでている。親類や友人は、みなあざけりわらい、「いいかげんでやめろ」と忠告するが、本人は「恬然《てんぜん》（平気）として顧《かえり》みず。惟《た》だ日夜、書を読み道を楽しむ」ばかりであったという（『文集』巻一・与孫男毓仁書、『全書』一三ページ）。

こうして、万治二年己亥（一六五九）の舜水六十歳の冬から、同三年庚子（一六六〇）の六十一歳にかけて、いよいよ長崎に流寓することとなった。ここでおもいだされるのは、このとき長崎鎮巡黒川正直をたたえる一文を、「完翁《かんおう》」から依頼されたが、舜水はこれをことわっていること、一方、黒川正直にたいしては、ふかくこれを敬重していることである。梁啓超《りょうけいちょう》の表現をもってすれば、「壁立千仞《へきりつせんじん》の人格」である。

万治三年の秋か冬のころ、安東守約が、筑後の柳川から、舜水をみまいにきている。

寛文元年辛丑《しんちゅう》＝永暦十五年（一六六一）は、舜水六十二歳であるが、ひきつづき長崎にとどまっていた。大陸では、南明《ミン》光復ののぞみもようやくうすく、七月には、清《シン》に投降した呉三桂の軍におわれて、ビルマにのがれた永暦帝がついにとらわれ、清《シン》軍にひきわたされた。帝の運命は、まさに風前のともしびであり、生殺与奪の権は、まったく清《シン》朝のむね三寸にあった。けっきょく永暦帝は、翌年の四月、雲南においてころされ、いわゆる明《ミン》の正朔《せいさく》は、天地のあいだにつきたのであった。

このような南明《ミン》の運命を反映して、舜水の心境も、しだいに絶望的となり、きびしい自己反省と沈潜の結果、最低の生活保障のもと、名利世俗をこえて、ひと

舜水と守約との関係

すじに孤高清節をまもる方向をたどったようである。たとえば、守約にこたえた書のなかで、あるいは「嘗って憶《おも》う、初夏の時、賢契（守約）に語りて云う、『此の後、人事を謝絶し、自己の工夫を作《な》す可し』と。いま半年なり。両月、病みし後、間務較々《やや》多く、匆匆《そうそう》（いそがしい）として酬応《しゅうおう》（こたえる）す」（『文集』巻七・答安東守約二一、『全集』一二八―二九ページ）といい、あるいは「不佞《ふねい》の意、但《た》だ数畝《ほ》の地を覔《もと》め、此《ここ》に住み園に灌《そそ》ぎ、頗る自ら給するに足らんのみ。王侯と交わらず、世趣《せいしゅ》に渉《わた》らざるも、亦、自《おのずか》ら高尚《しょう》なり。賢契（守約）来らば則ち与《とも》に古人を尚論《しょうろん》し、疑義を考究し、酒を酌《く》み心を談ず。更に餘事無し」（『文集』巻六・与安東守約書九、『全集』一一二ページ）といっている。日本においてはじまろうとする第二の人生、長崎流寓の身には、風雪六十年のつかれもでたことであろう。このときに、王翊《よく》とともに無二の知己・知友といわれた安東守約の出現は、特筆大書にあたいする。両者の関係は、たとえば『朱舜水先生文集』にみえる「安東守約に与うる書」十二首（巻六）・「安東守約に答うる書」二十一首（巻七）をはじめ、「安東守約に与う」

十一首（巻一二）・「安東守約に答う」九首（同上）・「安東守約の問に答う」八条（巻一五）・「安東守約に諭す規」（巻一六）などによっても、いかに敬愛の至情がこまやかであったかを、うかがうことができる。

釈独立

このころ、釈《しゃく》独立が、舜水に僧のよそおいをするようすすめたことがあるが、舜水はてがみをかいて「惟《た》だ弟《てい》（舜水）の最も艱難と為すは、最も堅忍と為すのみ」（『文集』巻一・答釈独立書、『全集』一一七ページ）といい、「弟、祖宗の祭祀《さいし》墳墓《ふんぼ》に於ける、曠絶《こうぜつ》（むなしくたえる）すること十七年。罪は髮を擢《ぬ》きて数う可からず。但《た》だ此の数茎《すうけい》（数本）の髮を留むるは、先《せん》大夫《たいふ》に九原《きゅうげん》（よみぢ・黄泉）に見《まみ》えんと欲するのみ」（同前）とのべて、拒否している。梁啓超が、「当時の遺《い》献《けん》のなかで、よくこの数茎の髮を保つものは、おそらく朱舜水と王船山（夫士）であろう」といっているのも、参考となろう（『朱舜水先生年譜』三二ページ）。

『陽九述略』をあらわす

なお、このとしで、もっとも注目すべきは、六月に舜水が『陽九述略』（『文集』巻二七、『全集』五二五―三九ページ）をあらわしたことである。陽九は、陽戹《やく》（厄）五・陰戹四、あわせて九のわざわいのいみ。宋《そう》の文天祥の「正気歌」にも、「嗟《ああ》、予、陽九に遭《あ》う」とみえる。

本書は四章からなり、第一は「虜を致すの繇《ゆう》(由)」、第二は「虜勢二条」、第三は「虜害十条」、第四は「虜を滅ぼすの策」である。第一では、明《みん》朝が衰亡したのは、政治の腐敗と学術の堕落によるもので、かならずしも「逆虜」が強盛であったからではないという。第二では、前条で、天啓・崇禎年間における辺臣の失職をいい、後条で、中原《ちゅうげん》に入った「奴虜《どりょ》」が徴発をこととし、降将を利用して満・漢の対立を激化させ、天下騒然たるありさまをのべる。第三の十条は、つぎのとおり。

1　東人の害、江より目《い》(以)北、南京に至る

2　沿海に、防辺の養兵、蔵匿《ぞうとく》(かくす)・接済《せっさい》の害有り

3　近海に、造船の幇工《ほうこう》・値匠《ちしょう》の害有り

4　簽発舵梢《せんぱつだしょう》の害

5　内地に、簽派船料・搬運《はんうん》木植の害有り

6　省会近城各郡に、放債《ほうさい》挙息・買官附営の害有り

7　仕宦《しかん》に、上陽堡《じょうようほ》・寧古塔《ニングク》に配発し、幷びに八旗披甲《ひこう》の害有り

8　買官は但《た》だ銭を得んことを計るのみ、色目《しきもく》(雑色雑目)を問わざるの害

9　打老鼠《ろうそ》の害

10　析《せき》房屋の害(『全集』五三一―三二ページ)

第四では、「但だ事事《じじ》、之れと相反するに在るのみ」といい、かれの残《ざん》・貪《どん》にたいし、われは仁・義をもってし、その倒懸《とうけん》のくるしみをとくべきであり、「天下の赤子」を衽席《じんせき》(しとね)にのぼせ、湯火からだし、これに清涼をそそげば、「天下の英雄豪傑」とともに、みな「襁褓《きょうほう》(むつきとおびひも)の子、同気の弟」となり、群策をあわせ、群力をつくせば、「十七年刺骨《しこつ》の深讐《しんしゅう》」にむくいることができよう(『全集』五三七ページ)、と

のべる。そして、おわりに、「明《ミン》の孤臣朱之瑜、泣血稽顙《けいそう》（ひたいをつける）拝述」とあるのは、卒直に、舜水の心境をのべたものとして注目すべきであろう。「先生（舜水）、玆《ここ》（長崎）に客寓すると雖も、日に郷に向いて泣血し、時に北に背《そむ》いて切歯《せっし》せざるは莫《な》し。惟《た》だ邦讐《ほうしゅう》未だ雪《そそ》がざるを目《も》（以）って憾《うら》みと為す」（『行実』、『全集』五七三ページ）とある。

魯王没す

寛文二年壬寅《じんいん》・永暦十六年・康熙《こうき》元年（一六六二）は、舜水六十三歳であるが、特記すべきことはない。このとしの四月、永暦帝はついに雲南でころされ、おなじ十一月に、魯王以海も金門で没した。南明《ミン》復興ののぞみは、いよいようすくなった。

魯王の墓

ちなみに、魯王の墳墓については、昭和三十四年（一九五九）八月、金門島で爆破採石作業中にたまたま発見され、話題をまいた。「皇明《ミン》監国魯王壙《こう》誌」（挿図8）をはじめ、永暦通宝や明《ミン》代の瓷碗《しわん》（陶器のわん）などもほりだされている。

鄭成功卒す

寛文三年癸卯《きぼう》・康熙二年（一六六三）は、舜水六十四歳である。このとし国姓爺鄭成功は、三十九歳のわかさで、台湾で急死した。ゼーランジャ Zeelandia ・プロヴ

挿図8　皇明監国魯王壙誌（拓本）（台南市文史協会蔵）

一九五九年八月，金門島（福建省厦門（アモイ）市東方）で採石の爆破作業中に，偶然発見された。魯王以海の事蹟については，よくわからないところもあるので，この魯王碑の発見は，重要な意義がある。『文史薈刊』二輯の巻頭図版3から，転載させていただいた。大いさは64×46センチ。

長崎大火

インシャ Provincia 両砦《とりで》によるオランダ人を駆逐して、いわば台湾を解放したのであり、さらに南下して、イスパニア人のよるフィリピン（呂宋）を招諭《しょうゆ》しようと、軍隊を整備していたやさきであった。長子の鄭経《けい》（錦舎）があとをつぎ、延平郡王をうけ、なお永暦の正朔《せいさく》を奉じて、永暦十七年を称した。しかし、さしも強盛をほこった南明《ミン》の支柱鄭軍も、その大黒柱をうしなったかたちで、巨木倒る、のさびしさである。

この春、長崎では大火がおこった。舜水の寓居も、まるやけになった。この長崎の大火については、舜水自身も、「火災酷烈《こくれつ》、全崎《ぜんき》を挙げて焦土《しょうど》」（『文集』巻一・答釈月舟書、『全集』一九ページ）と述懐している。やけだされた舜水は、一時、皓臺寺《こうたいじ》ののきしたに避難してくらしていた。住職の名は月舟といい、舜水を敬愛していた。しかし、この寺ののきしたでは、「風雨蔽《おお》わず、盗賊充斥《じゅうせき》（みちひろがる）し、旦夕《たんせき》を保たず」（『行実』、『全集』五七三ページ）というありさま。柳川の安東守約は、急をきいてはせ参じ、「我れ老師（舜水）

を養うは、四方、倶《とも》に知る所なり。老師をして饑死《きし》(うえじに)せしめば、則ち我れ何んの面目もて世に立たんや」(同前)といい、いそぎ新居をたてて柳川に帰ったのであるが、このとき、じつは守約の妹が病気で、まさに危篤状態にあった。舜水は、この好誼にかんじて、のち「乃《すなわ》ちまた兄弟病厄《びょうやく》の際に於いて、之れを舎《す》てて遠く不佞《ふねい》(舜水)を憂え、且つ同じく来って饑死せんと欲す。……已《い》(以)後《ご》、万万、此《か》くの如くなる可からず。至嘱《ししょく》(たのむ)、至嘱」(『文集』巻一二・与安東守約三、『全集』二三〇ページ)とのべている。

光圀の使者小宅生順

寛文四年甲辰＝康熙三年(一六六四)は、舜水六十五歳である。水戸義公徳川光圀が、儒臣の小宅《おやけ》生順を長崎へつかわし、舜水と「古今を談論」させたのは、このとしである。中国側の記述では、光圀はすべて光国となっている。ときの将軍は、第四代の家綱(一六五一―八〇在職)であり、光圀は、いうまでもなく、家綱の叔父にあたる。『行実』には、「我が宰相《さいしょう》上公」としるしている。生順が、舜水の東遊(江戸行)をすすめたのにたいし、舜水は「学を興し教を設くるは、是れ国家の大典なり。而し

学を興し教を設ける

て貴国（日本）に在りては更に重しと為す。我れ深く貴国に望み有るも、但《た》だ我が才徳の菲薄《ひはく》（うすい）を目《も》（以）って、何んぞ遽《にわ》かに庠序《しょうじょ》（学校）の師と為《な》るに足らん」（『行実』、『全集』五七三ページ）といい、さらに「若《も》し我れを招くに至らば、禄を論ぜずして礼を論ぜよ。恐らくは今日、未だ軽ろがろしく言い易すからざるなり」（同前）とのべている。

江戸礼聘《れいへい》のことは、舜水にとっては、長崎流寓にピリオッドをうつことであり、日本投化・日本永住の決意を再確認するものであるから、重大な転機であったといえる。それにしても、その出処進退のすじめ・おりめを正しくすることを、けっしてわすれていない。「僕（舜水）、事事《じじ》、人に如《し》かざるも、独り富貴も淫《いん》する能わず、貧賤も移す能わず、威武も屈する能わざるに於いて、古聖・先賢の万分の一に媿《は》ず無かる可きに佀《に》（似）たり」（『文集』巻五・答小宅生順書一、『全集』八九―九〇ページ）という自負、「進退、礼を目《も》（以）ってすれば、謙譲《けんじよう》（へりくだりゆずる）も遑《いとま》あらず」（同前二、『全集』九二ページ）という自信、これらは、ことごとく生順を感服させたであろう。

舜水の東上を懇請した生順と、舜水との一問一答は、このあいだの事情をあきらかにするものとして、きわめて興味ふかい。たとえば、生順が「余、願くば先生(舜水)を東武(関東武蔵・江戸)に奉じ、日夜、親炙《しんしゃ》(したしみちかづく)を得んことを欲す。渇望《かつぼう》、渇望」(『文集』巻二三・筆語、『全集』四四六ページ)という問いにたいし、舜水は「若し僕(舜水)、東武に至り、東武才子の林、即往《そくおう》するも、恐らくは益無きなり」(同前)と答える。生順が、かさねて「東武に才子多しと雖《いえど》も、或いは文人、或いは遊説なり。間《ま》々《ま》亦、君子の学を志す者惟《と》れ多し。然りと雖も、先生、身は仁義の国に生まれ、学は聖賢の奥を究むるが如きは、何為《なんす》れぞ益無からんや。小生、解せざる所なり」(同前)と問い、舜水は「孔子、七十二君を歴聘《れきへい》し、一日、王道の行われんことを求めしも、得《う》可からず。僕の荒陋《こうろう》(すさみいやし)を目《も》(以)って、其の志を行うを得ば、豈に人生の大願に非ずや。誠に恐る、貴国、邪教に惑わされ、未だ真に能く聖人の学を為す者有るを見ず。……況んや僕の貴国を視る、同じく一体と為し、未だ嘗つて少しも中国より異なること有らざるおや。貴国、邪教に惑わされ、深く骨髄《こつずい》に入る。豈に能く一旦にして豁然《かつぜん》（ひらけて大きい）せんや」（同前、『全集』四 四六―四七ページ）と答えている。

君子の去就

また、ほかのところで「君子の去就は自《おのず》から道有り。何んぞ苟《いや》しくもす可けんや。弟《てい》（舜水）、若し富貴を目《も》（以）って心と為さば、何んに縁《よ》りて貴国（日本）に至るを得ん。……弟、中国の中興と胡塵《こじん》の迅掃《じんそう》（すみやかにはらう）とに非ずんば、終《つい》に帰する理無からん。帰する理無くして、紛更《ふんこう》（かきみだしあらためる）反覆《はんぷく》す。弟、豈に此《か》くの如きの人ならんや。何んぞ台兄（生順）、弟を疑うことの深きや」（『文集』巻一一、答小宅生順 四、『全集』二一一ページ）ともいっている。舜水は、いつもその出処進退をあきらかにし、自分が納得せず、責任のもてないものについては、けっしてかろがろしく承諾したり、一時しのぎのにげ口上をもてあそんだりは、しなかったのである。

張煌言死す

このとし九月、張煌言《こうげん》（蒼水《そうすい》）が杭州（浙江省鄞県）でとらわれ、四十五歳の生涯をとじた。煌言も、舜水とおなじく、南明《ミン》復興に全力をかたむけた同志のひとりである。舜水が従軍した、かの鄭成功の北征（南京攻略）のさいは、鄭軍の別働隊として、瓜州《かしゆう》・鎮江《ちんこう》の一大快戦の余威をかり、先駆として蕪湖《ぶこ》（安徽省）におもむいた。この作戦はみごとに効を奏し、江南・江北の四府・三州・二十四県があいついで来降し、鄭・張の両軍は、南京をさしはさんで、そのいきおいは、すばらしいものがあった。ところが、不覚の南京敗戦のため、進退きわまり、千辛万苦のすえ、陸路かろうじて浙海《せっかい》にのがれかえった。成功が大陸を放棄した台湾攻略には、はじめから反対で、わずかに閩浙《びんせつ》のあいだに義旗をまもっていたが、ついに清《シン》軍にとらわれ、屈せずして九月七日、従容《しょうよう》として死についたのである。絶命の詩にいわく、「我が年適《たまたま》ゝ五九（四十五）、偏《ひと》えに九月七に逢う、大廈《たいか》（大きいいえ）已《すで》に支えず、仁を成す万事畢《おわ》りぬ」と。

さて、舜水は、右のようにいろいろな面倒や曲折はあったが、翌寛文五年乙巳《いっし》＝康熙四年（一六六五）の前半までで、長崎流寓に終止符をうち、六月のすえには長崎をあとに、江戸へむかって出発することになる。この舜水の長崎時代前後七年は、日本投化の真の決意をするうえに、ことばをかえていえば、舜水が「第二の人生」をはじめるうえに、きわめて重大な時期であったとおもう。つぎに、年月はあきらかでないが、この長崎時代のできごととして、二―三のメモをしるしておきたい。

筑後転居のこと

第一は、住居の問題である。長崎流寓の舜水にたいし、安東守約から筑後に転居してはどうか、と提案したことがあるが、実現はしなかった。「貴国(筑後)に来りて住居すれば、其の便四有らん。日夕相親しむは一なり、無益の雑擾《ざつじょう》(ごたごたしたわずらわし)を省《はぶ》くは二なり、精神を惜《お》しみ費を省くは三なり、人の尤《とが》めを免かる可きは四なり。此れ不佞《ふねい》の深く之れを冀《こいね》がう所の者なり。但だ貴国の君、新たに任に莅《のぞ》み、賢契《けんけい》(守約)、極めて慎重なりと雖も、尚お須《すべか》らく事事斟酌《しんしゃく》(ほどよくはかる)すべし。当《まさ》に先ず清田翁を煩《わずら》わし、黒川公の前に於いて、口気如何を探知し、然る後、貴国の君に懇《ねんご》ろにし、書を致し妥《だ》を為すべきに佀《に》（似）たり。万一、賢契、力めて懇ろにし、また諸〻《もろもろ》の当路、愛を錯《まじ》えて賛助し、貴国の新君、慨然《がいぜん》として書を発するも、黒川公允《ゆる》さざれば、則ち新政の初め、必ず大いに楽しまず。是れ賢契に於いて損有るなり。不佞、此《ここ》に在れば、賢契に益無くして、之れを損するなり。不佞、何んぞ㠯《も》（以）って情と為さん。故に須《すべか》らく慎しみてまた慎しむべし」（『文集』巻六・与安東守約書七、『全集』一二一ページ）とある。

舜水としては、筑後にうつることは、第二の「知友」安東守約と毎日、かおをあわせてくらせるし、雑務・雑用からは解放されるし、こころの休息もえられ、生活費はうくし、他人からのいろいろな評判やうわさからはのがれられるし、もっけのさいわいであったらしい。長崎流寓は、けっして安易なものではなかった。しかし、舜水にたいする理解と同情とは、守約のばあいのようにはゆかなかった。守約のたちばをかんがえるとき、この客観状勢をおしきって、強行するわけにはゆかなかった。

長崎で大火にあい、舜水の寓居がやけ、一時、皓臺寺《こうたいじ》ののきしたに避難し、やがて急をきいてかけつけた守約が、いそぎ新居をたてて筑後へかえったことは、まえにのべた。筑後移転の希望があったことも、右のとおりであるが、ようやく

長崎定住ののぞみ

長崎に定住しようというきもちも、一方では、またおこっていた。「僕（舜水）、中《ちゅう》原《げん》、腥穢《せいわい》（なまぐさくけがれる）に堪《た》えざるを㠯《も》（以）って、但《た》だ貴国に留止《りゅうし》するを得ば、足ると為すのみ。故に十畝《ほ》の園を求め、甕《かめ》を抱いて自ら灌《そそ》がば、絶えて他の求め無きなり。一－二年来、多方、之れを覔《もと》むるも得可からず。今歳（乙巳・寛文五年）、纔《わず》かに数畝境埆《こうかく》（やせち）の地を得、価を議し未だ成らずして、上公（光圀）の命至る。彼の時、即ち其の初めを遂《と》ぐる能わず」（『文集』巻二・答野節書一、『全集』一二七ページ）とあるから、おそらくは筑後転居のことも、まったく断念し、長崎の一隅に、数畝の安住の地をもとめていたことは、たしかである。そういういみからいっても、舜水の江戸ゆきは、日本亡命に

おける第二の決定的段階といってよかろう。

伊藤誠修の学風

第二は、対人関係である。安東守約が、伊藤誠修を舜水に紹介しようとしたときである。舜水は、「伊藤誠修は貴国の翹楚《ぎょうそ》(たかくすぐる)、頗る見解有り」(『文集』巻六・与安東守約書一〇、『全集』一一三ページ)とか、「伊藤誠修の学識・文品は、貴国の白眉《び》(ひとりひいでる)と為す」(同前一二、『全集』一一五ページ)とか、くちをきわめて称揚しながらも、けっきょく、自分の学風とあわないことを強調し、「如《も》し果して其の来らんことを欲するを聞かば、賢契(守約)、幸いに急に書を作りて之れを止めよ」(同前一〇、『全集』一一三ページ)といっている。舜水の学問・学風については、第三「朱舜水論」でくわしく検討するが、主義・主張をまったく異にするものには、はじめからまじわりをむすばない方針だったようである。

置妾のこと

第三は「置妾《ちしょう》」の問題である。舜水は、はじめ葉氏と結婚して、大成・大咸の二子をあげ、のち後妻陳氏をむかえて、高の一女をあげ、さらに胡氏をめとろうとしてはたさなかったことは、まえにのべた。

安東守約は、長崎流寓で、不自由な生活をつづけている舜水にたいし、妾を置いてはどうか、とたびたびすすめてみたが、舜水は、ついにこれをいれなかった。適当な日本女性がいなかった、といってしまえばそれまでであるが、舜水をかんがえるうえに、やはり注目しておくべき一事であろう。「七十行役の説、屢〻懇至意《しい》を承わる。賢契（守約）の我れを愛すること誠に深ければなり。但し此の事は苟且《こうしょ》（かりそめ）にす可からず。不佞《ふねい》（舜水）の身を守る、今に至るまで玉を執り盈《えい》（みつる）を奉ずるが如し。猶お姦人《かんじん》・讒賊《ざんぞく》を来して、万一、真に目《も》（以）って自ら汚すに足らば、之れを洗うもまた白からず。懼《おそ》れざる可けんや。詳しく来意を味わう。意《おも》うに、権《か》りに一婢子《ひし》を買わんと欲す。旧年、婢有り、頗る好し。年長じ貌醜《しゅう》なるも、才徳有りき。新正（新年正月）に之れを問いしも、已《すで》に遠く去りぬ。甚だ惜しむ可しと為す。昨日、偶〻《たまたま》一婢有りしも、止《た》だ年十二、甚だ小《わか》くして事を解せず。当《まさ》に試みて後定むべし。若し一婢の能く事を解する有らば、則ち下人の累《わずら》わす所と為《な》らず。

因りて思うに、自ら飲食を作る能わずして、目前種種の煩言《はんげん》を致すは、小人、心を用うること険悪なりと雖も、亦、不佞の過《あやま》ちなり」（『文集』巻六・与安東守約書四、『全集』一〇九ページ）といっているのをみると、はじめから「置妾」のことを、まったく無視していたのではなかった。としまの不美人でも、きにいった女性はあった。異国における六十余歳のやもめぐらしは、さぞかし不便なことが多かったであろう。「七十行役《こうえき》」というのは、「大夫は七十にして致仕《ちし》（退官）す。若し謝するを得ざれば、則ち之れに几《き》杖《じょう》（ひじかけとつえ）を賜う。行役（辺境をまもる）には婦人を以ってす」（『礼記』典礼）という故事を、さしたものであろう。

「家を離るること四十年、婦女に接せず。或いは諭すに妾を置き、目《も》（以）って薬餌《やくじ》（くすりとじょう）の奉《ほう》に備うるを目（以）ってするも、先生（舜水）許さず」（『行実』、『全集』五八一ページ）とあるのは、長崎流寓以来のこともふくめて、のべたのであろう。舜水が、このようにかたい決意をしたのは、ひとつには、いわゆる「姦人・讒賊」を警戒してのことでもあったらしい。それは、舜水は、べつのところで「大夫《たいふ》は但だ天地に媿《は》じず、衾影《きんえい》（ふすまとかげ・ひとのみぬ品行）に媿じざるのみ。必ず衆口に調するを求めざるなり。……今に至り、不佞（舜水）、必ず当《まさ》に汚泥《おでい》に落つべし」（『文集』巻六・与安東守約一二、『全集』一一五ページ）と、もらしているからである。

二　東上

筑後転居のこともあきらめ、長崎に数畝《ほ》の土地をもとめて、安住のめやすにしていた舜水のもとへ、徳川光圀から、正式に招聘《しょうへい》のおとずれがあった。寛文五年乙巳《いっし》・康熙四年（一六六五）、舜水六十六歳のときである。

前年に、江戸から小宅生順が長崎にきて、舜水の意向を打診してかえったのであるが、長崎鎮処《ちんしょ》黒川正直からの推薦もあり、このたびの礼聘となった。長崎鎮巡島田守政を、舜水東上の護送責任者に任命した。舜水は、門人らにその去就を

庠序の教を興す

相談したが、一同が「上公（光圀）、賢を好み学を嗜《たしな》む。特に先生（舜水）を召す、違拒《いきょ》す可からず」（『行実』、『全集』五七三ページ）と東上をすすめたので、舜水もついに決意した。このあいだの事情は、舜水から黒川正直におくった書のなかに、つまびらかである。

「如聞《きくな》らく、水戸上公（光圀）、姫旦《きたん》（周公旦）の尊を目《も》（以）って、庠序《しょうじょ》（学校）の教えを興こさんと欲す。此れ誠に貴国（日本）万年の聖政にして、顕《けん》を後昆《こうこん》（後世子孫）に丕《う》け、光《こう》を史冊に増さん。是れ何如《いか》なる重典ぞや」（『文集』巻三・答長崎鎮処黒川正直書、『全集』四五ページ）といい、つづけて「台下（黒川正直）、乃ち垂愛の深きにより、竟《つい》に之瑜（舜水）を目（以）って命に応ぜしむ。台下、独り念《おも》わず、之瑜の才短、学荒《こう》、体迂《う》、性拙《せつ》なるを。楶棁《せつせつ》（ますがたとうだち・小才）の材、何んぞ人の為めに楹礎《えいそ》（はしらと土台石）の用を作《な》さん。徬徨《ほうこう》（さまよう）すること四日、博く多人と議せしも、終《つい》に一も辞す可きの語を得ず。十八日（望月）の暮、逡巡忸怩《しゅんじゅんじくじ》（ためらいはじる）、島田公（守政）に奉復す」（同前）と、東上決意へのプロセスをのべ、さらに「因って思うに、上公（光圀）の僕（舜水）に於ける、両国の望みと為す。而して聖教はまた王道の首務なり。貴国六十六州の群后百辟《へき》(諸大名)・鴻儒鉅《こうじゆきよ》公(大学者・貴人)・卿士《けいし》大夫《たいふ》(武士役人)、目(以)って成徳の小子、民間の俊髦《しゆんぼう》(すぐれたひと)に及ぶまで、領《うなじ》を引き目を拭《ぬぐ》いて、此の挙に望む。若し小をして違錯《いさく》(まちがえみだれる)有らしめば、此れ誠に聖学興廃の関《かん》なり。僕の虚声譾劣《きよせいせんれつ》(あさくおとる)、何んぞ目(以)って重望を塞《ふさ》ぐに足らん。然れども亦、如何ともす可き無し」(同前、『全集』四五―六ページ)と、ひめたる期待をのべ、「餼稟《きりん》(ふち米)金帛《はく》の資に至りては、僕、生平より志、此に在らず。諸人をして寒餒《かんだい》(さむさとうえ)せざらしめば足れり。また何んぞ必ずしも多寡《たか》(多少)を目(以)って慮と為さん」(同前、『全集』四六ページ)と、平生からの信念をあきらかにしている。

長崎出発

こうして、舜水は、このとしの六月下旬に長崎をたち、七月十一日に江戸(東武・武江)についた。舜水はあつさ(賤痾《せんあ》ともいう)のため、数日病床のひととなったが、おそらく旅行づかれもあったであろう。そして十八日には、はれて光圀に対面した。

光圀と対面

光圀にたいする第一印象は、「礼貌《れいぼう》、甚だ優」(『文集』巻六・与安東守約書一一、『全集』二一四ページ)であり、

「上公(光圀)、大約(およそ)、学校を建つるの挙有り。入境已《い》(以)来《らい》、徳誉、日に隆《さか》んにして、未だ疵政《しせい》(悪政)を聞かず」(同前)とか、「礼貌は優際(隆)、言辞は和悦《わえつ》」(『文集』巻三・与長崎鎮巡島田守政書、『全集』四六ページ)であって、「上公の賢明謙厚《けんこう》は、古今、其の比有ること罕《まれ》なり」(同前)とか、「故に晋謁《しんえつ》(すすみおめにかかる)の時、従容として長揖《ちょうしゅう》(えしやく)す。上公、毫《ごう》も疑いを致さずして、情、至言《しげん》なるのみ。慇懃《いいぎん》(ねんごろ)已《や》む

挿図9　徳川光圀肖像（徳川家蔵）

明の監国魯王にあたるのが、日本の光圀である。朱舜水が六十歳で、日本に亡命してから二十余年、その学識を十二分に活用できたのは、まったく光圀をえたからであった。二十八歳の年下だったとはいえ、みずから「門人」といった。舜水は、光圀と対面した第一印象を「礼貌は優隆、言辞は和悦」といっている。

無し。賢明の声、頃刻《けいこく》（しばらく）にして輦下《れんか》（おひざもと）に遍《あま》ねく、不日の間、四方、之れを聞かざる莫《な》けん。豈に聖賢の挙動、能く天下をして観感せしむるに非ずや」（『文集』巻五・答野伝書一、『全集』九八ページ）とか、のべている（挿図9）。さらに、一年後になって、陳遵之《じゅんし》にあたえた書のなかで、当時のことを回想して、つぎのようにしるしている。

光圀にたいする印象

去年（乙巳）六月、宰相《さいしょう》源上公の招きに応じ、来りて江戸に至る。極めて優礼を蒙むる。日本国に在りて、共詑《きょうい》（ともにみちたりる）目《も》（以）って未だ嘗つて経見《けいけん》せざるの事と為す。上公（光圀）は乃ち当今の至親尊属、大国に封建せられ、列して三家と為す。盛徳仁武、聡明《そうめい》博雅、諫《かん》に従いて咈《もと》らず。古今、有ること罕《まれ》なり。弟（舜水）、賓旅《ひんりょ》（客分）の位に処《お》るも、裨益《ひえき》する所有る能わずして、廩餼《りんき》を尸素《しそ》（尸位素餐・むなしく位におり禄をはむ）す、深く用《も》って媿《はじ》と為す。上公、国を譲る一事、之れを為すも泯然《びんぜん》（ほろびるさま）として迹《あと》無し。真大の手段なり。旧より泰伯《たいはく》（周代呉の始祖太伯）・夷斉《いせい》（殷の伯夷と叔斉）を称して至徳と為す。然れども之れを為して其の迹《あと》有り。尚お未だ是の敵ならざらんや。……若し此《か》くの如き人君（光圀）にして、中国に生まれて、之れを佐《たす》くるに名賢碩輔《せきほ》（りっぱなたすけ）を目《も》（以）ってすれば、何んぞ立ちて雍熙《ようき》（やわらぎたのしむ）の理を致すに難《かた》からん。……弟、許す如き大功名・大権勢に於いて、之れを棄つること敝屣《へいし》（やぶれたぞうり）の如く、之れを逃がるること没溺《ぼってき》の如し。豈にいま墓木已《すで》に拱《きょう》し、乃ち功を異域に立てんことを思わんや。但だ遭遇すること此くの如きのみ。分れて遠人に在りと雖も、亦た其の徳化の成るを観るを楽しむなり。（『文集』巻一・与陳遵之書、『全集』八ページ）

一庵斎と舜水

これは、光圀にたいする最高の賞賛であり、最大の敬愛でもある。舜水は、異国の日本において、はじめてその安住の場所をえたというべきであろう。光圀が「一庵斎」という号をおくって、字《あざな》の魯璵《ろよ》にかえて呼称しようと、三たびはかったところ、ついに故郷の浙江省鄞《きん》県の河名である「舜水」をその号にしたのは、このときのことである（『文集』巻六・与安東守約書一、『全集』一一四ページ）。

光圀が、舜水をひとめみて、やはり異常の人物と判断し、その出自《しゅつじ》来歴について、より明白なはなしをききたくおもったのは、けだし当然のことであろう。舜水が明《ミン》朝の「翰林《かんりん》学士」(詔勅を草する官)だったのではあるまいか、といううわさにたいし、舜水は、はっきりと「僕は翰林学士に非ず。乃ち明《ミン》室の一書生のみ」(『文集』巻二〇・対源光圀問三、『全集』三七六ページ)とこたえている。「介弟《かいてい》(大弟)刑部君謂う、上公(光圀)、僕に隠情有るを疑うと。僕、則ち何んぞ敢えてせん。已《や》むを得ず、詔徴《しょうちょう》の一節を目《も》(以)って之れに対《こた》う」(同前)といい、明《ミン》朝で「状元」(進士の一番)にえらばれると、はじめ翰林院の「修撰」となり、十二年たって「諭徳」、あるいは九年で「中允《ちゅういん》」、さらに三年で「諭徳賛善」、また三年で「庶子《しょし》」、また三年でようやく「学士」となる。このあいだ前後二十年はかかる。したがって、状元は「英俊の巍科《ぎか》(たかいしな)を掇《と》り」、翰林学士は「清華(たっといいえがら)の首選にして、人士の冠冕《かんべん》(かんむり・首位)と為る」ものであり、「其の挙動は、天下の観望に係る。豈に一毫《ごう》(すこし)も自ら軽ろがろしくせんや」(同前、『全集』（一三七ページ）である。それをおもえば、舜水の来歴はどうであろうか。

若し僕（舜水）をして二十年、身、皇恩を受くるも、国と存亡すること能わずして、貴国（日本）に転展し、旦夕《たんせき》を偸生《とうせい》（いたずらにいきながらえる）するを目《も》（以）ってしむれば、則ち犬豕《けんし》（いぬとぶた）と何んぞ異ならん。尚、敢えて顔を上公（光圀）の廷に覗（ママ）、而して息を人の世に視んや。即ち僕をして明朝《ミン》守令の微官を受け、明朝儋石《たんせき》（二石と一石・すこし）の微禄を食《は》ましむること数日ならんか、亦、此に至るを得ず。僕、上公を目（以）って、能く徳を尊び道を楽しむと為す。故に自ら揣《はか》らずして、遠く渉《わた》りて此に至る。上公、儻《も》し能く治を更《あら》ため俗を善くし、邦を経《おさ》め化を弘め、庠序《しょうじょ》の教えを謹しみ、孝弟の義を申《かさ》ねて、万古の光と為り、僕の師に聞く所の者を目（以）ってすれば、庶《ねが》わくは或いは目（以）って万一を賛襄《さんじょう》（たすける）す可し。如《も》し其の状元・学士を目（以）ってすれば、僕を視るも人に非ずと為さん。此れを言えば嗚咽《おえつ》（むせびなく）に勝《た》えず、涙下りて注ぐが如きを禁ぜず。此

れ誠に道路の口、之れを誤れるなり。（同前、『全集』三七七ページ）

これで事情は明白である。舜水が日本に亡命したころのくるしみは、けだし察するにあまりある。舜水の「源光圀、先世の縁繇《えんゆう》（由）履歴を問うに対う」は、このような事情からかかれたものであるが、この文のおわりに「醜虜《しゅうりょ》（満清）茹《か》る匪《な》く、中夏（中国）を穢汚《わいお》（けがす）するも、仇を報じ国を復すること能わず。深く人に非ざるを媿《は》ずるも、豈に敢えて冕《べん》（かんむり）を裂き形を毀《こぼ》ち、大いに父祖を羞《は》ずかしめんや。……独り貴国（日本）の彬彬《ひんぴん》（文質かねそなわる）を羨《うらや》み、身を有礼に託するを欲せんと思う。……儻《も》し丘園一席の地を借りて、自ら鑿《うが》ち自ら耕さば、庶《ねが》わくは培植《ばいしょく》累世の恩に徴し、降らず辱《はずか》しめられず、且つ瑜（之瑜）、多方、跡を晦《くら》ます事勢、久しければ則ち必ず明らかならん。他日、中国の復興、未だ必ずしも友邦輯睦《しゅうぼく》（なかよくする）の係る所に非ざるなし」（『文集』巻二〇、『全集』三八二―八三ページ）とあるのをみると、舜水の心境がよくうかがわれよう。

第一回の水戸行

さて、光圀はこのとしの八月十九日に、江戸から水戸にかえったが、九月はじめ、はやくも舜水を水戸にむかえている（『文集』巻六・与安東守約書一一、『全集』一一四ページ）。そして、水戸には十二月まで滞在し、同二十一日に江戸へかえった（『文集』巻一・答四宮勘右衛門書、『全集』二一ページ）。

寛文六年丙午＝康熙五年（一六六六）は、舜水六十七歳の元旦を江戸でむかえた。このとしかどうかは、つまびらかでないが、舜水に「元旦、源光圀を賀する書」一八首（『文集』巻四、『全集』五九—六三ページ）というのがある。年の始めにあたって、もっとも敬愛する光圀におくったこの書は、舜水の思想・信念を、きわめて卒直にいいあらわしたものといえよう。

諸病になやむ

二月になって、舜水はいろいろな病気になやまされつづけた。「僕（舜水）、二月初九より腫毒《しょうどく》を患《わずら》い、甫《はじ》めて愈《い》ゆれば即ち眩暈《げんうん》（めまい）、眩暈未だ痊《い》えずして、復《ま》た耳鳴を病み、耳鳴未だ已まずして、旧毒復た発す。今月二十一日、方《まさ》に爾《しか》く平復するも、転展多病、自心も亦た自《みずか》ら厭倦《えんけん》（あきうむ）す」（『文集』巻五・答清水三折書、『全集』八七ページ）とあるから、腫毒《できもの》——眩暈《めまい》——耳鳴《みみなり》——腫毒《できもの》というように、五体の欠陥が、ぞくぞくとあらわれはじめた。「二月の間、弟（舜水）の下体、一腫毒を患《わずら》う」（『文集』巻一・答王師吉書、『全集』二〇ページ）ともいっているから、下半身にできもの・はれものができて、ひどくなやまされたらしい。光圀も、たいへん心配して、みまいにいったが、そのほかのひとびとも、あいついでみまいにおもむいた。「上公（光圀）、親しく臨みて疾《やまい》を視、事事周《しゅう》摯《し》（ゆきとどくまこと）し、使命餽《き》遺（おくりもの）し、道に絡繹《らくえき》（つづきたえぬ）たり。諸卿大夫《たいふ》も、親しく来りて視問せざるは無く、半月の間、上卿、視聞すること八次なる者有り」（同前、『全集』二〇―二一ページ）とのべている。

光圀の病気見舞

　このことは、舜水をいたく恐縮、かつ感激させた。「之瑜、自ら疾《やまい》を謹まず、天地の和に干《さから》いを致す」（『文集』巻四・与源光圀書二六、『全集』七一ページ）といい、「乃ち上公閣下（光圀）、使者を畳使《じょうし》（たびたびだす）して存問を蒙むり、慰諭諄諄《じゅんじゅん》（ねんごろにおしえる）す」（同前）と感謝をこめ、「今月二十一日、旌旟《せいよ》（はた）儼然《げんぜん》（おごそか）、親しく臨みて疾を視、また瑜（之瑜）の床席に臥病し、動止《どうし》艱と為すを念《おも》い、蹕《ひつ》(くるま)を門に駐《とど》め、詳悉《しょうしつ》(くわしく)審問す。古《いにし》えより人君、善を好み勢いを忘れ、史典に煌煌《こうこう》(かがやきあきらか)なる者も、未だ茲《ここ》に至るの盛《せい》有らざるなり。童叟《どうそう》(幼老)擁観《ようかん》(とりかこんでみる)し、誰れか驚歎せざる」(同前)とたたえ、「顧《おも》うに、之瑜、徳涼《うす》く才薄《うす》く、㠯《も》(以)って斯《こ》の大典に称《かな》うに足らず。……他日、何を㠯(以)ってか之れが簡編《かんぺん》を著わさん。是《ここ》を用《も》って懼《おそ》れと為すのみ。近日、日漸く平腹(復)するも、惟《た》だ患口少しく未だ合《かな》わざる有り。敢えて更に垂(合)注を煩《わずら》わさず」(同前)といっている。

長子大成へのてがみ

舜水の身のまわりの世話をするため、「置妾」をすすめたはなしは、まえにのべたが、光圀も、すでに六十七歳の「老病の遠客」舜水にたいし、中国から子か孫を一―二人よびよせて侍養させてはどうか、とすすめた。「男大成に与うる書」(『文集』巻一、『全集』九―一〇ページ)は、舜水の長男大成(集之)によせたもので、これがはじめての通家《つうか》の書である。骨肉あいはなれて異国に亡命するものの心情、万感がこめられているが、たとえば、はじめに「我れ事、益する所無きを目（以）って、已《す》でに汝が輩と永訣《けつ》（ながのわかれ）を作《な》す。他日、泉路《せんろ》（よみじ）にて父子相会すればなり。総じて必ずしも家事を目（以）って我が心緒《しんちょ》（こころのいと）を乱さず。我が家必ず喜事無く、即ち凶危《きょうき》有らんも、豈に能く相卹《すく》わんや。故に之れを絶つのみ。我れ豈に人情なからんや」（同前、『全集』九ページ）と生別・死別の覚悟をのべ、「我が父（正・存之）の墳は城邑《じょうゆう》に近し。事有れば、必ず践踏《せんとう》（ふみにじる）に遭わん。我れ汝の遠処に遷葬《せんそう》（うつしほうむる）せんことを欲す。我が母（金氏）と同じく一山なり」（同前）といい、さらに「汝の母（葉氏）と汝の継母（陳氏）とも、亦《また》、同じく此の山に葬る。我れ総《す》べて帰葬《ふるさとにほうむる》の理無し。必ずしも母に懸りて目（以）って待たざるなり」（同前）といい、「汝の館穀餬口《かんこくここう》（口すぎ・寄食）にして、食指甚だ繁く、其の貧知る可し。然れども、汝の為めに助くること能わざるなり。粥《かゆ》を歠《すす》り菜根を咬《か》むも、亦、是れ好事、猶《な》お諸〻《もろもろ》の縉紳《しんしん》（高貴のひと）の家に勝《まさ》るがごときのみ」（同前、『全集』一〇ページ）と、清貧を礼賛している。

義弟へのてがみ

「陳遵之《じゅんし》に与うる書」（『文集』巻一、『全集』六—九ページ）は、舜水の継妻陳氏の弟、遵之によせたもの。「此の書、兄（陳遵之）と永訣を作す。故に縷縷《るる》（ほそくたえぬ・こまごま）として此に至る。閑暇《かんか》（ひま）の時、飯する毎《ごと》に、心、未だ嘗って兄の所に在らずんばあらず。然れども今生、豈に能く再見の期有らんや。徒《いたず》らに虚想なるのみ」（同前、『全集』九ページ）と、やはり

孫の来日をねがう

義弟にたいしても永訣の覚悟をのべ、ついで「儻《も》し弟（舜水）の諸孫の中、可なる者有らば、兄、但《た》だ預《あらか》じめ先ず一人を点簡《てんかん》（えらぶ）せよ。八歳目《い》（以）上《じょう》、十余歳に至るまで皆な可なり。英俊、恥有る者を上と為し、性行淳潔《じゅんけつ》なる者、之れに次ぎ、循循《じゅんじゅん》（次序あるさま）雅飭《がちょく》（品よくととのう）なる者、また之れに次ぐ。粗野頑劣《そやがんれつ》なる者の如きは、則ち如かず来らずを愈《まさ》れりと為す。明年、便有るを俟《ま》ちて、当《まさ》に之れが計を為すべし」（同前）と、英俊な孫が、日本にくることをねがっている。

「王師吉に答うる書」（『文集』巻一、『全集』二〇—二一ページ）は、長崎の僑商《きょうしょう》（たびあきうど）であった王師吉によせたもの。「近ごろ、上公（光圀）の礼待《れいたい》、日に益〻隆重なり。今年正月目（以）

来、肩輿《けんよ》（かたにかつぐこし）にて直ちに朝中に入るを賜う」（同前、『全集』一二〇ページ）とか、「今ま上公、聡明《そうめい》仁武にして、遠く文侯に過ぐ」（同前、『全集』一二一ページ）とか、光圀にたいする敬愛の情をのべたつぎに、「上公諭す、小孫を接取して此《ここ》に来らしめよ。若し一の可意なる者を得ば、晩景（晩年）少しく愉悦《ゆえつ》（よろこび）と為り、稍〻《やや》離憂《りゆう》を解かんのみ、と。一とたび長崎に到り、便《すなわ》ち須《すべか》らく髪を蓄《たくわ》うること大明《ミン》童子の旧式なる如く、另《べつ》に明《ミン》朝の衣服に倣《なら》うも、華美を須《も》ってせざるべし。其の頭帽・衣装一件は、江戸に携入するを許さず。弟（舜水）、此れを見るを喜ばざるなり」（同前）とある。光圀が、老残の舜水にたいし、せめてかわいい孫のひとりもよびよせれば、きもまぎれてたのしみもわこうし、ホームシックもやわらぐだろう、というあたたかい同情からうまれたもの。舜水のこのみからいえば、利発で、きのきいた八歳から十一―一二歳ぐらいの、弁髪《べんぱつ》・薙髪《ちはつ》にしていない大明《ミン》風の男の子がほしかったようである。

なお、このとしに、もうひとつ注目すべき事件があった。水戸で、境内のあた

淫祠をこぼつ

らしい寺や、いろいろな淫祠《いんし》をこわしたが、これは舜水の意向からでた、という風聞が、いっせいにひろがったことである。「鄙人《ひじん》（いなかもの）、時宜《じぎ》に合《かな》わず。宜しく世人の為めに吐棄《とき》（はきすてる）する所なるべし。上公（光圀）、別に賞識《しょうしき》有り、独り能く之れを格外に収む。礼儀隆備《りゅうび》し、日に漸く増加す」（『文集』巻五・与原善長書、『全集』八六ページ）とは、このことにふれた文章である。さらに、「然れども、亦、幸いにして此れ有るのみ。儻《も》し群相唱和し、共に流言を播《ま》かば、万里孤蹤《こしょう》（ひとりのあしあと・ゆくえ）、豈に能く一日も貴国（日本）の庭に立たんや。彼は蝥螣《ぼうとう》（ねきり虫とはくい虫・害虫）を為して法を護るに過ぎざるも、妄意《ぼうい》（みだらなこころ）の禍は、僕（舜水）に由《よ》り生まれしのみ」（同前）といっている。ほかのところで、「此の時、上公（光圀）は力めて淫祠を毀《こぼ》ち、僕（舜水）は蜚語《ひご》（ねなしごと）の騰謗《とうぼう》（あがりそしる）に遭う。何んぞ敢えて軽易《けいい》（かろがろしく）に一言を発し、他人の為めに話柄《わへい》（はなしのたね）を作らんや」（『文集』巻五・答清水三折書、『全集』八七ページ）ともいっている。ちなみに、舜水の思想は、もとより尊孔崇儒ではあるが、それかといって、けっして積極的な廃仏毀釈《きしゃく》でもなかったことを、つけくわえておく。

第二回の水戸行

寛文七年丁未《ていび》＝康熙六年（一六六七）は、舜水六十八歳である。ひきつづき江戸にいた舜水は、八月になると、ふたたび水戸におもむき、冬をこして翌年の二月、江戸の新第（駒籠《こまごめ》）にかえるまで滞在した。「また水戸に至る。引見談論する毎《ごと》に、先生（舜水）、古義を援引し、弥縫規諷《びほうきふう》（つくろいおぎない、それとなくただす）、曲《つぶ》さに忠告善道の意を尽くす。上公（光圀）も亦、之れと経史を論難し、道義を講究す」（『行実』、『全集』五七四ページ）とあるから、舜水の第二回の水戸訪問は、舜水にとっても、光圀にとっても、画期的な成果をもたらしたようである。

水戸城鐘銘

「水戸城鐘銘《しょうめい》、并びに序」（『文集』巻一八、『全集』三五三―五四ページ）は、このとき光圀がつくらせた鐘にたいして、舜水がふでをとったものである。「夫れ鐘なる者は、目《も》（以）って君臣の逸豫《いつよ》（あそびたのしむ）を警《いま》しめて、上下を明作に鼓励《これい》する所の者なり」（同前、『全集』三五三ページ）にはじまる序についで、その銘は四言十六句であるが、

天開け地闢《さ》けて
斯《こ》の鐘則ち鳴る
万籟《ばんらい》(万物のひびき)猶お寂《せき》たるも
鍧鍧《こうこう》(かねのなる音)として震驚す……
謨《のり》を万祺《ばんし》(万年)に垂れ
永《とこしえ》に鴻《こう》名を勒《ろく》す(同前、『全集』三五四ページ)

としるされている。また「高枕亭志《こうちんていし》」(『文集』巻一六、『全集』三二八―二九ページ)というのは、水戸の近郊緑岡《みどりがおか》に、光圀が新築した別館高枕亭についてしるしたもの。「観省の勤労する毎《ごと》に、馬蹄《ばてい》を是《こ》の墅《しょ》(しもやしき)に息《いこ》わせ、是の時の間暇に及びて、政刑を民風に察す」(同前、『全集』三二八ページ)る場所であり、「設《も》し此の邦の中をして、顚連《てんれん》して告ぐる無き有り、四境の内をして冤抑《えんよく》(むじつのつみでおさえられる)して伸《の》ぶる莫《な》き者有らしめば、公(光圀)、能く偃《えん》然《ぜん》(いこいやすむ)として枕を高うせんや」(同前、『全集』三二九ページ)とある。なお、年月はつまびらかでないが、舜水が、安東守約にあたえた書のなかに、「不佞《ふねい》（舜水）、宰相上公（光圀）の厚愛を承くること、与《とも》に比を為す無し。水戸の学者、大いに興り、老いたる者、白鬚《はくしゅ》（白いほほひげ）・白髪と雖も、亦、杖を扶けて講を聴き、且つ儒道の大美を賛し、頗る『朝に聞けば夕に死すとも可なり』の意有り。此れ或いは是れ一好機の括《むす》びなり。且つ云う。已前は皆な昏夢《こんむ》（くらいゆめ）に倣《なら》えり。今日、始めて知るのみ、と」（『文集』巻一二・与安東守約一一、『全集』二三二ページ）とあるの

挿図10　弘道館の学生警鐘（拓本）（茨城県立図書館蔵）

この鐘は，徳川斉昭（烈公）のときつくられたもので，現在も，水戸の弘道館公園の鐘楼にかけられている。図は，その背面を本山桂川が手拓したもの。浮彫の一首は「物学布人乃為に登佐也か爾毛，暁告る鐘能古懸鍦」。おわりの「鍦」は，鉋と同字で，「かな」とよむのである。

は、おそらく舜水の第二次水戸訪問のときのことを、さしたのではあるまいか。

ちなみに、右の水戸城の鐘銘は、そののち徳川斉昭《なりあき》（景山）の「弘道館鐘の銘並に歌」に影響をあたえているとおもわれる。「物学ぶ人のためにとさやかにも暁告ぐる鐘の声かな」といううたは（挿図10）、さらにくだって、旧制水戸高等学校寄宿舎に、「暁鐘寮」の名をあたえたのである。

弘道館鐘銘並びに歌

三　江戸定住

舜水の水戸訪問は、まえにのべたように、大いに意義のあるものであったが、光圀もようやく舜水安住の場所として、江戸の駒籠《こまごめ》（いまは駒込とかく）に別荘を新築することとなった。

駒籠の別荘

はじめ光圀が、このはなしをもちだしたとき、舜水は四たびも、かたくことわっている。自分は日本に亡命して、明室《ミン》の衣冠をたもっているだけで満足なのであり、祖国滅亡の惨をおもえば、とうてい豊屋《ほうおく》に安居などしてはおられない、といっている。「上公（光圀）、先生（舜水）の為めに、第を駒籠の別荘に起こさんと欲す。先生、力《つと》めて辞すること数四、且つ曰わく『吾れ上公の眷顧《けんこ》を藉《か》り、孤蹤《こしょう》を外邦に蔵し、志を養い節を守りて、明室の衣冠を保つことを得たり。恩に感じ徳に浴する、之れより大いなるは莫《な》し。而も其の万一に報いる能わず。衣の食の居の、或いは豊或いは倹に至りては、則ち未だ嘗《か》つて之れを懐抱《かいほう》に置かざるなり。且つ吾が祖宗の墳墓《ふんぼ》、喬木《きょうぼく》（たかい木）の秀美、想うに必ず虜（満清）の為めに発掘剪除《せんじょ》（きりのぞく）されん。念《おも》うて此《こ》こに及ぶ毎に、五内《ごない》は惨裂し、逆虜の未だ滅びざるを恥じ、祭礼の闕《か》くる有るを痛《いた》む。若し豊屋にして安居するは、我が志に非ざるなり』と。上公、慰諭懇至《こんし》す。乃ち勉《つと》めて之れに従う」（『行実』、『全集』五七四ページ）とある。

舜水が水戸滞在のとき、このようないきさつで、江戸の駒籠に別荘ができあがると、寛文八年戊申＝康熙七年（一六六八）二月、舜水は江戸にかえって、この新第に入った。『行実』に、甲申とあるのは戊申のあやまりである(『全集』五七四ページ)。六十九歳の仲春であった。この新第のあとが、旧制の第一高等学校、いまの東京大学農学部である。

光圀四十の賀

さて、このとし、光圀は不《ふ》惑《わく》の四十歳をむかえていた。舜水とは二十九歳もちがう父子ほどのひらきであったが、忘年師弟の交わりは、いよいよこまやかであった。舜水の「源光圀の寿四十を賀する序」(『文集』巻一六、『全集』三〇九—一一ページ)は、このときのものである。このなかで「時の最も勝《まさ》れる者は、四十に如《し》くは莫《な》きなり」(同前、『全集』三〇九ページ)とか、「士の礼は、則ち四十、強にして仕うるを曰う」(同前)とか、「自彊《じきょう》(みずからつよし)にして息《や》まざれば、則ち久し」(『全集』三一〇ページ)とか、「天は衆精を積みて㠯《も》(以)って自ら剛《つよ》く、聖人は衆賢を積みて㠯(以)って自ら強し」(同前)とかのべて、光圀の四十の強を祝福している。

守約にたいする謝恩

ここで、また舜水と守約の対人関係が、記事にでてくる。さきに舜水が長崎に流寓したときから、守約の献身的な奉仕は、いたく舜水を感激させたが、いまや舜水も、ようやく江戸に安住の場所をえて、衣食もたりる身分となった。舜水は守約にたいし、機会あるごとに、黄金や衣服をおくって感恩のこころをしめしたが、守約は「軽い」衣服だけうけとって、「重い」黄金はかえした。そこで舜水も、黄金のかわりに絹帛《けんぱく》をおくったという。「先生（舜水）、常に守約の心を傾くるの篤きを念《おも》い、書信を通ずる毎《ごと》に、或いは黄金・衣服を寄せて、目（以）って情《じょう》素《そ》に拠《よ》る。守約、其の軽きを領し、其の重きを還す。先生、乃ち金に代うるに絹帛を目（以）ってす。書して之れに諭して曰わく、昔し相見ゆるに及び、微禄を分つに其の半ばを目（以）ってし、不佞《ふねい》（舜水）を瞻《やしな》う。賢契（守約）は敝衣《へいい》（やぶれたきもの）糲《れい》飯《はん》（玄米）、楽しみ其の中に在り。……」（『行実』、『全集』五七四ページ）とみえている。他人にほどこした恩徳はわすれてよいが、他人からうけた恩徳は、けっしてわすれてはなるまい。

舜水七十、老を告げる

寛文九年己酉《きゆう》＝康熙八年（一六六九）は、舜水も古稀をむかえた。舜水は光圀から礼遇されて、それにあまえ、そのうえにあぐらをかくような人物ではなかった。舜水は、すでに前年の十一月ごろから、引退の決意をかためていたが、たまたま七十歳の正月をむかえ、その二十四日に、光圀にたいして、正式にその意向をあきらかにした。「源光圀に与えて老を告ぐる啓」（『文集』巻九、『全集』一六九－一七〇ページ）がそれであり、「茲《こ》とし、犬馬の歯《よわい》、已《す》でに七十に登る。漏《ろう》は尽きんと欲して鐘は鳴らんと欲す。筋骨の力は、日に衰頽に就き、心は愈〻長くして髪は愈〻短かし。而も且つ寒暑雨風、時時慰諭せられ、耄勤《ぼうきん》（おいぼれてつとむ）疾疢《しっちん》（やまい・わざわい）、事事矜憐《きんれん》（あわれむ）せらる。極めて優容の過ぎたるを知るも、身は尚お帰休に逸す。自ら揣《はか》るに、閑散の尤《とが》め、何《いず》れの官に任じて事を致さん」（同前、『全集』一七〇ページ）と、老病致仕《ちし》のわけをあきらかにしている。このことは、奥村庸礼《ようれい》・古市主計《かずえ》・林道栄によせた書のなかにもみえている。

一書には、「不佞《ふねい》（舜水）、今年七十、旧冬に於いて、老を告げんと擬《ぎ》す。適〻《たまたま》宰相上公（光圀）の暇無きに値《あ》い、延《の》びて今年正月廿四日に至る。此の書、方《まさ》に上達するを得たるも、上公、允《ゆる》さず。不佞、老邁《ろうまい》（としより）憒惛《かいこん》（くらい）を目（以）って、意は辞謝して西帰するに在り、書到るも、時事、未だ定まらざるに在り。故に即答せず」（『文集』巻八・答奥村庸礼書一二、『全集』一五三ページ）とのべ、つづいて「其の後、上公、屢〻人を遣わして意を致す。謂《おも》えらく、『不佞は客なり。他の仕うる者と礼異なる』と。而して上公、日夕《にっせき》親近の人、寓《ぐう》に到り備《つぶ》さに上公礼意の厚きを言う」（同前）とあり、「不佞、帰らんと思うもまた家無く、中原《ちゅうげん》の人、中原に居る者と同じからず。且つ上公の意思、勤勤懇懇にして、必ず辞し帰らんと欲すれば、君を要《もと》め名を徼《もと》むるに近し。礼に於いて未だ至当と為さず。故に敢えて復《ま》た言わず」（同前）とのべている。また、他書には「去年・今年、不佞（舜水）、礼して老を請うを得たり。……十一月、此の書を上《たて》まつらんと欲す。不佞、其の事を秘密にすと雖も、宰相源公（光圀）、已でに之れを知るに似たり。見《まみ》ゆる毎《ごと》に、輒《すなわ》ち言う、冗《じょう》する勿かれと。故に此の書、達

大病にかかる

後楽園の観桜会

するを得ず。今年正月廿四日に至り、方《まさ》に転じて当路に託して奉覧するも、允《ゆる》さざるに終る。源公、耑《もつぱ》ら諭意せしむ。親臣揣度《したく》（おしはかる）するに及び、皆な言う、必ず成る能わずと。故に中止せざるを得ず」（『遺書』巻一一・与古市主計書、二一葉）とか、また「前年、告辞して崎（長崎）に帰らんと欲するも、宰相源公、廑眷《きんけん》（こころにかける・しんぱい）して已《や》まず。今春、更に再び辞せんと欲するも、諸人、識ると識らざると皆な以って不可と為し、力を極めて相阻《はば》む。容《い》れず従わざるは、殊に辞謝する者、進退の道を知らず。況んや今ま老邁《ろうまい》堪えざるおや」（『遺書』巻一一・与林道栄書、一六葉）とかのべているので、事情があきらかになる。ことに、舜水にとっては、このとしの四月以来、大病にかかり、ほとんど再起不能ともおもわれた。体力のうえからも、致仕のきもちは、かなりかたかったとみえる。「初夏（四月）より以来、纒綿《てんめん》（心がまつわる）病憊《びょうはい》（やみつかれる）、蒲節《ほ》（菖蒲の節句・五月五日）の後、一とたび病みて起たざるに幾《ちか》し」（『遺書』巻五・答木下貞幹書、八葉）とある。

しかし、季春三月には、光圀が舜水を主賓として、小石川の後楽園《こうらく》で、さかん

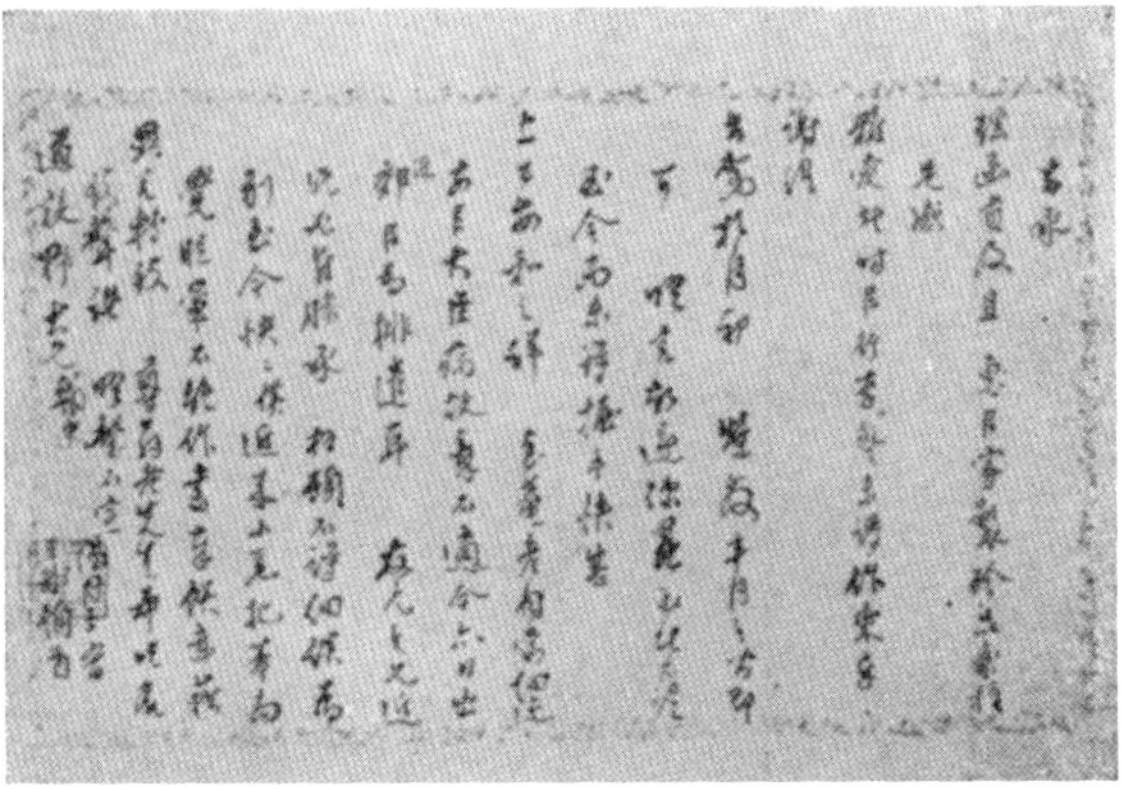

挿図11　朱舜水尺牘(一)（平凡社『書道全集』21巻所収）

水戸史館の初代総裁人見伝にあてたもの。人見は懋斎と号し，剃髪して道設といった。加藤（旧子爵）家蔵のこの原本は，大正十二年（1923）の関東大震災でやけたので，この写真が唯一のものである。

前承ニ
瑤函賁及一、且恵日ニ家製珍品貳種一。
足レ感ニ
雅愛一。此時日ニ行李匆々一、未レ得ニ作レ柬奉
謝一。謂
台駕於ニ月初一 栄発、半月之間、即
可ニ　唔言一。故遂疎略至レ此。不レ謂
至レ今。尚未レ 得ニ 握手一、快甚。
上公安和之詳、立菴老自当ニ細述一。
前日ニ大臣病一、故竟不レ適。今亦日出ニ
近郊一、日為ニ排遣一耳。友元令兄近
況必佳勝、承ニ枉顧一。不レ得ニ細談一為
レ別、至レ今快々。僕近来小恙、把筆尚
覚ニ眩暈一、不レ能ニ作レ書奉候一。幸藉ニ
鼎言一転ニ致　尊翁老先生一。希叱レ名
致レ声。諸唔馨。不宣。
陽月二十五日
道設野大兄翰史　瑜頓首印

七十の寿宴

倭漢人物屏風

な観桜の園遊会をもよおしている。舜水の「後楽園に遊ぶ賦《ふ》、并びに序」(『文集』巻一、『全集』二一—五ページ)や、人見伝の「春、小石川邸後楽園に遊ぶ記」(『全集』七六七—六八ページ)は、このときのものである(挿図11)。

そして、そのとしの仲冬には、舜水にとって、また一陽来復《いちようらいふく》の寿宴がもよおされた。十一月十二日は、七十の誕生日にあたる。光圀は「養老の礼」をもうけ、江戸の後楽園に賀宴をはり、几杖《きじよう》をあたえた。人見伝《でん》(懋斎)の「舜水朱先生七十の算を寿《こと》ほぐ詞」(『全集』七六六—六七ページ)は、このときのものである。同月十六日には、光圀は駒籠《こまごめ》の別第をおとずれ、特製の屏風をおくり、礼養をつくしている。この屏風には「倭漢《わかん》(日中)の年卲《たか》く徳高き者六人」、すなわち日本の武内宿禰《すくね》・藤原在衡《ありひら》・藤原俊成と、中国の太公望・桓栄《かんえい》・文彦博《げんはく》がえがかれていた(『行実』、『全集』五七四—七五ページ)。ちなみに、太公望については、舜水の「太公望像賛」二首(『文集』巻一七、『全集』三三六—三七ページ)がある。「源光圀に七十の算を賀するを謝す啓」(『文集』巻九、『全集』一七〇—七一ページ)はこのときので、「邦を興すの大道は一に非ざるも、要は止《た》だ賢を尊ぶに在り」（同前、一七〇ページ）にはじまり、「乃ち之れに杖を賜い、之れに几（ひじつき）を授け、殊礼《しゅれい》を膺《こら》して目（以）って高賢を冒《おか》す」（同前、一七一ページ）といい、光圀が「誠を竭《つく》し敬を尽くし」たことにたいする、深謝のこころをあらわしている。

『諸侯五廟図説』をつくる

なお、『行実』には、「是の歳、先生（舜水）、『諸侯五廟図説《ごびょうずせつ》』を作る。博く衆説を採《と》り、経史に通会し、古今を旁考《ぼうこう》（ひろくかんがえる）し、理を目（以）って折衷《せっちゅう》（中をさだめる）す。識者、皆な謂う、不朽《きゅう》の盛典なりと」（『全集』五七五ページ）とある。「太廟典礼議四《し》欸《かん》、并びに序」（『文集』巻一四、『全集』二七一―七八ページ）や、「神主《しんしゅ》を奉じ、宜しく廟すべく、宜しく寝《しん》すべき議」（同前、『全集』二八二―八九ページ）などは、これと関係ある文章である。奥村徳輝によせた書には、「五廟の礼」について、「故に須《すべか》らく宰相上公（光圀）と事事に面訂《めんてい》して後、行うべし。手に随いて疏列《それっ》し、已でに六十二事を得たるも、之れを載籍《さいせき》（書物）に稽《かんご》うれば、遺漏《いろう》尚お多からん。此れ豈に一両月にして能く究竟《きゅうきょう》（きわめる）する所の者ならんや。……特に不佞（舜水）、年八十に垂《なんな》んとするを目（以）って、精力日に衰え、記性日に拙《つた》なく、事、遺忘多し」（『文集』巻八・答奥村徳輝書四、『全集』一五七―五八ページ）とあるから、『五廟図説』をつくったのは、八十にちかい七十八―九のときであろう、と梁啓超はうたがっている（『朱舜水先生年譜』四八ページ）。しかし、わたくしは、舜水自身も、『五廟図説』を一―二ヵ月ぐらいでは、とうていかけないことを告白しているし、七十のとき、そのしごとにてをそめた、とかんがえても、いっこうさしつかえないとおもう。

長子大成の死

このとし、舜水の長男大成が、父にさきだって死んでいるが、むろん舜水は、このことをしるよしもなかった。大成については、またあとでのべるであろう。

寛文十年庚戌《こうじゅつ》・康熙九年（一六七〇）は、舜水七十一歳である。このとしについては、二つのことをしるしておかねばならぬ。ひとつは、舜水が檜《ひのき》で、自分のための寿《じゅ》器《き》（棺）をつくったこと、もうひとつは、光圀のもとめにより、『学宮図説』、その他をつくったこと。

寿器をつくる

舜水は、日本投化このかた、諸病になやまされていたことは、すでにのべたが、自分の棺おけをつくっておくというのは、生前、自分の墓石をつくっておくのと、おなじいみがある。「寿器」といわれるのは、このためである。舜水は、まえから油杉《ゆさん》を材料にしてつくる計画であったが、適当な杉がなかったので、檜で代用したわけで、うるしをぬった「制度周密」なものであった。制作の動機と目的については、舜水が門人にかたったつぎのことばが、大いに参考になる。

我れ（舜水）既に老いて異邦（日本）に在り。自ら誓う、中国の恢復に非ざれば帰らざるなりと。而して或いは一旦、老疾して起たざれば、則ち骸骨《がいこつ》の帰する所無く、必ず当《まさ》に茲《と》の土（日本）に葬るべし。然れども汝が曹《そう》（おまえたち）、素《もと》より棺を制するの法を知らざらん。期に臨み苟《いやし》くも作らば、則ち工手《こうしゅ》精ならず、制度密ならず、数年の後、必ず朽敗《きゅうはい》を致さん。後来、儻《も》し逆虜敗亡の日有らば、我が子若しくは孫の、志気有る者、或いは請いて之れを帰葬せんことを欲するも、墓木未だ拱《きょう》せず、棺槨《かんかく》(そとばこ)朽弊《きゅうへい》すれば、徒《ただ》に二‐三子の羞《はじ》なるのみに非ず、亦、日域の玷《てん》(あやまち)ならん。吾れの㠯(以)って此れを作る所の者は、手足の為めに非ざるなり。後日の慮《おもん》ぱかりを為すのみ。況んや礼に「七十月制」の文有るおや。(『行実』、『全集』五七五ページ)

『学宮図説』をつくる

光圀が、『学宮図説』をつくらせた目的は、とおくふかいものがある。もともと、舜水を江戸にむかえた目的は、学校をおこして、舜水をその指導教官にしようとしたものであった。長崎流寓の舜水が、はやくからこれに賛成していたことは、舜水のつぎの一文でもあきらかである。

舜水の理想

聞く、貴国(日本)の京・江戸に、学校を設くるの挙有りと。甚だ為めに之れを喜ぶ。貴国の諸事倶《とも》に好《よ》きも、只だ此れを欠くのみ。然れども此の事は、是れ古今、天下国家の第一義なり。如何んぞ㠯(以)って欠得す可けんや。今、貴国、聖学興隆の兆有り。是れ乃ち貴国興隆の兆なり。古より㠯(以)来、未

だ聖教興隆して国家の昌明・平治ならざる者有らず。（『文集』巻七・答安東守約一四、『全集』一三一ページ）

つづけて、「近ごろ中国の亡ぶ所は、聖教の隳《き》廃《はい》（やぶれすたれる）に亡ぶなり。聖教隳廃すれば、奔競《ほんきょう》（はしりきそう）功利の路開けて、礼義廉恥《れんち》の風息《や》まん。亡びざらんと欲するも得んや。中国の目（以）って亡ぶる所を知らば、聖教の目（以）って興る所を知らん」（同前、『全集』一三一—一三二ページ）とある。

ところが、こうした理想を実現するにあたり、やはり賛否の両論があった。しかも、この壁をおしのけて推進するだけの自信と勇気が、はじめからはもてなかった。加藤明友によせた書に、「若し貴国を目（以）って褊《へん》小（せまく小さい）と為し、東《とう》夷《い》と為し、謙譲《けんじょう》にして遑《いとま》あらざれば、則ち大いに然らず。貴国、今日の力は、之れを為すに尚お余《よ》裕《ゆう》有り」（『文集』巻三・答加藤明友書一、『全集』四三ページ）といい、「褊小」「東夷」などというインフェリオリティ＝コンプレックスから脱皮して、大いに自力に自信をもつべきことを強調し、滕《とう》国（春秋戦国）の例をひいて、「今、貴国は幅員広大にして、滕（いまの山東省にあった小邦）に千倍し、而して豊鎬《ほうこう》（周の旧都）に百倍す。而も物産又た甚だ饒富《じょうふう》（ゆたかにとむ）なり。今を失して為さざれば、必ず其の咎《とが》めに任す者有らん。若《も》し風物礼義を目（以）って歉《あきた》らずと為すに至らば、則ち学を建て師を立てん。乃ち目（以）って長幼上下の礼を習い、孝弟の義を申《かさ》ね、君に忠に国を愛して、風を移し俗を易《か》うる所なり。何んぞ歉らざらんや」（同前）といっている。

こうした困難も、光圀がよく克服して前進したであろうことは、舜水がべつの書のなかで「上公（光圀）、特達の資を負いて恭倹、下に礼し、為さんと欲する所を為すを得しむ。豈に惟《た》だ一変して魯《ろ》に至らんや。大道の行わるるに至ると雖も、亦た自《おのず》ら難きこと無し。細かに其の意を観るに、功令森厳にして、善書〔掣《せい》〕肘《ちゅう》（ひじをひくさまたげる）の慮《おもんぱか》り有るに侶《に》（似）たり。東土は荒瘠《こうせき》（あれてやせる）にして雅《まさ》に旧邦に及ばずと云うと雖も、若し果して能く真心もて之れを為さば、世に教化す可からざるの地無からん」（『文集』巻八・奥村庸礼書、『全集』一四四ページ）といっているので、このあいだの事情を、うかがうことができる。

さて、この『学宮図説』であるが、「古今を商確《しょうかく》し、微を剖《き》き隠を索《もと》め、覧る者、燭照《しょくしょう》して数計する若《ごと》し」（『行実』、『全集』五七五ページ）といわれた。光圀は、この図により、大工に命じて木で三十分の一の模型をつくらせたが、よくわからぬところは、舜水がみずからその指導にあたった。文廟《ぶんびょう》・啓聖宮・明倫《めいりん》堂・尊経閣・学舎・進賢楼をはじめ、廊廡《ろうぶ》・射圃《しゃほ》・門楼・牆垣《しょうえん》にいたるまで、「精巧を極め」た（同前）。

祭器をつくる

光圀は、また舜水に、「祭器の古典に合《かな》う者」をつくらせている。すなわち、簠《ほ》簋《き》・籩豆《へんとう》・登鉶《とうけい》のようなものであるが、唐《とう》・宋《そう》時代このかた、図はのこっていても、そのつくりかたはつたわっていない。舜水は、「図に依りて古《いにし》えを考え、其の法を研覈《けんかく》（しらべる）し、巧思黙契《もくけい》、指画《しかく》精到なり。之れを工師に授く。工師、諮受《しじゅ》（はかりうける）すること頻煩《ひんぱん》、未だ洞達《とうたつ》（さとりしる）する能わざれば、乃ち之れが為めに軽重を揣《はか》り、尺寸を定め、関機運動、之れを教うること弥年《びねん》（次年にまたがる）。卒《つい》に之れを成すことを

後楽園の石橋をつくる

得たり」(『行実』、『全集』五七五―七六ページ)とある。また、光圀が後楽園の石橋をつくらせたときも、舜水がこれを指導しているが(同前、五七五ページ)、こうしてみると、舜水というひとは、たんなる書斎の学究ではむろんなく、技術・技芸の実学にも、ひいでていたことがうかがわれる。

さて、寛文十一年辛亥《しんがい》＝康熙十年(一六七一)、舜水七十二歳から十年あまりの余生は、どちらかといえば、かなりおちついた生活ができたようである。むろん、一片耿々《こうこう》(心が安んじない)の志は、ゆめにもわすれぬところであったが――。

彰考館がひらかれる

この十年間における、舜水のおもなしごととしては、ひとつには、さきにつくった『学宮図説』と関連のあるもので、いわゆる「興学」精神を具体的にあらわすことであった。たとえば、寛文十二年壬子《じんし》＝康熙十一年(一六七二)、舜水七十三歳のときには、水戸の彰考館《しょうこうかん》が、はじめて光圀によってひらかれた。「彰考」とは、いうまでもなく彰往考来(杜預『春秋左伝集解』序)の略であり、彰往察来(『周易』繫辞伝)をはじめ、温故

釈奠の礼をならわせる

明の衣冠をつくる

知新（『論語』為政）や稽古徴今（藤田東湖）などと、おなじいみのことばである。光圀は、舜水の指導によって、儒学生たちに釈奠《せきてん》（供物をおき孔子をまつる）の礼をならわせ、儀注を改定し、礼節を詳明した（『行実』、『全集』五七六ページ）。『朱舜水先生文集』に、「改定釈奠儀注」がおさめられている（『文集』巻二六、『全集』五一三―二四ページ）。翌年の延宝元年癸丑《きちゆう》＝康熙十二年（一六七三）、舜水七十四歳のときには、駒籠《こまごめ》の別荘において、まえのとしに、儒学生たちにおしえた釈奠の礼の予行演習をおこなっており、これによって、学者たちは「其の礼に精究し」たといわれている（『行実』、『全集』五七六ページ）。また、延宝二年甲寅《こういん》＝康熙十三年（一六七四）、舜水七十五歳のときには、かねて光圀からたのまれていた「明《ミン》室の衣冠」の制作ができあがった。朝服・角帯・野服・道服・明道巾《きん》・紗《さ》帽《ぼう》・幞頭《ぼくとう》（ずきん）などであった（『行実』、『全集』五七六ページ）。

このようにして、舜水の儒学精神というものが、日本へ亡命してから、はじめて形式のうえにおいても、一応ととのったとみられるであろう。舜水は光圀によって、また光圀は舜水をえて、それぞれその宿願の一半をなしとげることができた、といってよかろう。

つぎのもうひとつは、舜水の対人関係についてである。まえにものべたように、舜水を「奉養陪侍《ばいじ》」するために、子か孫か、あるいは故旧のひとかを、一－二名、日本によびよせる計画は、光圀も、まえからかんがえていたところである。そのひとりは、「波濤の中に出入し」ている貿易商の王儀（字《あざな》は民則）であった。王は舜水がいわゆる「澥《かい》（海）外経営」で東奔西走していたころから、ねんごろなあいだがらであった。鎖国のもとの日本で、王を江戸によびよせることは、「破格」のことであった。光圀は、駒籠の別荘のとなりに、王の住居を用意しようとしたが、舜水は「軽ろがろしく安居の人を徙《うつ》すことを願わず」といって、かたくことわっている（『文集』巻四・与源光圀啓事（二）、『全集』七八ページ）。これは、いつごろのことかよくわからないが、寛文十一年のころではなかったか、とおもわれる。

姚江が長崎にくる

つぎに、右と関係のあることであるが、延宝四年丙辰＝康熙十五年（一六七六）、舜水七十七歳、喜寿のとしに、外戚の姚江《ようこう》というものが長崎に来航し、侯問《こうもん》を通じている。舜水が、はじめて長男の大成（集之）と継妻陳氏の一族陳遵之《じゅんし》へ書をおくったことは、「陳遵之に与うる書」（『文集』巻一、『全集』六―九ページ）および「男大成に与うる書」（同前、『全集』九―一〇ページ）によってしられるが、これらの書は、大成の妻姚氏の一族にとどいた。『朱舜水全集』の行実に「大成先ず没し、子無し。大成二子有り、毓仁《いくじん》・毓徳と曰う。孤貧にして外祖姚泰の家に養わる」（『全集』五七ページ）とあるうち、はじめの大成は、次男大咸のあやまりであろう。『舜水遺書』の行実に「大成先ず没し、子無し。大咸に二子有り、毓仁・毓徳と曰う。……」とあるのも、成と咸がたがいにあべこべであり、大成は大咸、大咸は大成と訂正しなければならぬ。

ちなみに、安積覚《あさかかく》がえらんだ「略譜」には、おわりのところに「右は先生（舜水）の嘗つて親しく書する所の先世縁繇《えんゆう》（由）履歴、及び天生（毓仁の字）の具《そな》うる所に拠りて之れを定む」（『行実』付、『全集』五八五ページ）とあるから、朱舜水略譜としては、もっとも正確なものとしなければならぬが、これにはあきらかに、

舜水─┬─大成─┬─毓仁
　　　│　　　　└─毓得（徳）
　　　└─大咸

となっている。毓得は、毓徳のあやまりであろう。大成（字は集之）に注して、「姚《よう》氏を娶《めと》り二子を生む。毓仁・毓徳」（『全集』五八四ページ）とあり、さらに、これに割注して「姚氏の父、名は泰《たい》、字は歩瀛《ほえい》。泰に三子有り、長人と曰い、旭如《きょくじょ》と曰い、次は即ち姚氏。二孫、江、字は虞山《ぐさん》と曰い、景峨《けいが》と曰う。即ち天生（毓仁）の表兄なり」（同前）とある。また大咸（字は咸一・号は華鶴）に注して、「早く卒し、子無し」（同前）とある。

さて、長崎に来航した姚江《ようこう》について、梁啓超は「未だ姚泰の何人たるを審《つまび》らかにせず」（『朱舜水先生年譜』五一ページ）と注しているが、姚泰は、まえにしるしたとおり、大成の妻

姚氏の父にあたり、字を歩瀛といった。姚江は、泰の孫にあたり、字を虞山といったのである（『行実』、『全集』五七七ページ）。舜水と姚江とは、もとより面識がないので、証拠のしなとして、姚江は、舜水がかつてもっていた金扇と命紙とを、たいせつにもってきていた。

長子大成の死をしる

姚江がもってきた家族のたよりをよんで、舜水は、はじめて長子大成がすでに死んでいることをしり、悲歎にくれたという。姚江は、江戸へゆくことはできなかったが、長崎滞在のあいだに、舜水が光圀の知遇をえて、日本において、りっぱに「明《ミン》室の衣冠を保つ」（『行実』、『全集』五七七ページ）ていること、また、孫一人を江戸へよびよせたい意向のあること、などをたしかめた。

ところが、姚江が帰国すると、ただちに清《シン》朝の役人のとりしらべをうけ、国禁をおかして日本へわたったというかどで、強制的に軍卒にされた、とつたえられている（同前）。

諸孫男に与うる書

さて、舜水の「諸孫男に与うる書」（『文集』巻一、『全集』一〇―一三ページ）というのは、年月がつまびらかでないが、はじめに「我、家を離ること三十三年」（『全集』一〇ページ）とあり、また「我、今年七十八歳、衰憊《すいはい》（おとろえつかれる）、言うに勝《た》う可からず。一子孫を得て朝夕の侍奉を欲せんと思う。汝が父、恙《つつが》無しと雖も、今将《まさ》に六十、遠行す可からず」（『全集』一一ページ）などとあるから、延宝五年丁未《ていび》＝康熙十六年（一六七七）、舜水七十八歳のときにかかれたものであり、まえのとしの姚江の長崎来航と、関係のあることは事実であろう。

朱毓仁が長崎にくる

こうした経過をたどって、延宝六年戊午《ぼうご》＝康熙十七年（一六七八）もおしつまった十二月、舜水の孫にあたる朱毓仁《いくじん》（長子大成の長子）が、長崎にやってきた。かれの字《あざな》は天生、姚《よう》顕明の女をめとった。女の兄は、姚万亭である（『行実』付・略譜、『全集』五八五ページ）。毓仁も、またまえに来日した姚江とおなじく、鎖国体制のもとでは、長崎から江戸へゆくことはできなかった。舜水もまた「老疾」のため、みずから長崎へはゆけず、わずか

今井弘済が長崎におもむく

にてがみによって情報を交換するより、いたしかたなかった。

光圀は、このはなしをきき、毓仁を江戸によびよせ、祖父舜水の侍養にあてようとした。すなわち光圀は、舜水の門人今井弘済を長崎につかわし、毓仁をねぎらうとともに、舜水のてがみをもっていった。先祖のお墓はどうなったか、旧友たちは生きているか死んでいるか、などをくわしくたずねているが、ことに注目されるのは、「国亡び家破る。農圃漁樵《のうほぎよしよう》（農夫・漁夫・きこり）は、自ら其の力に食し、百工技芸も、亦、自ら妨げじ。惟《た》だ虜官は決して為す可からざる有り」（『行実』、『全集』五七八ページ）といっていることである。あくまで満清《シン》に仕えてはならぬ、とさとしている。

翌延宝七年己未《きび》＝康熙十八年（一六七九）四月、弘済は長崎につき、毓仁と会見し、くわしく舜水の意向もつたえた。ところが、毓仁にしてみれば、中国のふるさとを出発するさい、母親から、かならず舜水のようすをきいて報告にかえれ、といわれていたので、このたびはひとまず帰国し、「必ず後挙を図《はか》る」（同前）こととし

舜水中寿八十歳

た。七月、弘済は江戸にかえり、舜水に、毓仁やふるさとのようすを、くわしく報告したが、これをきいて舜水は、「撫然《ぶぜん》（失意・おどろくさま）として感愴《かんそう》（かなしみいたむ）し」たという（同前）。後日ものがたりになるが、毓仁はそののち、約束どおりふたたび長崎にきたが、かなしいかな、舜水はすでに没して四年目であった。このことは、またあとでのべよう。

さて、延宝七年己未《きび》・康熙十八年（一六七九）十一月十二日は、舜水の中寿八十歳の誕生日であった。光圀は、さかんな養老の礼をもうけた。一日まえには、駒籠《こまごめ》の邸宅に舜水をおとずれて、したしく祝いのことばをのべ、羔裘《こうきゅう》（子羊のかわごろも）・鳩杖《きゅうじょう》（はとづえ）、鶴亀をかいた屏風など、およそ二十点のしなじなをおくっている。当日、舜水は「香燭《こうしょく》を設けて、天地に拝告し、祝するに、逆虜《ぎゃくりょ》（満清）未だ亡びず、故土《こど》墟《きょ》となるも、身は異郷に在り、遅暮《ちぼ》衰疾、久しく上公（光圀）の隆恩を受くるも、目《も》（以）って之れに報ずる無きを目（以）ってした」（同前）。老いたる舜水の両眼からは、なみだがほほをつたい、そばにいたひとたちは、みな感動した。光圀は、古楽《こがく》を演奏させ、舜水をなぐさめたという（同前）。舜水は「源光圀の八秩《ちつ》（八十歳）を賀するを謝す書」（『文集』巻四、『全集』七五—七六ページ）において「之瑜、犬馬の歯《よわい》、比数に当る無し。知は目（以）って時を匡《ただ》すに足らず、勇は能く目（以）って乱を戡《おさ》むる無し。瀚海《かんかい》（大海）に飄零《ひょうれい》（ただよいおちる）し、熙明《きめい》（ひろくあきらか）に旅食す」（『全集』七五ページ）といい、深謝のこころもちとして、蜜柑《みかん》ひとかご、蠣黄《れいこう》（かきのしおづけ）ひとおけをおくっている。

この八十の頌寿《しょうじゅ》の礼典は、実質的には、舜水の生涯にとって、まさに最後の、もっとも記念すべき祝宴となったのである。

四　永　眠

舜水は、日本投化のまえから、健康を害していたが、投化ののちも、たえずいろいろな病気になやまされていた。

百病みな集まる

守約との再会をのぞむ

舜水が七十九歳のとき、安東守約によせたてがみのなかでも、「不佞《ねい》（舜水）、今年七十有九、稍《やや》ゝ復《ま》た苟延《こうえん》（かりにのびる）す。来年は則ち八十なり。百病、咸《み》な集まり、突如として其の来るや、何《いず》れの病なるかを知らず。或いは一両月、或いは三－四月、体を脱すること能わず」（『遺書』巻九・与安東守約、七－八葉）といっている。中寿八十になんなんとして、百病みなあつまり、突如として病魔にみまわれると、一－二ヵ月から三－四ヵ月ぐらいは、どうにもならなくなる、と老疾をなげいているが、そのつぎに、「賢契（守約）の一とたび来りて我れ（舜水）を見るを得、地下に瞑目《めいもく》せんことを欲す。翹《ぎょう》首《しゅ》（くびをあげてまちのぞむ）西望すること、歳の大旱魃《かんばつ》（ひでり）に霖《りん》雨（ながあめ）を望むが若《ごと》し。何《いず》れの時か従容《しょうよう》を得て臂《ひ》を把《と》らんや。筆を閣《お》きて涙を授く（掩う）。将《は》た以って誰れに語らん」（同前、八葉）とのべている。むろん、日本における第一の「知己」守約にたいする懐旧のまごころ、まことに切々たるものをおぼえるが、同時に「老病、孤舟あり」という不安と悲傷がうかがわれよう。ちなみに、舜水は、守約と長崎でわかれてから十余年、ついに死にいたるまで、再会のチャンスはなかったのである。

咳血・疥瘡になやむ

『行実』には、延宝八年庚申＝康熙十九年（一六八〇）、つまり舜水八十一歳の条にかけて、

先生（舜水）、素《もと》より咳血《かっけつ》（血をはく）を患《わずら》うこと二十余年なるも、精神俊爽《しゅんそう》にして、苟《いや》しくも惰容《だよう》（だらしないようす）無し。年、八十を逾《こ》え、老疾稍ゝ《やや》漸《すす》む。膚燥《かわ》き、体寝《ふ》し、因って疥瘡《かいそう》（ひぜん）を生じ、起坐するに勝《た》えず。岑岑《しんしん》（あたまがいたむ）として床《とこ》に在り。（『全集』五七八ページ）

としるすが、翌天和元年辛酉＝康熙二十年（一六八一）、つまり舜水八十二歳の条には、「衰損（おとろえそこなう）すること日に甚だし」（同前）とみえる。かつて、野節《やせつ》が、舜水にたいし、「忿《いかり》を懲《こら》し慾を塞《ふさ》ぐは、人の難き所なり。先生（舜水）、二十年来、慾を塞ぐ、感《かん》仰《ぎょう》感仰。……故に血痰嘔咳《けったんおうがい》は妨ぐる無きのみ」（『文集』巻二二・筆話、『全集』四二九ページ）という質問にこたえたなかに、「嘔血（血をはく）に至りては、蓋し陰陽接せざるを目《も》（以）って、また家

国の憂い多し。宜《うべ》なるかな、其れ此の疾《やまい》有るのみ。其の性命の傷を致さざる者は、則ち又た廿一年保嗇《ほしよく》(たもちおしむ)の功に在り」(同前、『全集』四二九―三〇ページ)とあるから、あるいみでは、舜水の病気は、かれの異常な克己心と気力によって、カバーしていたとみてよい。

医薬を辞退する

さて、光圀は、たびたび使者を舜水のところへつかわし、菓子や魚などを見舞のしなとしておくっている。ことに、医官の奥山玄建を侍医のようにして、舜水の施薬と治療にあたらせていたが、舜水は、「わたくしの病気は、疥癢《かいよう》(かゆいふきでもの)が浸淫《しんいん》し、手足は汚爛《おらん》している。みてもらえば、医者の手にも伝染し、おそらく他人に迷惑をおよぼすことになろう。わたくしも、すでに老いさらばえてしまい、薬石の効によって、旦夕《たんせき》の命をながらえようとは、おもっていない。医者は、もう結構です」(同前、五七九ページ)と、かたく医療を辞退した。玄建は、やむなくただ薬をつくるだけ、舜水は好意をおもうて、これをのむにとどまったという。

天和二年壬戌《じんじゅつ》＝康熙二十一年（一六八二）は、舜水ついに永眠のとしである。三月に、舜水は親友や門人をまねいて宴をもうけ、「力疾起坐《りきしつ》し、諄諄《じゅんじゅん》（ねんごろ）として教誨《きょうかい》し」た（『行実』、『全集』五七九ページ）。これは、すでにこころにきめた「永訣」（永久のわかれ）であった。こうして四月十七日、「他疾有る無く、語言声色、平日に異ならず、未時《ひつじ》（午后二時）、奄然《えんぜん》（にわか）として逝《い》」った（同前）。八十三歳であった。

瑞竜山の麓に葬る

舜水は、まえにのべたように、すでに自分のために棺をつくっていたし、葬具もととのえていた。門人たちが、てあつく葬儀をいとなんだが、光圀はじめ、その子綱条《つなえだ》も会葬、四月二十六日に、常陸《ひたち》久慈郡太田郷（いまの茨城県常陸太田市）の瑞竜山《ずいりゅう》のふもとに葬った。中国式に墳をつくり、光圀はその墓石に、みずからふでをとって、「明徴君子朱子墓」とかきしるした。

文恭とおくりなする

天和三年癸《き》亥《がい》＝康熙二十二年（一六八三）七月十二日、光圀は、舜水の諡号《しごう》（おくりな）につ

祠堂をたて桜をうえる

いて群臣と相談し、「文恭」をおくった。「道徳博聞を文と曰い、事を執る堅固なるを恭と曰う」（『行実』、『全集』五七九ページ）という古言からとったものである。その少牢《しようろう》（羊・豕のそなわったまつり）の文は、光圀が舜水にたいする、愛惜と敬慕のまごころにみちている（同前、五七九―八〇ページ）。これよりさき、四月十七日の一周忌に、「知己」「門生」である安東守約が、「朱先生を祭る文」（『全集』付録、七四三ページ）をしるしているが、「質性剛毅《ごうき》、誠を以って本と為し、一生偽《いつわ》らず。徳は天人を貫《つら》ぬき、学は古今を極む」（同前）と絶賛をおしまない。

翌年は、貞享元年甲子＝康熙二十三年（一六八四）であるが、このとしの十二月十二日、光圀は、舜水の祠堂を駒籠の別荘につくった。祠堂のまわりには、「遺愛」のさくらをうえた。舜水は、さくらがすきで、「中国をして之れ有らしめば、当《まさ》に百花に冠たるべし」（『朱文恭遺事』）と、絶賛していたからである。このときの光圀の祭文が、「明《ミン》の故徴君文恭朱先生を祭る文」（『常山文集』巻二〇、『全集』付録七二六―七ページ）であるが、このな

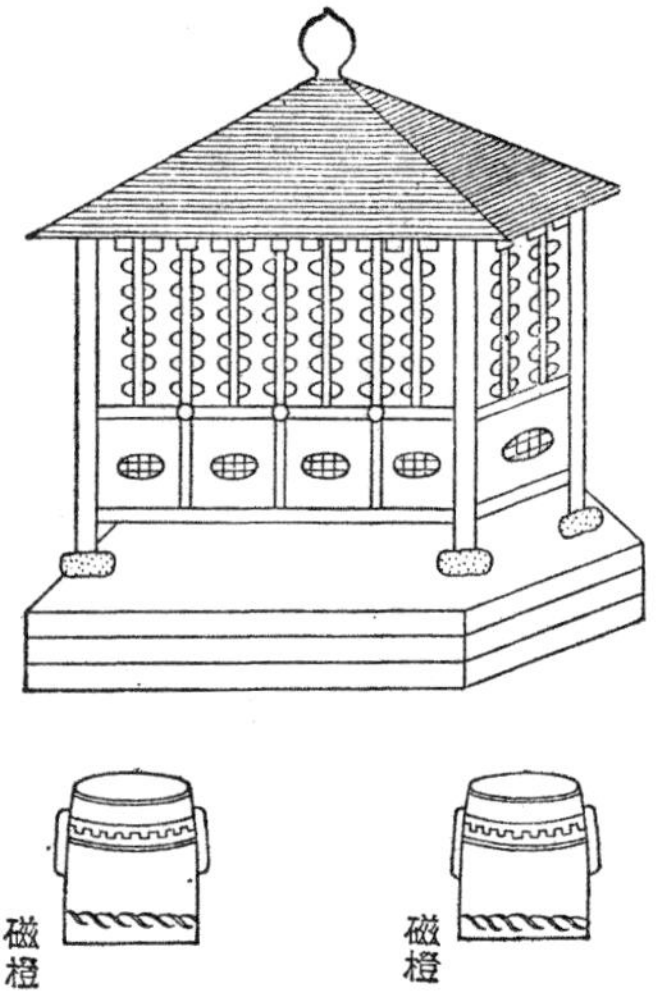

挿図12　朱舜水祠堂図

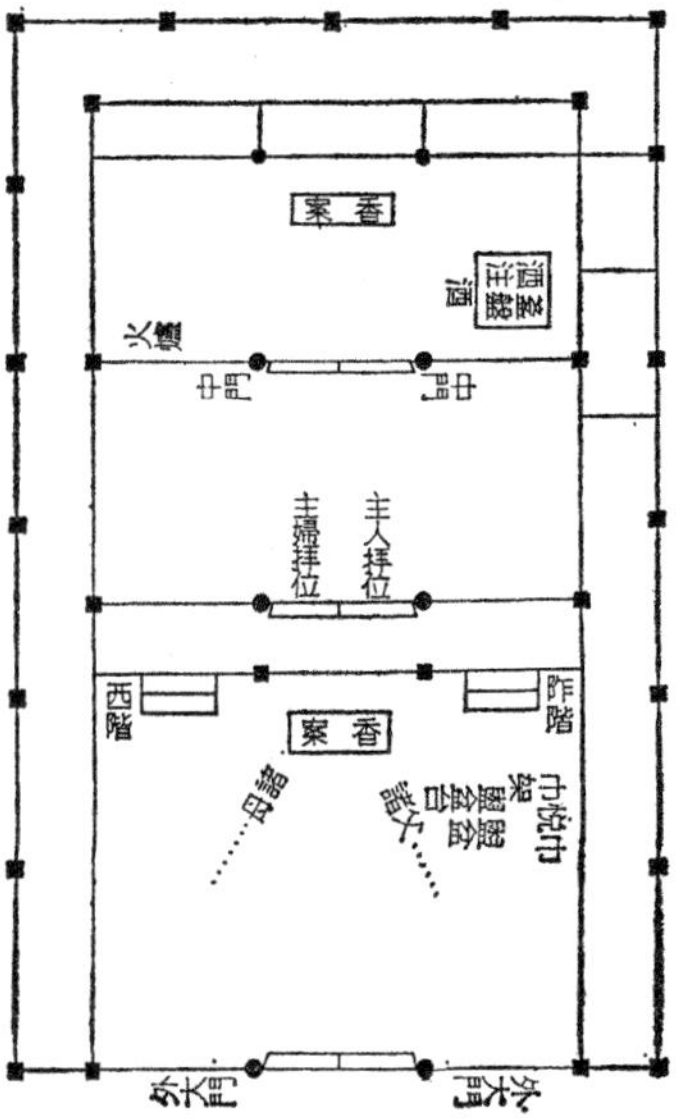

挿図13　同祠堂平面図

朱舜水の祠堂は、はじめ江戸駒籠（駒込）の別荘にたてられたが焼失し、のち水戸にうつされたが、いまはその面影をとどめるものはない。一は祠堂の外観、二はその平面図。めずらしい貴重なものである。

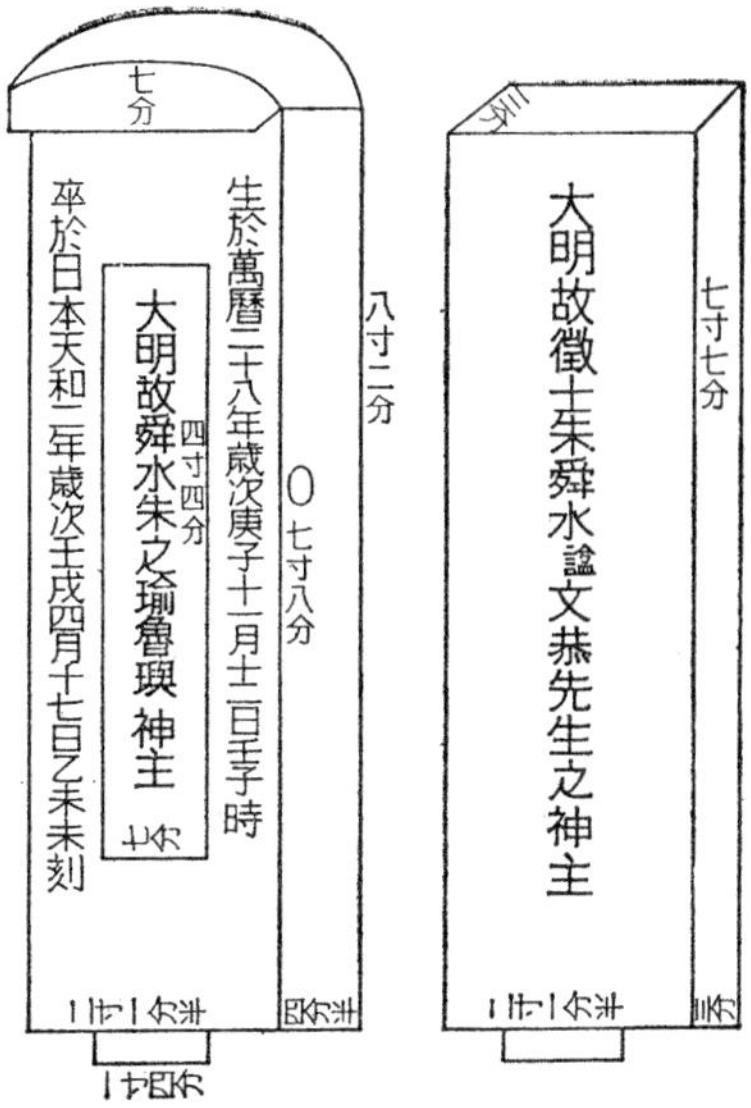

挿図14　朱舜水神主図(一)(『朱舜水記事纂録』所収)

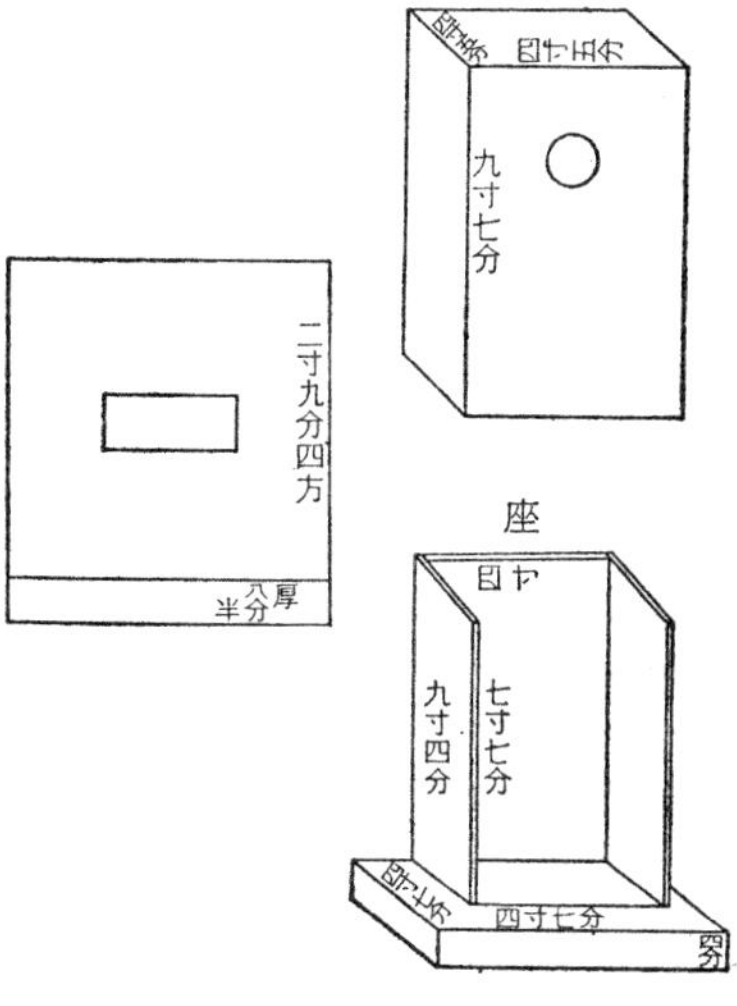

挿図15　同　(二)

祠堂のなかにあった朱舜水神主図。「大明故徴士朱舜水謚文恭先生之神主」、また生卒年月日時を左右にはさんで「大明故舜水朱之瑜魯璵神主」としるされている。こうした細部のことまでわかるのも、珍重すべきであろう。生年月日の下の時は明のあやまりとも考えられるが、『行実』には、その生年月日を「万暦二十八年庚子十月十二日申時」としており、申の誤脱ともみられる。卒年月日時と対照すると、この方が妥当のようだが、十月と十一月のちがいもある。わたくしは、しばらく『行実』の記事にしたがっておく。

かで光圀は、舜水を「明《ミン》の遺民」とよび、「温然たり其の声、儼然《げんぜん》たり其の身、威容堂堂、文質彬彬《ひんぴん》（かねそなわる）、学は古今を貫ぬき、思は風塵《ふうじん》（かぜとちり・俗世間）を出《い》ず」（『全集』七二七ページ）と、これまた絶賛をささげている。こののちは、舜水の忌日四月十七日には、かならずお祭りをしていたが、この日は、たまたま東照公家康の忌日と合致するので、一日ずらして、四月十八日にすることとなった。

四月十八日

ちなみに、舜水の祠堂および神主《しんしゅ》は、さいわいその見取図がのこっているので、ほぼそのようすがうかがわれる（挿図12 13 14 15）。わたくしのしるかぎりでは、貞享二年乙丑《いっちゅう》（一六八五）以後、元禄十一年戊寅《ぼいん》（一六九八）にいたるまで、ほとんど毎年四月十八日にお祭りをしており、その「祭奠儀節及び祝文」のことも、かなりくわしくわかる。このあいだでは、貞享四年丁卯《ていぼう》（一六八七）がかけているが、そのかわり前年の三年丙寅《へいいん》（一六八六）には、四月十八日・九月二十八日の二回、お祭りをしている。また元禄四年辛未《しんび》（一六九一）も、二月二十一日・四月十八日の二回。同九年丙子《へいし》（一六九六）

はかけているが、同十一年戊寅《ぼいん》（一六九八）は二月二十六日の一回だけのようである（『朱舜水記事纂録』四五―一一七ページ）。

祠堂を水戸へうつす

なお、舜水の祠堂は、赤穂浪士の討入りのあった翌年の元禄十六年（一七〇三）、火事でやけてしまった。そこで正徳二年（一七一二）に水戸の八幡小路（いまの北見町）にうつされ、田代一遊が堂司となった。そして寛政十年（一七九八）には、彰考館の諸生が相談しあって、祠堂のかたわらに、さくら数十本をうえた。舜水の遺風をしたい、義公の遺志をしのぶよすがとしたのである。青山延于《えんう》の「舜水先生祠堂、桜樹を植うる記」（『拙斎小集』）は、このときの文章である。

桜をうえる

『朱徴君集』をあらわす

さて、ひるがえって貞享元年甲子（一六八四）には、舜水の門人五十川剛伯（済之）が『朱徴君集』十巻を編し、加賀侯にたてまつっている。中国では、清朝《シン》の大陸支配がいよいよ完成したとして、台湾にひそまっていた鄭成功の孫、克塽《こくそう》も、ついに台湾をあげて清朝にくだり、残明《ミン》の余党は、まったく平定されていた。

朱毓仁が再び長崎にくる

貞享二年乙丑《いっちゅう》・康熙二十四年（一六八五）と同三年丙寅《へいいん》・康熙二十五年（一六八六）の両年は、「思明《ミン》」の民には、やはりかなしいできごとがあった。すなわち前年には、舜水の孫、朱毓仁《いくじん》（大成の長子）が、ふたたび長崎にきた。これは、まえにのべたように、延宝六年戊午《ぼうご》・康熙十七年（一六七八）、第一回の来日のときにはたさなかった祖父舜水との面会を期待したものであったとおもうが、かなしいかな、舜水はすでにこの世のひとではなかった。光圀は、舜水がみずからかいた祖先の紙牌《しはい》・履歴や、白金などをおくり、毓仁は感泣して帰国した（『文集』付録・略譜、『全集』五八五ページ）。このとき毓仁が、舜水を祭った文（同前・至長崎祭舜水朱先生文、『全集』五八八―九〇ページ）には、ようやくのおもいで、せっかく待望の長崎に、ふたたびやってきたのに、祖父舜水の死をしらされた悲歎と失望とを、「驚魂幾《きょうこんほと》んど断ち、五中《ごちゅう》幾んど裂く。手を束《つか》ねて徬徨《ほうこう》（さまよう）し、進退策無し」（同前、五八九ページ）とのべている。

張斐が長崎にくる

つぎに、後年には、舜水と同郷の張斐《ひ》（字《あざな》は非文・号は霞池《かち》）が、長崎にやって

舜水を祭る文

きた。かれの目的は、舜水とおなじように、残明《ミン》の再興を日本に期待したものであったが、これも、けっきょくは、むなしい一場のゆめにおわってしまった。

張斐については、いろいろのべたいこともあるが、ここでは、かれに「長崎に至り舜水朱先生を祭る文」二首（『全集』五八七—八八ページ）のあることを、指摘するにとどめておこう。その一には、「彼の西山に登り、此の東海を蹈む。夷斉《いせい》（伯夷叔斉）千古なるも、公（舜水）の在る有り。公の死せざる、将《まさ》に待つ所有らんとす。公にして既に死す、痛《つう》、詎《な》んぞ艾《くさぎ》るもの有らん」（同前、五八七ページ）といい、「嗟《ああ》、予は小子、志有るも未だ逮《およ》ばず。独行寡和《かわ》、群刺《ぐんし》怪しと為す。天か我れを知る、心は則ち已《すで》に憊《くる》しむ。既に域内に窮し、復《ま》た海外に之《ゆ》く」とつづけ、さいごに「異方の人、鬼神是れ頼る。公（舜水）、其れ我れを佑《たす》け、殆《あや》うきに即《つ》く無けん」とむすんでいる。その二は「また此の邦（日本）の傑多く、咸《み》な儼師《げんし》にして敬友。復た徳を尊びて業を楽しむ」（同前）といい、「将《まさ》に死を忍びて為す有らんとす。此れを逃れて苟《いや》しくも活くるに非ず。

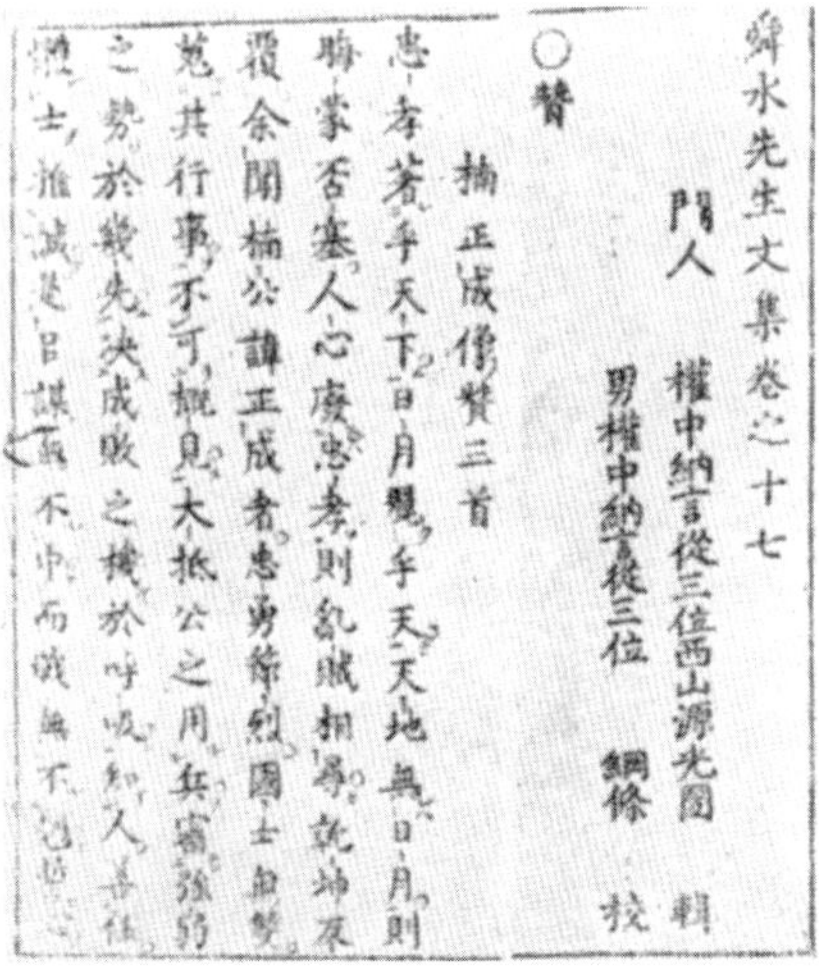
舜水先生文集巻之十七
門人　權中納言從三位西山源光圀　輯
男權中納言從三位　綱條　校
○賛
楠正成像賛三首
忠孝著乎天下、日月麗乎天、天地無日月則
晦蒙否塞、人心廢忠孝則亂賊相尋、乾坤反
覆、余聞楠公諱正成者、忠勇節烈、國士無雙、
蒐其行事、不可概見、大抵公之用兵、審強弱
之勢於幾先、決成敗之機於呼吸、知人善任、
體士推誠、是以謀無不中、而戰無不

挿図16　『朱舜水先生文集』（彰考館文庫蔵）

朱舜水研究のもっとも基本的な重要文献。二八巻、付録・行実。「門人権中納言従三位西山源光圀輯、男権中納言従三位綱条校」とある。五十川剛伯の『明朱徴君集』八巻と、前後出入がある。光圀が、みずから「門人」と明記していることは注目すべきであろう。図は巻十七・賛のうち「楠正成像賛」三首の一のはじめの部分。

竟《つい》に夙志《しゅくし》（かねてのこころざし）の成る無く、僅かに一身の潔《きよ》きに帰す」（同前）といい、「後生の頑懦《がんだ》（かたくなでよわい）を起《た》たせ、壮夫の名節を励《はげ》まし、予生の独晩を慨《なげ》き、前修の余烈を慕う」（同前、五八ページ）といっている。「明末乞師《きっし》孤忠張非文」といわれるのも、いわれのないことではあるまい。

徳川光圀がなくなったのは元禄十三年庚辰《こうしん》・康熙三十九年（一七〇〇）、安東守約は

『朱舜水先生文集』の刊行

その翌年に卒しているが、それぞれ舜水の没後十八・十九年目にあたる。「門人」権中納言従三位西山《せいざん》源光圀輯とした『朱舜水先生文集』二十八巻が、「男《だん》権中納言従三位綱条《つなえだ》校」として、京都で刊行されたのは、正徳五年乙未《いつび》＝康熙五十四年（一七一五）であり（挿図16）、舜水の没後三十三年目のことであった。

第三　朱舜水論

一　学問思想

明《ミン》代後期の儒学が、いたずらに門戸をかまえ、党争をこととし、真の学問の探求に忠実でなかったことは、「横流《おうりゆう》」「迂腐《うふ》の学」などのことばからも、推察にかたくない。学問思想が、国家民族の根本的な支柱であるとするならば、明《ミン》朝の滅亡は、この点からも指摘されてよい。朱舜水自身のことばでいいあらわすならば、たとえば、林春信が「崇禎《すうてい》（一六二八―四四）年間で、巨儒鴻《こう》士といわれる人物はどのくらいいるか」という質問にたいし、舜水は「……是《ここ》に於いて分門標榜《ひようぼう》（かんばんをかける）、遂に水火を成して、国家其の禍いを被《こう》むる。未だ謂《い》わゆる巨儒鴻士を聞かざるなり。巨儒鴻士とは、邦《くに》を経《おさ》め化を弘め、艱難を康済《こうさい》する者なり」（『文集』巻二二・筆語、『全集』四一九ページ）とこたえている。

舜水の学問は、前章でもままふれたが、わたくしの結論をさきにいえば、朱子学と陽明学の中間、実学とでもいおうか。その学風は、空論にはしることをさけ、道理をきわめることをおもんじた。このことは、いくらも証拠をあげることができるが、たとえば、伊藤誠修の学風についてのべたなかに、「伊藤誠修は誠に貴国（日本）の翹楚《ぎようそ》（たかくすぐれる）なり、頗る見解有り」といいながらも、つぎのようなたとえをのべて、その学風にくみしないことを明言している。

昔し良工有り。能く棘端《きよくたん》（いばらのとげ）に於いて沐猴《もくこう》（さる）を刻《きざ》む。耳目口鼻、宛然《えんぜん》（さながら）として、毛髪咸《み》な具わる。此れ天下古今の巧匠《こうしよう》なり。若《も》し不佞《よねい》（舜水）の目をして玄黄《げんこう》（天のくろと地のきいろ）に炫《くら》み、忽然《こつぜん》此れを得しむれば、則ち之れを抵《そし》りて砂礫《されき》と為さん。……工、巧みなりと雖も、世用に益無ければなり。……不佞の道

は用いざれば則ち巻きて自ら蔵するのみ。（『文集』巻六・与安東守約書一〇、『全集』一一三ページ）

また、べつのところで「伊藤誠修の学識・文品は、貴国の白眉《はくび》（ひいでる）と為す。然れども学ぶ所は、不佞と異なる有り」といい、

木豆・瓦登・布帛・菽粟

不佞の学は、木豆《もくとう》（木づくりのたかつき）・瓦登《がとう》（瓦づくりのたかつき）・布帛・菽粟《しゅくぞく》（まめとあわ）のみ。伊藤の学は、則ち雕文《ちょうぶん》（ちりばめた文）・刻縷《こくる》（こまかくほそい糸）・錦繍《きんしゅう》（にしきとぬいとり）・纂組《さんそ》（くみひも）なり。（同前・一二、『全集』一二五ページ）

という。また「某に答うる書」（『文集』三、『全集』五三―五七ページ）のなかでも、「聖賢の道は、止《た》だ是れ中庸《よう》なり」（同前、五四ページ）といい、

家庭日用の際

当《まさ》に之れを心性気志の微に求め、之れを家庭日用の際に体すべし。但《た》だ之れを跡象《せきしょう》の粗なる者に索《もと》めず、総《すべ》て是れ糟粕《そうはく》（かす）なり。即ち推敲《すいこう》（ねりきたえる）刻覈《こくかく》（よくしらべる）に過ぐる者も、亦た目《も》（以）って後生を引掖《いんえき》（たすけみちびく）するに足らず。……

実理・実学

凡そ此れ皆な実理・実学なり。（同前、五四ページ）

といい、くちをきわめて「浮夸《ふこ》（はでやかで おおげさ）・虚偽《きょぎ》（むなしい いつわり）」を非難し、排斥している。舜水門下の逸足安積覚《あさかかく》が、舜水の学問を評して、

蓋し先生（舜水）、天資《てんし》豪邁《ごうまい》、数塁（のり・おきて）を循行《じゅんこう》するを㠯（以）って学と為さずして、開物成務・経邦弘化を㠯（以）って学と為す。大にしては礼楽《れいがく》刑政の詳《しょう》、小にしては制度文物の備、講究淹貫《えんかん》（ひろくつうずる）せざるは靡《な》し。而して其の人に教うる、未だ嘗って性命を高談し、虚に憑《よ》り究を鶩《かろ》んぜず。惟《た》だ孝弟忠信を㠯（以）って、誘掖《ゆうえき》奨励す。其の雅《まさ》に言う所は、民生日用彝《い》倫《りん》（人のまもるみち）の間より離れず。誠に本づきて敬に立（主）ち、言に発して行に徴す。（『文集』後序、『全集』五九二ページ）

開物成務・経邦弘化

民生日用彝倫の間

といっている。

以上、舜水の学風を要約すれば、世用に益のない学問は、どんなにりっぱにみえても、それは、おきもののサルか、砂・小石にひとしい。木やすやきのたかつ

き、ぬのきれ・まめ・あわなどのように、家庭日用の役にたつもの以外は、みんなしぼりかすとおなじである。開物成務・経邦弘化、すべては民生日用、ひとのまもるべきみちの問題であって、ジェスチャーや宣伝やごまかしなどは、まったくとるにたりない。学問はすべて「華《か》を去り実《じつ》に就き」、実理・実学（実行の学）でなければならない、というのである。

学問の目的を、このように規定した舜水は、それを研修達成する手段として、誠——敬——礼——学——行の五段階をかんがえていたようである。

舜水が「誠」を強調した史料はすくなくないが、たとえば、近藤定久のもとめにおうじて、「誠」（『文集』巻二一、『全集』四〇一ページ）をのべたくだりに、つぎのような史話を引用して説明している。

劉《りゅう》忠宣公、一言にして目《も》（以）って身を終わるまで之れを行う可き者を問う。温公曰わく、其れ誠ならんか。誠なれば則ち始終忒《たが》わず、表裏一致・敬信真純、往くとして必ず孚《まこと》ならん。故に曰わく、君子は誠を之れ貴しと為すと。(敬)故に曰わく、至誠にして動かざる者、未だ之れ有らざるなり。誠ならずして未だ能く動く者有らざるなり。……蓋し誠なれば則ち欺く勿《な》し。……誠を舎《す》てて何《いず》れに適《ゆ》かんや。……子思曰わく、誠なれば則ち明らかなり。明らかなれば則ち誠なり。誠にして其の明らかならざるを患《うれ》うる者有らんや。(同前)

また、酒井純常のもとめにおうじて、「積誠」(同前、『全集』四〇二ページ)をのべたくだりに、

余(舜水)、初め之れを見る。次年、即ち余の書を乞う。今に至るまで十年を踰《こ》ゆるも、未だ之れに応ぜず。怒らず亦、怠らずして、之れを請いて已《や》まず。誠と謂う可し、誠の積と謂う可し。是の心を推して徳を尊び善を好まば、其れ賢人・君子の列に進まざる者有るか。故に之れが為めに書す。(同前)

とあり、また、奥村徳輝におくった「誠斎」(同前、『全集』四〇四ページ)のくだりに、

世降り俗薄く、生質漸く漓《かろ》し。巧ならざるを患《うれ》えず、誠ならざるを患う。誠

は室を作るの基なり。培築《ばいちく》（つちかい きづく）鞏固《きょうこ》（つよく かたい）なれば、則ち堂搆壼奥《どうこうこおう》（宮中のおく・おくそこ）、凌雲《りょううん》九層、皆な斯《ここ》に於いて始めを託す。……是れ繇《よ》（由）り、其の誠を全うして已まずんば、其れ何んぞ至らざる所あらんや。誠は天の道なり、誠を思うは人の道なり。子《し》、其れ慎んで之れを思うて可ならんや。（同前）

とある。「存誠」は、舜水の学問思想の中心であったことがうかがわれる。

つぎに、「敬」にうつる。舜水に「敬」五首（『文集』巻二一、『全集』四〇〇―〇一ページ）があるから、まずそれを紹介してみよう。その一には、

古の人言える有り、曰わく、敬は徳の聚《しゅう》（あつまり）なりと。また曰わく、能く敬すれば必ず徳有りと。また曰わく、敬は礼の輿（こし）なりと。然らば則ち学を為すの道は、敬を舎《す》てて何《いず》れに適《ゆ》かんや。（同前、四〇〇ページ）

とある。敬と徳・礼・学との関係を強調しているが、その二にも「敬は徳の聚と為す。是れ敬は乃ち徳の本なり。敬は礼の輿と為す。是れ礼は敬に繇（由）りて

㠯（以）って行うなり」（同前）と、おなじ主旨をくりかえし、その三には「徳の忠は、敬より大いなるは莫《な》し。而して名の隳《き》（やぶれ）は、慢《まん》（みだり）より甚だしきは莫し」（同前）といい、その四には「君子の言は道《ゆ》く可きを思い、行は法《のっと》る可きを思う。作事思う可く、行止《こうし》度《はか》る可し。敬せざらんと欲すと雖も、其れ将《は》た能くせんや」（同前）といい、その五には、

敬の時、義も亦た大なり。……内は㠯（以）って其の心を敬し、外は㠯（以）って其の事を致す。孫卿曰わく、職を敬して曠《こう》（おろそか・むだ）無く、事を敬して曠無く、百性を敬して曠無し。夫れ敬にして百性に至る。其れ安《いず》んぞ往く所として敬せざらんや。能く敬すれば必ず徳有り、豈に信《まこと》に然らざらんや。（同前、四〇〇一〇一ページ）

とある。こうした「居敬」のいみを、総括的にのべているのが、「敬斎箴《しん》、并びに序」（『文集』巻一六、『全集』三三一―三三ページ）である。その序のなかで、「敬は徳の聚なり。能く敬す

れば必ず徳有り」「敬は礼の輿なり、礼は国の幹《かん》（きみ）なり。敬せざれば則ち礼行われず、礼行われざれば、則ち上下昏《くら》し。……夫れ敬は徳の聚と為す、則ち百爾《ひゃくじ》（多くの・爾は助字）徳行、皆な敬に萃《あつ》まる。敬は礼の輿と為す、則ち三百三千、皆な一の敬、之れを載《の》せて行わる。顧《おも》うに重からずや」「敬の道は一ならず、其の敬を用うる、之れを道と為すも亦、名を一にせず。……仁なり、敬なり、孝なり、慈《じ》なり、信なり、一敬の為す所に非ざる無し」（『全集』三三一―三三二ページ）、「其れ人の目（以）って世に垂れ教えを立つるに足る者は、皆な敬に主たるのみ」（同前、三三二ページ）などといい、箴《しん》（いましめ）においては「人の徳たる、敬より大いなるは莫《な》し。……内は其の心を敬し、外は其の行を敬す」（同前）とのべている。

つぎに「礼」にうつる。礼については、誠・敬のなかにもでてきたが、舜水は「礼」（『文集』巻二一、『全集』三九九ページ）について、

礼は仁義の節文、天倫《てんりん》の秩序と為す。故に曰わく、天は有礼を秩《つつし》むと。また

曰わく、礼は国家を経《おさ》め、社稷《しやしよく》（土地と五穀のかみ）を定め、民人を衛《まも》り、後嗣《こうし》（あとつぎ）を利する者なり。（同前、三九九ページ）

といっているが、まえに『五廟図説』をつくったり、釈奠《せきてん》の礼を学習させたりしたのも、みなこの「敦礼《とんれい》」の精神にもとづく。「礼」をかろんずれば、かならず国が亡びるというかんがえは、たとえば「明石《あかし》源助に答うる書」（『文集』巻三、『全集』四七—四九ページ）において、明《ミン》末の士大夫《したいふ》のことに言及したくだりに、

其の後、士大夫、好んで脱略を為して、礼を言うを悪《にく》み、㠯（以）って厭物《えんぶつ》と為し、㠯（以）って王道と為す。……未だ二十年を能くせずして、国已でに淪《りん》亡《ぼう》（しぼみほろぶ）す。（同前、四七—四八ページ）

とあり、また、かつて厦門《アモイ》（福建省）におもむいて、国姓（鄭成功）の配下の文武官にあった印象について、「其の将吏を見るに、並びに薦紳《しんしん》（身分あるひと）に寄居し、皆な佻《ちよう》達《たつ》（のんびりゆるやか）自ら喜び、礼教を屏斥《へいせき》（しりぞける）し、㠯（以）って古気と為し、㠯（以）って

骨董《こっとう》（古物）と為す。不佞《ふねい》（舜水）、其の事の必ず成る無きを知る」（同前、四八ページ）といい、さらに、

> 見る可し、礼なる者は、特に国家の精神・栄衛たるのみならず、直に乃ち国家の楨幹《ていかん》（かきの両はしにたてる木・根本）たり。……故に曰わく、礼楽《れいがく》は斯須《しし ゅ》（しばらく）も身を去る可からず。……礼は乃ち天理、自然の節文なり。（同前、四八ページ）

と強調している。

つぎに、「学」にうつる。舜水の学問の方法は、実理・実学のたてまえからいって、現在の日常生活のあらゆる事物・対人関係から、これを学びとることができるとし、さらに、過去の歴史を学ぶことによって、いっそう完全なかたちで理解できるとする。たとえば、「奥村徳輝に答うる書」（『文集』巻八・五首—五、『全集』一五八—五九ページ）のうちに、

> 能く学ばば則ち稠人群聚《ちょうじんぐんしゅう》（多くのひとのあつまり）の時も、必ず我が師有り、事務紛錯《ふんさく》（いりまじ

る）の際も、皆な其の学有り。人人の能くする所にして我れ能くせざれば、則ち劣らずとも学ばざるを得ず。人の能くせざる所にして我れ独り能くすれば、則ち広からずとも益々学を為すに奮う。則ち地に学に非ざるもの無きなり。（同前、一五八ページ）

とあり、多くのひとがあつまったときも、しごとがいりまじったさいも、みなわれわれの学師であるという。また、「小宅重治に答うる書」（『文集』巻五、『全集』八七―八八ページ）において、

古来、学を為すは、其の貧富貴賤を問わず、其の事の冗《じょう》（わずらわしさ）、事の簡《かん》（かんたん）を問わず。惟《た》だ其の好むと好まざるを問うのみ。好めば則ち最も煩、最も足らざる者も、偏《ひと》えに余力・余功有り。好まざれば則ち千金の子、貴《き》介《かい》の冑《ちゅう》（貴家の子孫）も、祇《た》だ目《も》（以）って酒を嗜《たしな》み色を漁《あさ》り、田を求め、舎を問うのみ。何んぞ復《ま》た一念の学問に及ぶ有らん。且つ学問は、亦、何んぞ必ず時を廃し業

を荒《みだ》し、笈《きゅう》(おいばこ)を千里に負いて(とおくへ遊学する)、後ち学を為さんや。(同前)

といい、つぎに、具体的な命題をもちだして、

家に母有れば、学は孝と為す。家に弟有れば、学は友と為す。家に婦有れば、学は和と為す。出でて君上有れば、学は忠愼《ちゅうしん》(まごころとつつしみ)と為す。朋友《ほうゆう》有れば、学は信と為す。往くとして学に非ざるは無し。(同前、八八ページ)

という。すなわち、内においては父母・兄弟・夫婦、外においては君臣・朋友などの諸関係を、それぞれ孝・友・和、および忠愼・信などと規定し、これが「問学」であるといい、「往くとして学に非ざるは無し」といいきっている。これで

古人の書をよめ

不十分なばあいは、「古人の書」をよむことをすすめている。

其れ其の意の意を得ざる者は、時に古人の書を取りて、㠯《も》(以)って之れを印し之れを証し、之れを拡《ひろ》め之れを充《み》たす。即ち此れは是れ学なり。……漢の光武明帝の時、期門羽林《きもんうりん》(近衛兵)、皆な論語・孝経を読む。分番上直(当番宿直)にも、

書を目（以）って之れを懐中に納め、暇なれば則ち出だして之れを読む。何んぞ学ぶ可からずの時有らんや。日々にして之れを積まば、則ち善人・信人、大にして君子、為す可からざる者無きのみ。（同前）

仏氏

ところが、ここで注目すべきことは、儒教をまなんでも、仏教とは両立しないことを強調していることである。「惟《た》だ仏氏は、心を喪《うしな》い俗を敗るを為すのみ。必ず為す可からざる者なり」（同前）という。古書をよむことをすすめている舜水は、四書五経の一部をひきあいにだしているが、読書が問学の中心であることを強調した文章には、たとえば、「奥村徳輝に答う」四首（『文集』巻一二、『全集』一四一―一四三ページ）の二のうちに、

読書励行

読書励行の四字は、学を為すの事を尽くす。而して又た之れに加うるに勉強を目（以）ってすれば、則ち功は作輟《さくてつ》（やったりやめたり・つねなし）する無く、徳は閑を踰《こ》えず、循循《じゅんじゅん》（じゅんじょよく）として進み、何んぞ底止《ていし》（とどまる）する有らん。（『全集』二四二ページ）

とみえる。「奥村庸礼に与う」七首（『文集』巻一二、『全集』一三七—四〇ページ）の五のうちにも、「是れ大将・名将と為らんと欲せば、必ず当《まさ》に書を読むべし」（『全集』一三九ページ）とあり、おなじ三首（『文集』巻八、『全集』一四一—四四ページ）の二のうちにも、呉《ご》の孫権と呂蒙《ろもう》の故事をひきあいにだして、読書の重要性を強調したのち、「然らば則ち読書は、特に身を修め行いを正すのみに非ず、適〻《たまたま》人の神智を益す所なり」（『全集』一四一ページ）という。そして経書の難解なのにぶつかり、よむのがいやになったようなときは、史書をよむことをすすめている。すなわち、

然れども中年、学を尙《たっと》ぶも、経義簡奥《かんおう》にして明らかにし難く、之れを読むも必ず厭倦《えんけん》（あきていやになる）を生ぜば、史を読むの愈《まさ》れると為《な》すに若《し》かざるなり。資治《しじ》通《つ》鑑《がん》は文義膚浅《ひせん》、之れを読まば暁《さと》り易くして、事情に於いて又た近し。日に一巻・半巻を読むも、事理に於いて照合し、世情通透《つうとう》し、必ず喜んで之れを好まん。愈〻《いよいよ》好まば愈〻味有り。此れ繇《よ》（由）りして国語、而して左伝、皆

な史なり。則ち義理漸く通ぜん。（『全集』一四二―一四三ページ）

韋昭《いしょう》の注する『国語』、左丘明《きゅうめい》の『春秋左氏伝』、司馬光の『資治通鑑』などをあげているのが注目される。

行

おわりに「行」についてのべる。舜水の学風が「実学」にあるといわれるのは、この「実行」をさいごのしめくくりとして、強調力説したからにほかならない。舜水は、いたるところでこのことをのべているが、たとえば「安東守約の問に対《こた》うる八条」（『文集』巻一五・『全集』二九三―三〇二ページ）のうちの第一問「書を読み文を作るの法」のなかで、

実行

「学問の道、貴きは実行に在り。顔子《がんし》は一を聞いて十を知れども、徳行の首に列せり。見る可し」（『全集』三九四ページ）といい、顔子をひきあいにだして、実行を強調している。また「筆語」（『文集』巻二三、『全集』四四三―六六ページ）のなかで、小宅《おやけ》生順にこたえて「学を為すは

実功・実用

当《まさ》に実功有り、実用有るべし」（『全集』四四六ページ）といい、実功・実用をやはり強調している。『行実』にも、舜水が門人にかたったことばとして、

学を為すの道は、外、其の名を修むる者は益無きなり。必ず須《すべか》らく身体もて力行すべし。方《まさ》に得る有りと為す。（『全集』五八〇ページ）

と、実践躬行をすすめている。

朱・陸（王）の比較

さて、わたくしは、はじめに舜水の学問は、朱・王のあいだの実学だといったが、朱子学は、いわば経験をおもんずる帰納法的な学問であり、陽明学は、これと対照的な、いわば直観をおもんずる演繹《えんえき》法的な学問である。舜水は、この両者の特色とみられる「徳性を尊ぶ」ことと、「問学を道《い》う」ことについて、安東守約の問いにこたえて、つぎのようにのべている。

徳性を尊び、問学を道《い》うは、病むと為すに足らず。便《すな》わち必ずしも其の同異を論ぜず。生知・学知、安行・利行は、究竟《きゅうきょう》（つまるところ）に到れば、総《す》べて是れ一般なり。朱《しゅ》を是《ぜ》とするものは陸《りく》を非とし、陸を是とする者は朱を非とす。所《ゆ》目《え》（以）に玄黄水火、其の戦い息《や》まず。譬《たと》えば、人、長崎に在りて京に往くが如し。或いは陸に従い、或いは水に従う。陸に従う者は、須《すべか》らく一歩一歩走《そう》去《きょ》すべし。水程《すいてい》に繇（由）る者は、一たび順風を得れば、迅速《じんそく》（すみやか）到る可し。陸に従う者も、程《てい》を計りて達す可し。舟に従うも風を得るに非ざれば、累日《るいじつ》（ひをかさねる）坐守《ざしゅ》せん。只だ京に到るを目（以）って期と為すのみ。豈に水に従うは非、陸に従うは非と曰うを得んや。（『文集』巻二二・筆語、『全集』四三四ページ）

「陸」というのは陸象山のことで、程（二程）・朱にたいし、陸・王とならび称せられたことは、いうまでもない。舜水が、「朱を揚げずして陸を抑《おさ》う」といっているいみは、やはり経験をおもんじて結論をもとめ、直観によって実行にうつす、という学風をさしたものであろう。

こうした舜水の学問思想が、政治のうえでは、はたしてどのような社会を理想としたか。「元旦、源光圀を賀する書」八首（『文集』巻四、『全集』五九―六三ページ）の一が、もっとも端的にこれをしめしている。すなわち、孔子のことばをひいて、大道が行われるには、賢と能《のう》とを選んで、信を講じ睦《ぼく》を脩《おさ》め、親子・老壮幼・男女らが、みなそのところをうるにあり、これを「大同」というが、禹《う》・湯《とう》・文・武・周公の治が、まずこれにあたる、といい、さらにことばをついで、

見る可し、雍熙《ようき》（和らぎ楽しむ）の盛《せい》も、奇謨《きぼ》異術（ふしぎなはかりごと・かわったてだて）有るに非ざるなり。瑜（之瑜）、居《きょ（ママ）》恒《こう》（恆）（ふだん・いつも）、此の書を読み、慨然《がいぜん》（なげくさま）として歎を興して曰わく、「吾れ安《いず》んぞ身親《みず》から之れを見ることを得んや」と。茲《ここ》に幸いに知遇《ぐう》の隆《りゅう》（人となりをしりよくあしらう）に際す。私《ひそ》かに近世を計るに、中国は之れを行うこと能わずして、日本は易しと為す。日本に在りても、他人或いは之れを行うこと能わざるも、上公（光圀）は易しと為す。惟《た》だ勃《ぼっ》然として奮励し、実実挙げて之れを措《お》くに在るのみ。今ま正に当《まさ》に為す有るべきの時を目（以）って、万一、日を玩《もてあ》そび月を愒《むさぼ》り、謙譲《けんじょう》（へりくだりゆずる）遑《いとま》あらず、目（以）って耄耄《ぼうぼう》（おいぼれる）期頤《きい》（百歳）に至らば、庸《な》んぞ及ぶ有らんや。（『全集』五九―六〇ページ）

とのべている。大同（『礼記』礼運のことば）の世が、舜水の理想的社会であったことがしられるが、しかし、いまの中国にはけっきょく実現できず、日本、ことに光圀の藩下に、もっとも大きい期待をよせている。光圀と舜水のめぐりあいといおうか、両者の呼吸がまったくひとつになって、勃々たる正気をはらんだといえよう。舜水から光圀へおくった書には、こうした治者としてのこころがまえをのべたものが、すくなくないが、同書八首の六に、

伏して㠯《おも》（以）うに、治道に二有り、教と養とのみ。養は先に処《お》るも、教は其の大に居る。蓋し養うに非ざれば則ち教うるも施す所無けん。此れ奚《な》んぞ礼義を治むるに暇あらんの説なり。教うるに非ざれば則ち養うも終る所無けん。此れ飽食暖衣《ほうしょくだんい》、逸居《いっきょ》せば教え無きの説なり。（『全集』六一—六二ページ）

とみえるのも、それである。治道を教・養のふたつにもとめるかんがえかたは、いわゆる「倉廩《そうりん》（こめぐら）実《み》つれば則ち礼節を知り、衣食足らば則ち栄辱《えいじょく》を知る」（『管子』

殖産興業と生産技術

牧民)という政治思想をうけついだもので、じっさいの政治は、画餅《がへい》(えにかいたモチ)ではない。ここにも、実功・実用のこころが、よくあらわれている。

「養」といい、「衣食」といい、「倉廩」という。いうまでもなく、経済生活をおもくみているのであるが、その発展のもとは、生産技術である。中国では、むかしから技術を、おおむね枝葉《しよう》末節のこととして、かろくみてきたかたむきがある。もっとも、明《ミン》末には、徐光啓の『農政全書』六十巻のような大著も、また崇禎丁丑《すうていていちゅう》十年(一六三七)には、宋応星の『天工開物』十八巻のような、異色のある技術書もできあがった。このとしは、舜水は三十八歳、そのまえのとしに、後金《こうきん》の太宗は国号を清《シン》とあらためている。さて、舜水の学問が、「実学」といわれるのは、またこのような生産技術・殖産興業の方面にも、ふかくひろい知識があったからで、『行実』にも、

農圃《のうほ》(農園)・梓匠《ししょう》(大工木工)の事、衣冠器甲の制と雖も、皆な其の法度を審《つまび》らかにし、

其の工巧を窮《きわ》む。識者、其の多能にして伐《ほこ》らず、該博《がいはく》にして精密なるに服するなり。（『全集』五八一ページ）

とある。具体的にいえば、すでにまえにのべたように、たとえば、七十一歳のときに『学宮図説』をあらわしたとき、光圀は、それにもとづいて三十分の一の模型をつくらせた。「梓《し》人《じん》の通暁《つうぎょう》する能わざる所の者は、先生（舜水）、親しく之れを指授す。度量《どりょう》分寸、湊離《そうり》（あつめたりはなしたり）機巧に及ぶまで、教喩《きょうゆ》すること縝密《しんみつ》（こまかくていねい）、歳を経て畢《お》わる。文廟《ぶんびょう》・啓聖宮・明倫《めいりん》堂・尊経閣・学舎・進賢楼・廊廡《ろうぶ》（ろうかひさし）・射圃《しゃほ》・門楼・牆垣《しょうえん》（かきへい）等、皆な精巧を極む」（『行実』、『全集』五七五ページ）とある。舜水がつくった大成殿の三十分の一の模型は、水戸の弘道館に保存されているが、いまの東京湯島の聖堂は、この模型によってつくられたものである。弘道館（挿図17）の造営も、これによったのである。東京の後楽園の石橋も、また舜水の設計である。

「先生（舜水）、亦た梓人に授くるに制度を目《も》（以）ってす。梓人、自ら其の能《のう》の及ば

祭器

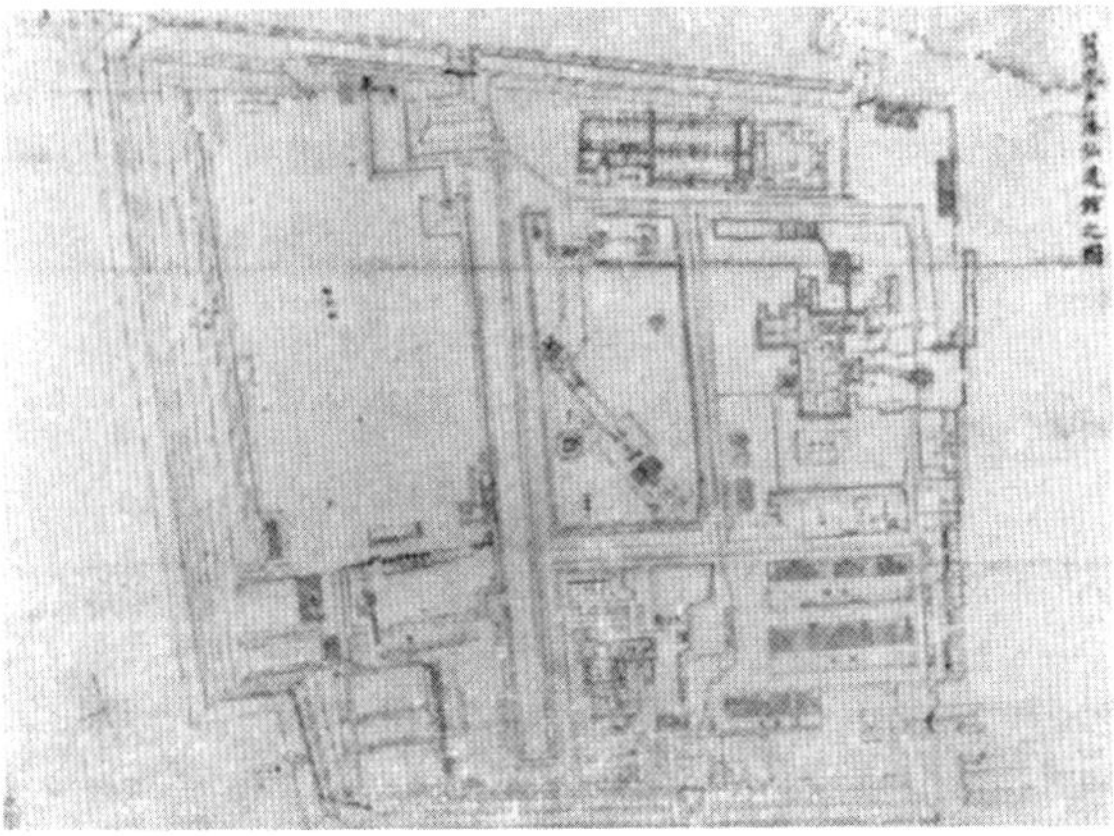

挿図17　旧水戸藩弘道館之図（茨城県立図書館蔵）

朱舜水が念願したひとつに、学校創設のことがあった。水戸に弘道館がつくられたのも、その影響である。「弘道とは何んぞ。人、能く道を弘むるなり。道とは何んぞ。天地の大経にして、生民の須臾も離る可からざる者なり」とは、徳川斉昭（烈公）の「弘道館記」のかきだしである。この図も、めずらしいものである。

ざるを愧《は》ずるなり」（『行実』『全集』七五ページ）とある。

祭器もつくっている。「先生（舜水）、図に依りて古《いにしえ》を考え、其の法を研覈《けんかく》（しらべる）す。巧思《こうし》黙契《もくけい》（しぜんに一致する）、指画《しかく》精到なり。之れを工師に授く。工師、諮受《しじゅ》（はかりうける）すること頻煩《ひんばん》（たびたび）なるも、未だ洞達《とうたつ》（うがちっうずる）すること能わず。乃ち之れが為めに軽重を揣《はか》り、尺寸を定む。

関機運動、之れを教うること弥年《びねん》(次年にわたる)、卒《つい》に之れを成すを得たり」(『行実』、『全集』五七六ページ)とある。

衣冠

明《ミン》室の衣冠ができあがったのは、七十四歳のときである。朝服・角帯・野服・道服・明道巾《きん》・紗《さ》帽・幞《ぼく》頭(ずきん)などであった(同前)。

経世済民の学

このほか、蚕桑《さんそう》・製糸の技術や、医薬・種痘の処方がおこなわれるようになったのも、舜水の影響といわれる。舜水が、いろいろな動植物について、ふかい造《ぞう》詣《けい》のあったことは、『朱舜水先生文集』のなかの問答(雑著・筆語など)や、『舜水朱氏談《だん》綺《き》』などによってもしられる。たんなる書斎のなかの一学究ではなく、技術者としてもすぐれていたことは、あきらかであろう。経済——経世済民の学といわれるのも、このためであるが、このことは、詩文についてもいわれる。たとえば、

詩文について

安東守約が「詩文を作る」ことを問うたとき、

儒《じゅ》に貴き所の者は、身を修むるの謂《いい》なり。身、既に修まらば、必ず学を博く

して㠯（以）って之れを実《み》たす。学、既に博ければ、必ず文を作りて㠯（以）って之れを明らかにす。書を読まざれば則ち必ず文を作ること能わず。文を作ること能わざれば、学、五車に富み、忠、比干《ひかん》（殷の紂王の諸父）の如く、孝、伯奇（伯封の異母兄）・曾参《そうしん》（曾子）の如しと雖も、亦た冥冥《めいめい》（くらい）没没《ぼつぼつ》（うずもれかくれる）なるのみ。故に文を作るは第二義と為し、詩を倣《なら》うに至る。今の詩は古詩に比せず、無根の華藻《かそう》（はなやかなかざり）にして、民風世教に益無きも、学者は汲汲《きゅうきゅう》（やすまずつとめる）として之れを為す。名を取り誉れを干《もと》むるに過ぎざるのみ。即ち此れ一たび念《おも》わば、已でに聖賢大学の道に入る可からず。（『文集』巻二二・筆語、『全集』四三二ページ）

とこたえており、また中村玄貞が、高才が文章を能くすることが、かえって学者の不幸になる、という質問にたいする答えのなかで、

詩を作り賦《ふ》を作るが如きは、世道人心に益無くして、但《た》だ時俗の好む所に逢《ほう》迎《げい》（あわせむかえる）するのみ。即ち其の心を用うる、已《す》でに自ら不肖《ふしょう》（天ににない）、豈に不

幸に非ずや。（同前、『全集』四四二ページ）

といっている。また「安東守約に答うる書」二十一首の十七においても、

大凡《およそ》、文を作るには、須らく六経《りくけい》を根本とし、佐《たす》くるに子史を㠯《も》(以)ってし、而して之れを潤沢《じゅんたく》（うるおす）するに古文を㠯(以)ってすべし。内、既に充溢《じゅういつ》（みちあふれる）すれば、則ち筆を下すも自然に湊泊《そうはく》（あつまりとどまる）し、文を期せずして自ら文たらん。若し文を為すの意有らば、便《すなわ》ち文章の至に非ざるなり。（『文集』巻七・『全集』一三四ページ、『行実』・『全集』五八〇ページ）

六経―子史―古文

という。「奥村庸礼《ようれい》に与うる書」三首の二においても、

詩賦

詩を吟じ賦を作るは学に非ざるなり。而も日を棄て時を廃するは、心（必）ず不可なる者なり。「空梁《くうりょう》、燕泥《えんでい》を落とす」、工は則ち工なるも、曾《か》つて何んぞ治理に益せん。「僧、月を推して門を下る」、覈《かく》（ふかくきびし）は則ち覈なるも、曾つて何んぞ民事に補いせん。「雞声茅店《ぼうてん》の日、人跡板橋の霜」、新は則ち新なるも、

曾って何んぞ事機に当らん。（『文集』巻八、『全集』一四三ページ）

治理・民事・事機

とのべている。これらのことから、舜水の詩文にたいするかんがえが、あきらかになる。「文」は、経《けい》をもととし、子・史をもっておぎなうべきであり、「詩」も、あるいは「無根の華藻《かそう》」をおいかけ、「工」「麗」「新」をてらい、あるいは「名を取り誉れを干《もと》む」ることにはしったり、「時俗の好む所に逢迎」したり、あるいは「治理」「民事」「事機」と関係のないもの、「民風世教」「世道人心」に益のないものなどは、すべてこれをしりぞけている。詩文についても、実用・実功ということが、一貫して強調されている。

舜水の詩

そのためであろうか、舜水の詩は、あまりのこっていない。日本にあるものとしては、安積覚《あさかかく》の『朱文恭遺事』に七言八句五言四句の二首がみえ（『全集』七二五ページ）、また『熙《き》朝詩薈《かい》』に五言十句の一首があるが（『全集』凡例五ページ）、いずれもたしかな証拠はなく、ことに後者は、後人の仮託の作らしい。真詩としては、張廷枚《ていばい》の『姚江《ようこう》詩存』に付載されている「泊舟稿《こう》」十五首(『全集』七〇九一二三ページ)が、ただひとつのものである。一例として、十五首の最後にみえる「銭塘《せんとう》」と題する五言四句をかかげておく。

天際、銀幡《ぎんばん》立ち
鴟夷《しい》、怒り未だ消えず
定めて知らん、千載《ざい》の上
江水、潮を生ぜず(『全集』七一二ページ)

きよらかなひびきのうちに、ふかく亡国のかなしみをひめているといえよう。

これを要するに、舜水の学問思想は、実理・実行・実用・実功をおもんじた。そうして、舜水は、この実学の理論を、みずからのきびしい実践によってうらづけてきたところに、舜水の学風の強味――バック＝ボーンがあるとおもう。舟山を基点とする日本・安南間の数回にわたる「海外経営」、生死の関頭をさまよった「安南之役」、鄭成功の南京攻略(北征)に従軍した戦陣のくるしみ。あるときは、はげしい朔風《さくふう》にとおく胡塵《こじん》をさけ、あるときは、さかまく南海の鯨濤《げいとう》に扁《へん》舟をあやつる。

舜水が、中国時代に、各地の名勝旧蹟をあるきまわっていたことは、かつて安積覚にも、くわしくはなしたことがある（『朱文恭遺事』、『全集』七二五―二六ページ）。いま、その所在する地名だけを、原文にしたがって列挙してみると、

順天府（河北）・紹興府《しょうこうふ》（浙江）・岳州（湖南）・会稽《けい》府（浙江）・厳《げん》州（浙江）・嵊県《じょうけん》（浙江）・台温二州界（浙江）・応天府（江蘇）・蕪湖《ぶこ》（安徽）・鎮江《ちんこう》府（江蘇）・蘇州（江蘇）・江西・杭州（浙江）・湖広・武昌（湖北）・揚州（江蘇）・彰徳府（河南）・大名府（河北）・河南などがあり、「凡そ此れは追憶す可き者にして、其の餘は幾許《いくばく》なるを知らず。今ま之れを忘る」（『全集』七二六ページ）とある。以上を省別にしてみると、河北・河南・江蘇・浙江《せっこう》・安徽《あんき》・江西・湖南・湖北の八省にまたがっており、舜水の見聞は、中国内地においても、きわめてひろく、ふかかったことが、しられるであろう。

二 生活

舜水の生活は、一言でこれをいえば、謹厳素朴《そぼく》であったといえよう。学習・講学についても、「華にして実なき」ことをつよく非難し、まえにのべたように、華を去り実に就くことを、一貫して強調していた。『行実』には、

手に巻を釈かず

先生（舜水）、性質謹慎、強記神敏、老いて疾《や》むと雖も、手に巻《かん》を釈《お》かず。凡そ経覧する所は、深きを鉤《と》りて実を体し、博にして約、達にして醇《じゅん》（くわしくあつい）なり。（『全集』五八〇ページ）

といい、老学究としての面目、躍如《やくじょ》たるありさまをつたえているが、あるとき、門人に、学問について、つぎのようなたとえばなしをしている。

学問の道

学問の道は、裘《きゅう》（かわごろも）を治むるが如し。其の粋然《すいぜん》（まじりけないきよい）たる者を選《えら》びて之れを取る。若《も》し吾が某氏・某氏の学を学ぶと曰えば、則ち謂《い》わゆる博学・審

問の謂《いい》に非ざるなり。（『行実』、『全集』五八〇ページ）

学問は、道楽でやるのでもなければ、また、たんなる他人の学問のうけうりでもない。寸陰をおしんで、博く学び、審《つまび》らかに問い、慎んで思い、明らかに弁じ、篤く行う、その結果として、自分の血肉となった自主・自家薬籠《やくろう》中のものでなければならない。ちなみに、博学・審問のことは『中庸』にみえ、朱子の白鹿洞《はくろくとう》書院の掲示には、「為学の序」として、「五教の目《もく》」「修身の要」とともに、とくにしめされていたものである。

筆翰は流るるごとし

舜水の文章は、「雄壮古雅、持論逸宕《いっとう》（さっぱりとしてこだわらない）にして、筆翰《ひっかん》は流るる如く、手に随いて章を成す」（『行実』、『全集』五八〇ページ）といわれた。わたくしも、舜水の文章に接してみて、おなじような感想をもっている。また、「敦礼《とんれい》」の生活も、まったくイタについていた。

先生（舜水）、身を飭《つつ》しむに礼を目《も》（以）ってし、燕居《えんきょ》（くつろぎやすむ）にも儼若《げんじゃく》（おごそか）たる

つねに衣冠をととのえる

節倹をむねとす

蚊帳を使用せず

なり。平居(ふだん)、客に見《まみ》ゆるに、親暱《しんじつ》(したしいあいだがら)と雖も必ず衣冠を具う。謙にして物に接し、人の歎きを尽くさず。厳にして自ら持し、苟《いや》しくも虚飾無し。家を治むるに倹を㠯(以)ってし、入るを量りて出ずるを為す。(『行実』、『全集』五八〇―八一ページ)

また、「格物窮理、志慮精純、古今礼儀にして下る」(『全集』五八一ページ)ともしるされているが、したしいなかにも礼義があり、かならず衣服をととのえて、ひとと面接する一方、「虚飾」はすこしもなく、生活も節倹をむねとし、家計を赤字にするような無方針は、まったくなかった。

中国側の朱之瑜伝のひとつ、明《ミン》末の翁《おう》洲老民がえらんだ『海東逸史』によれば、かつて舜水が、蚊になやまされ、夜もろくろくねむれぬほどであったから、蚊帳《かや》の使用をすすめたところ、「先世の葬域《そういき》、兵後、恐らくは蹂躙《じゅうりん》に遭《あ》わん。輾転《てんてん》(あれこれおもいめぐらす)思維《しい》すれば、敢えて身の安逸に処《お》らざるのみ」(巻二八)といって、ことわったという。いかにも、身を持《じ》することと謹厳であった舜水の生活の一面を、よく

四十年、婦女に接せず

あらわしているとおもう。

謹厳といえば、中国時代の二十年、日本時代の二十年、激動の風雪四十年をつうじて、婦女に接しなかったという。「家を離るること四十年、婦女に接せず。或いは諭すに、妾《しょう》を置き㠯《も》(以)って薬餌《やくじ》の奉《ほう》に備うるを㠯(以)ってするも、先生(舜水)、許さず」(『行実』、『全集』五八一ページ)とある。邵廷采《しょうていさい》がかいた『明《ミン》遺民所知伝』(『思復堂文集』巻三)のなかの、朱之《し》瑜《よ》の条には「諸王、其の遠客なるを以って、侍女十二人を納《い》れしも、竟《つい》に一御《いちぎょ》せず。日本に在ること四十年、終って葬る」としるし、うがった記事のようであるが、侍女十二人も、在日四十年も、むろんあやまりである。朝鮮人がかいた『皇明《ミン》遺民伝』に、「明《ミン》の宗《そう》室国亡び、日本に入る。娶《めと》らず、後無し」(巻一)というのも、ただたどしい記事であるが、事実の一半はつたえている。四十年間のやもめぐらしは、なんといっても不自由なことであったろうし、常人のいうべくして、なかなか実行しがたいことであろう。

闘病生活

「王侍郎を祭る文」三首（『文集』巻一九、『全集』三六二—六九ページ）の一に、舜水がみずから「瑜（瑜之）、病骨支離、十載《さい》、女を御《ぎょ》せず、而も終年嘔血《おうけつ》（血をはく）す」（『全集』三六四ページ）とのべているが、ことに、日本投化の前後から、「咳血《がいけつ》」（血をはく）にくるしむこと二十余年、さらに、としをとってからは「疥瘡《かいそう》」（ひぜん）になやまされて、ついには、病床からおきあがることさえできなかった。しかも「精神俊爽《せいしんしゅんそう》」（さわやか）にして、苟《いや》しくも惰容《だよう》（だらしないようす）無く」、「衰捐《すいえん》（おとろえすてる）、日に甚だしく」なると、その永眠をさとり、「宴を設けて親友及び門人等を招き、力疾《りきしつ》起坐し、諄諄《じゅんじゅん》（ねんごろ）として教誨《きょうかい》（おしえさとす）」し、天和二年四月十七日、「語言声色、平日に異ならず」、「奄然《えんぜん》として逝《い》」った老師舜水のすがたは（『行実』、『全集』五七八—七九ページ）、まさに惰夫《だふ》をしてたたしめるものがある。

剛毅方直・深密謹厚

舜水が剛毅方直《ほうちょく》、かつ深密謹厚であった一例としては、かれが死ぬまで、自分の履歴のことや、終生の感激であった監国魯王の恩詔のことなどについても、ついに秘してかたらなかったことである。『行実』に、人と為り剛毅《ごうき》方直、操履《そうり》（おこない）は規（のり）に中《あ》たる。交を択《えら》びて言を慎しみ、迹を晦《くら》まして目《も》（以）って疑いを遠くす。其の祖宗の官衙《かんが》、及び身、徴辟《ちょうへき》を蒙むるの栄の如き者も、親友・門人と雖も、未だ嘗って之れを言わざるなり。魯王の勅諭も、亦た人に示さず。卒するに及び、古《こ》匣《こう》（ふるいはこ）有り、鎖《とざ》して封ず。中に於いて自ら書する所の祖宗目《い》（以）下《か》の紙牌《しはい》、及び奏疏《そうそ》・履歴等を得たり。勅書は別に描竜《びょうりゅう》の箱に蔵せり。是《ここ》に於いて、人、皆な其の深密謹厚に服す。而して本末の事実を知ると云う。（『全集』五八一ページ）

とある。ひとりでまもりにくいのが秘密であり、ひとにきかせたいのが栄誉である。死ぬまであかさなかった、そのおくゆかしさは、けっして常人のおよぶところではあるまい。

　舜水が、身を持すること、きわめて厳しかったことは、「日に郷に向いて泣血し、時に北に背《そむ》いて切歯《せっし》せざるは莫《な》く、惟《た》だ邦讐《ほうしゅう》未だ雪《そそ》がざるを目（以）って憾《うら》みと為す」（『行実』、『全集』五七三ページ）というような、一片耿々《こうこう》のこころを、つねにもっていたからであろう。舜水が、光圀から「賓師《ひんし》」という、てあついもてなしをうけながら、きわめて倹約であったので、ケチンボとわらわれたといい、また、死後に三千両の貯金があったことを非難するひともある。しかし、これは、すでに新井白石もいっているように、明《ミン》室光復のために用意していたとみるべきであろう（『先哲叢談』）。門生らも、「苟《いや》しくも虚飾無く、家を治むるに倹を目（以）ってし、入るを量りて出ずるを為す」（『行実』、『全集』五八一ページ）といっており、舜水みずからも、小宅生順に、「僕（舜水）、事事《じじ》、人に如《し》かず。独り富貴も淫《いん》すること能わず、貧賤も移すこと能わず、威武も屈すること能わざるのみ。古聖・先賢の万分の一に愧《は》ず無かる可きに庶《ちか》からん」（『文集』巻五・答小宅生順書二、『全集』八九―九〇ページ）とこたえている。「富貴に淫せず貧賤を楽しむ、男児此《ここ》に到らば是れ豪雄」（秋日偶成詩）とうたったのは、宋《そう》の程顥《ていこう》（明道）である。どうして、りっぱな大丈夫であり、豪雄である。一歩ゆずって、「恢復を図《はか》るの用に備う」

とはいわないまでも、自分の日常生活から、いっさいのむだをはぶき、余財をたくわえて、死後の効用をねがったにちがいあるまい。

客の来訪をよろこぶ

さて、安積覚の『朱文恭遺事』（『全集』七二一―二六ページ）には、舜水にかんする日常のエピソードをいろいろのせているが、舜水といえども、四六時中、謹厳一点ばりでもなかったらしい。舜水は、訪問客をよろこんだ。身分の上下はとわない。病気か、事故かでないかぎり、いつもこころよく歓待《かんたい》している。学者と談論すれば、ときをわすれて夜半におよぶこともあり、門生らは、ねむくてこまったものだが、舜水は、いよいよ熱がこもって、あきたり、つかれたりしなかったという。

文恭（舜水）、賓客を喜び貴賤を択《えら》ばず。疾病《しっぺい》・事故有るに非ざれば、未だ嘗つて応接せざるはなし。客を饗《きょう》するには、家の有無に随い、必ず其の誠を竭《つく》す。……鉅儒《きょじゅ》・碩士《せきし》の来訪の若《ごと》きは、道を論じ文を論じ、則ち日午《にちご》より夜半に至る。覚（安積）等は惟《た》だ困睡《こんすい》を思うのみなるも、文恭は未だ嘗つて厭倦《えんけん》せざるな

り。（『全集』七二二ページ）

酒と囲碁

また「酒を飲むこと能わざるも、客飲を喜ぶ。時に或いは棋に対す。棋は甚だしくは高からず」（同前）とあるから、酒はたしなまなかったが、来客によっては、酒をふるまって歓待したらしい。興にのって、ときに囲碁もたのしんだが、ザル碁で、あまり上手ではなかったとみえる。こうしてみると、舜水も、対人関係には、なかなかおだやかで、包容力のある風格が、晩年にはそなわっていたとおもわれる。

桜花を愛す

こころのやさしいひとは、自然を愛し、花鳥を友とする。舜水は、ことに桜の花を愛し、駒籠《こまごめ》の別邸には、数十本の桜をうえ、百花に冠絶すると激賞した。「文恭（舜水）、桜花を酷愛《こくあい》（はなはだしくあいする）し、庭に数十株を植《う》う。花開く毎《ごと》に之れを賞し、覚（安積）等に謂《い》いて曰わく、中国をして之れ有らしめば、当《まさ》に百花に冠たるべし」（『全集』七二四ページ）とある。舜水の死後、光圀が祠堂をたて、そのまわりに桜をうえたのは、その「遺愛」をしのぶためであったが、「花は桜木、人は武士」ともいって、武士や日本のシンボルのようにおもわれてきた桜が、中華の人、舜水によって絶賛されているのも、わすれてはなるまい。

舜水は、また菊の花がすきであった。あるとき、光圀にたいして、菊を所望している。安積覚は、無類の菊好きであったから、自分のところの園中にたくさん栽培していたが、あるとき守山侯に百種を献上し、侯からも佳品十余種をいただいたことがあった。覚は、このことから「百事、舜水を学ぶことができないが、ただこの一事(菊作り)だけは、やや余風がある」といって、学問の未熟をはじたという。このはなしは、『先哲叢談』にのっている。

酒といい、囲碁といい、サクラといい、キクといい、人間朱舜水をつたえる、いずれもこころあたたまる、ゆかしいエピソードではあるまいか。

三　知友門人

中国人について

朱永佑

呉鍾巒

張肯堂

舜水の知友は多いが、まず中国人からあげてみよう。

「諸孫男に与うる書」（『文集』巻一・『全集』一二—一三ページ）および『行実』（『全集』五六七—六八ページ）には、舜水の「座師」「先師」として、吏部《りぶ》左侍郎朱永佑《えいゆう》・東閣大学士兼吏戸工三部尚書張肯堂《こうどう》・礼部尚書呉鍾巒《しょうらん》の三人をあげている。朱永佑は、松江華亭（江蘇省松江県）のひと、字《あざな》は爰啓《えんけい》、闇遠と号した。張肯堂は、永佑とおなじ松江華亭のひと、鯢淵《げいえん》と号した。呉鍾巒は、常州武進（江蘇省武進県）のひと、字は巒穉《らんち》、霞舟《かしゅう》と号した。三人とも、華中における明《ミン》室反攻の拠点であった舟山（浙江省定海県内）がおちいったとき、あいついで壮烈な最後をとげ、残明《ミン》の悲史をいろどったひとびとである。ただ張肯堂については、舜水みずから「我れと相親しまんと欲すれども、我れ三次之れを拒絶せり。是《ここ》を目《も》（以）って、我れと極めて相好からず。然れども、死に臨む一節は取る可し。料《はか》らざりき、其れ能く決烈、此に至りしことを」(『全集』一三ページ)といっているように、あまり好感をもっていなかったことは事実であるが、雪交亭下《せっこうていか》の烈死をして、さすがの舜水も、大いにこころをうたれたようである。舟山の「鯢老《げいろう》」張肯堂ほどの人物と舜水とが、なぜうまがあわなかったか。その理由は、おそらく科挙《かきょ》にかんすることであったにちがいない。

つぎに、黄斌卿《ひんけい》。『明《ミン》遺民所知伝』には、「浙東《せっとう》敗るるや、海に浮んで黄虎痴《こち》の記室と為る」(朱之瑜)とある。『行実』には、「舟山の守将、招討大将軍・威虜侯黄某名闕」としるし、とくに名がかけており、「軍前賛画《かく》」に聘せられたが、これをことわったという。黄某とは黄虎痴、すなわち黄斌卿《ひんけい》のことである。記室と軍前賛画とは、その内容は、おなじものだったとおもわれる。舜水は、威虜侯黄虎老とよんで、「之れを知りて未だ尽くさず」といっているが、関係はかなりふかかったようである。かれの弟、黄孝卿《こうけい》らが日本乞師《きっし》におもむいた背後に、わたくしは、老練な舜水の計画や折衝《せっしょう》があったものと想像している。しかし、黄斌卿はうたがいぶかい性質で、「強悍《きょうかん》不法」（『海東逸史』巻一八）であり、魯《ろ》王が舟山にきたのをこばんだくらいであるから、徐鼒《じょたい》の『小腆《しょうてん》紀伝』には、逆臣伝にいれられている人物である。舜水が、かれの記室（軍前賛画）などになったということは、魯王側からは、よくおもわれるはずはない。のち、はからずも魯王の徴辟《ちょうへき》があり、舜水がこれに無上の感激をおぼえたのも、むしろ、こうした前歴があったからではあるまいか。

王翊

舜水の無二の「知友」は、経略直浙兵部侍郎王翊《よく》である。かれは、舜水と同郷の餘姚《よよう》（浙江省）のひと、完勲《かんくん》と号した。としは、舜水より十五―六歳わかかった。四明山（餘姚県南百十里）の山寨《さんさい》にたてこもって、清軍をなやましたが、四明山寨は、いうなれば、舟山の前線基地であった。舟山は、もとより華中における残明《ミン》の反攻拠点である。かれは、この舟山がおちいる前月にとらえられ、身に二十余矢をうけても、くるしみの一声さえ発せず、まことに壮烈な最後をとげた。舜水が、いかに王翊をたよりにしていたかは、「王侍郎を祭る文」三首（『文集』巻一九、『全集』三六二―六九ページ）によってもしられる。「忠烈の知友」「今古《きんこ》の奇男子」とよんでいるが、「相見ること最も晩《おそ》きも、相知ること最も深く、言論挙止《きょし》、未だ嘗って毛髪の間有らず」（同前・祭文二、『全集』三六五ページ）といっている。『行実』には、舜水がしばしば日本におもむいたのは、王翊を主将郷導《きょうどう》として、日本の援兵を借ろうと欲したからである、という。舜水が、かれの烈死をしったのはのちのことで、その月日がはっきりしなかったから、とにかく、いちおう八月十五日を命日としておまつりをした。「爾来《じらい》、八月十五日に逢う毎《ごと》に、門を杜《と》ざして客を謝し、愴然《そうぜん》（かなしみいたむ）として楽しまず。身を終わるまで、中秋の月を賞するを廃す」（『全集』五六九ページ）とある。「士は己れを知る者のために死す」というが、舜水にとって、王翊こそ、ほんとうの「知友」「知己」であったといえよう。

鄭成功

張煌言

鄭《てい》成功と張煌言《こうげん》は、南明《ミン》復興運動の双璧《へき》といえるが、この両者と舜水との関係は、どうであったか。鄭成功は、いうまでもなく、わが平戸（長崎県）にうまれた日中の混血児、田川福松であり、はじめの名は森、字《あざな》は大木といった。唐王隆武帝の知遇をえて、国姓の朱をたまわり、成功と改名し、国姓爺《こくせんや》といわれた。張煌言は、鄞《ぎん》県（浙江省寧波県）のひと、字は玄箸《げんちょ》、蒼水《そうすい》と号した。はじめ魯王を奉じていたが、のち厦門《アモイ》（福建省）の鄭成功をたより、桂王永暦帝から兵部尚書をおくられた。

『海東逸史』に、「之瑜の日本に返るや、諸将、之れを留む。張煌言、之れを挽《ひ》くこと尤《もっと》も力《つと》む」（巻一八・朱之瑜）とあるから、張煌言は、はやくから舜水の人物をみぬいていたようにおもわれるが、その交渉関係は、つまびらかでない。揚子江進征のとき、舜水が、建威伯馬信（玉老）と忠靖《せい》伯陳輝《ちんき》（燦老）との両軍のあいだを往来して、いろいろ画策したことなどは、すでにまえにのべたが、右の『海東逸史』をはじめ、舜水自身がかいた「安東守約に与うる書」十二首の一（『文集』巻六、『全集』一〇五―一〇七ページ）からも、また『陽九述略』の滅虜之策（『文集』巻二七、『全集』五三七—三八ページ）からも、よみとれるところである。

国姓・藩臺・国藩

舜水は、鄭成功のことを「国姓」とか、「藩臺」「国藩」とかよんでいるが、成功と舜水の交渉は、はたしてどうであったか。まず「明石源助に答うる書」（『文集』巻三、『全集』四七—四九ページ）をみると、

前年、厦門《アモイ》に至り、国姓の召に赴く。其の将吏を見るに、並びに薦紳《しんしん》（身分あるひと）に寄居し、皆な佻達《ちょうたつ》（ゆるやかのんびり）自ら喜び、礼教を屏斥《へいせき》（しりぞける）して、目《も》（以）って古気と為し、目（以）って骨董《こっとう》（古物）と為す。不佞《ふねい》（舜水）、其の事の必ず成る無きを知れり。故に万里耑行《たんこう》（ただしくあゆむ）し、一刺《いっし》を投ぜずして返る。不幸、果して済《すく》う所無し。（『全集』四八ページ）

とある。舜水が厦門におもむいたときは、鄭藩の武官・文官に礼教なく、残明《ミン》復興運動のむつかしさを予想したので、けっきょく成功とは面会せずにかえったと

いう。このあいだの事情は、「安東守約に与うる書」十二首（『文集』巻六・『全集』一〇五—一六ページ）の一に、もっともくわしくのべてある。

冬春の交……此の時、遠近伝聞す、藩臺（鄭成功）、賢を推し士を進むるを目（以）って務めと為さず、と。則ち是れ興復の志堅からずして、立業の志も広からず。志、興復に切なるも、賢才を棄つ。是れ大川を渉《わた》るに舟楫《しゅうしゅう》（ふねのかじ）を去るなり。何んぞ目（以）って済《すく》わんや。故に遂に慨然《がいぜん》（なげくさま）として思明（厦門）より復《ま》た貴国（日本）に来らんと欲す。戠（ママ）冬戠春、時に不測有るに因り、夏間に擬して舟後に附す。藩前に三—四の故《こ》交《こう》有り、舟を遣わして来り迎うるも、亦た虜と盗と思明に充斥《じゅうせき》（みちひろがる）するに縁《よ》り、故に盤石（浙江省）に至る。林門も亦た洋船有るを聞き、僻《かた》よりて達するを得ず。一たび営中に入り、遂に其の舟《しゅう》檣《しょう》（ほばしら）に住す。去駐《きょちゅう》数月の間、月に藩臺（成功）と艫《ろ》舳《じく》相銜《ふく》むと雖も、誼《した》しみて一刺《し》を目（以）って名字を通ぜず。或いは美言もて行を勧むる有るも、瑜（之瑜）、

必ず婉辞《えんじ》（しとやかなことば）もて謝却《しゃきゃく》（ことわる）し、自ら愚分に安んずるのみ。（『全集』一〇五ページ）

舜水・成功のめぐりあい

わずらわしさをいとわず、関係の史料をひいたのは、これまで成功と舜水とのめぐりあいについては、ほとんどしられていないからである。これによると、舜水の鄭成功観は、当時は、かならずしも上々であったとはいえず、むしろ失望している。したがって、チャンスはいくどかあったけれど、けっきょく面会のことはなかったようである。なお、ここにみる「冬春の交」「夏間」などというのは、永暦十二ー十三年（一六五八ー五九）の交をさすのであって、くわしくは、鄭成功が南京攻略の途上、羊山（浙江省洋山）で暴風雨のために、覆没したのち、磐石衛やそのほかのところで、いわゆる養兵派餉《はしょう》・造船製器にちからをつくし、再起をはかって越年したころをさす。したがって、成功と舜水とは、ついに直接には会見しないまま、南京攻略（北征）にむかったのである。

鄭成功、帰化舜水に贈る書

まえにのべた年月のわからない「鄭成功、帰化舜水に贈る書」（『通航一覧』第五・巻二一三）は、疑問の一書ではあるが、成功が、舜水をつう

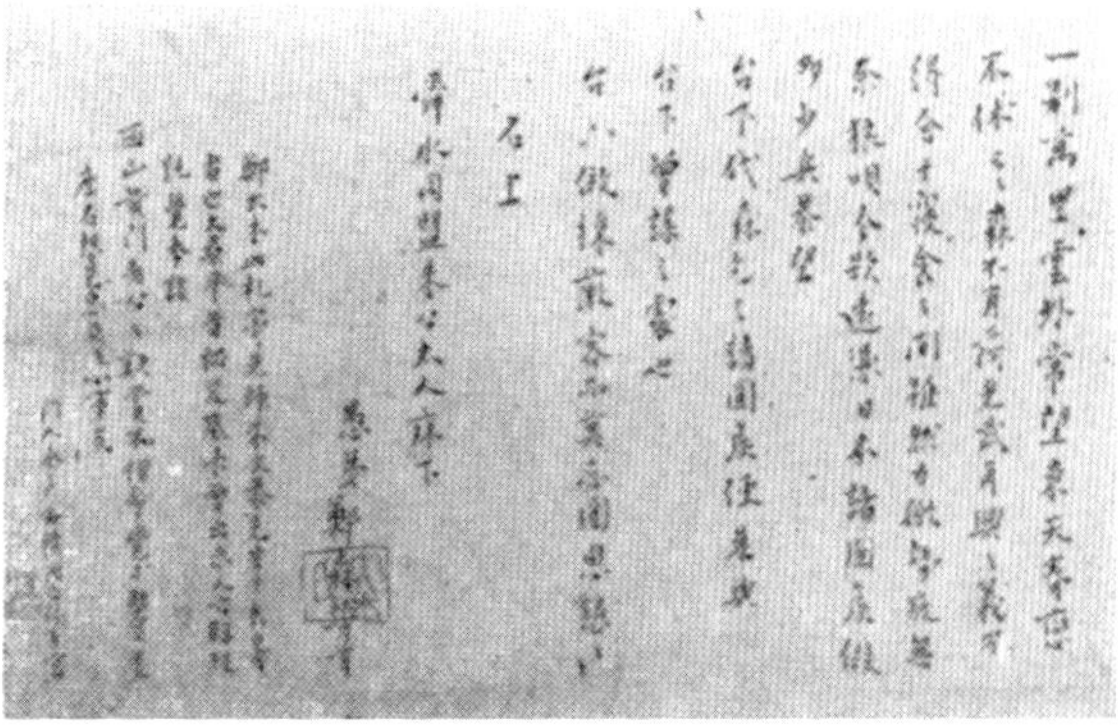

挿図18　鄭大木，朱舜水に与うる書状（茨城県立図書館蔵）

鄭大木とは、鄭森（国姓爺・鄭成功）の字。一函一幅。安積澹泊（覚）の臨写。五三×一〇一センチ。内容は「鄭成功贈二帰化舜水一書」（挿図6）を要約したかたち。偽書のうたがいもあるが、珍重すべき資料である。

一別万里、雲外常望二東天一、眷恋不レ休。云々。森不肖荷二光武再興之義一、不レ得レ舎二于寝食之間一。雖レ然力微勢疲、無二奈狼唄一。今欲下遠憑二日本諸圀侯一仮中多少兵上。恭望
台下代レ森乞二之諸圀侯一。是与二
台下一曾謀之処也。
台下傚二採薇客一、而莫レ忘二圀恩懇々一。云々
右　上
舜水同盟朱公大人床下
愚弟鄭森稽首（印は大木氏）

鄭大木、朱舜水に与える書状

魯王朱以海

じて「今ま遠く諸国侯に憑《よ》りて多少の兵を仮らんことを欲す」（四〇六ページ）というものである。真書とすれば、成功の南京敗戦以後、舜水の日本投化前後が、その時期ではなかったか、とおもわれる。ちなみに、茨城県立図書館に、安積覚の臨書にかかる「鄭大木、朱舜水に与うる書状」（挿図18）という一幅がある。文字に多少のちがいはあるが、一読して、形式のうえでは、右の「鄭成功、帰化舜水に贈る書」を要約したものであることが、すぐわかる。この臨書にも、うたがわしいところがあるが、いずれにしても、こうしたものが存在すること自体に、鄭成功・朱舜水にたいする、なみなみならぬ関心、両者をむすびつけようとする願望などがあったことを、如実に証明しているとおもう。

さて、中国人としてさいごにあぐべきは、やはり監国魯王であろう。舜水が、魯王の恩詔に、半生の感激をささげたことは、まえにのべた。魯王以海《いかい》は、太祖十世の孫で、南京《ナンキン》の福王弘光帝が清軍《シン》にとらえられると、兵部尚書張国維・朱大

復興運動の主流と反主流

興らによって、紹興《しょうこう》（浙江省）でもりたてられ、監国となったが、福州（福建省閩侯県）に唐王隆武帝がもりたてられると、ようやく唐（閩《びん》）・魯（浙《せつ》）両藩の関係は、むつかしくなった。そして紹興が清《シン》軍に攻撃されると、舟山（浙江省定海県内）の黄斌卿《ひんけい》のもとにはしったが納れられず、たまたま隆武帝もとらわれたので、鄭成功の一族である鄭彩は、王を奉じて厦門《アモイ》にむかったが、成功もまた魯王を奉ずるをいさぎよしとしなかった。そこで、王は浙《せつ》・閩《びん》のあいだを転々流浪し、黄斌卿がころされると、はじめて舟山にもどり、澄波将軍阮美《げんび》を日本乞師につかわすなど、大いに回復につとめたが、舟山もついにおちいった。やむをえず、張煌言らとともに、ふたたび厦門にかえり、こんどは鄭成功も礼をもってむかえたけれど、魯王と桂王永暦帝を奉ずる成功との関係は、さいごまで、あまりよいとはいわれなかった。隆武帝の知遇をえて国姓をたまわり、また永暦帝からは延平郡王に封ぜられた、復興運動のいわば主流をゆく鄭成功と、十数回の徴辟をかたくことわりつづけて「海外経営」にこころをくだき、いわば反主流の監国魯王の恩詔に感激した朱舜水とは、おなじく「抗清《シン》復明《ミン》」をこころからねがいながらも、その共通の広場を、より有効に、より適切に、発揮することが、できなかったようである。舜水が目（以）・澥（海）・侶（似）・繇（由）などの避諱《ひき》をもちいていることも、すでにのべたとおりである。

そのほかの中国人

以上のほか、舜水の知人として、『文集』にみえる中国人には、舜水の子孫・親戚をのぞくと、張定西侯（振名）・魏九使・釈《しゃく》独立・劉《りゅう》宣義・王師吉（以上・巻一）、陳元《げん》贇《びん》・趙《ちょう》文伯・欧陽某（以上・巻一〇）らの名もみえるが、これらは割愛して、わたくしの疑問におもっている心越のことに、一言ふれておこう。

心越

延宝四年（一六七六）に来日し、水戸の寿昌山祇園《ぎおん》寺の開祖となった心越（一六三九—九五）と舜水は、はたして交渉があったかどうか。結論からさきにいうと、心越は、いちどだけ、舜水の墓まいりをしていることが、わかるだけである。心越の諱《いなみ》である興儔《こうちゅう》というのは、「以って興らざる莫《な》し」（『詩経』）、「いずれと与《とも》に儔《ちゅう》を為さん」

（韓文公の詩）であり、立志抗清《シン》のいみを寓する。字《あざな》の心越は、「心、尚お越に在り」のいみで、かれは越（浙江省金華）のひと、越は、勾践《こうせん》の地である。号の東皐《とうこう》は、「東皐の陽に耕し……以って当塗《とうと》者《しゃ》の路を避く」（阮籍『奏記詣蔣公』）で、かれが暴秦《ぼうしん》をさけるいみと、「皐亭の道、東す」、すなわち、浙江《せっこう》の皐亭寺の衣鉢《えはつ》を日東にひろめるいみとを寓する。「明《ミン》末の義僧」といわれるわけであるが、この

挿図19　舜水朱賢兄肖像（宮田米吉氏蔵）

朱舜水の上半身画像、一幅、二〇一×一一五センチ。「舜水朱賢兄肖像　樵雲心越写」とあり、「越題人印」の朱印をおす。心越は、諱は興儔、号は東皐。「明末義僧」といわれた。日本に帰化し、水戸祇園寺の開祖となった。偽作のうたがいもあるが、心越が舜水の肖像をかいたとすれば、両者の交渉がつまびらかでない今日、やはり珍重すべき資料である。

舜水朱賢兄肖像

心越がえがいたものに、「舜水朱賢兄肖像」というのがある（挿図19）。舜水・心越両者の関係をかたる注目すべき史料でもあり、ここに紹介しておく。

日本人について

つぎに、日本人の知友・弟子にうつることにしよう。いま、まえとおなじように、『文集』をみてゆくと、重複するものをのぞいて、すくなくとも六十数人の名をあげることができる。

王翊・魯王と安東守約・義公

わたくしは、このなかで、まずはじめに、わすれてはならない二人の名をあげたい。いうまでもなく、安東守約と徳川光圀である。わたくしのかんがえをさきにいえば、中国時代の王翊《よく》と監国魯王にあたるのが、日本時代の守約と光圀であったとおもう。

舜水が日本投化を決意したのは、ひとつには、大陸光復《こうふく》ののぞみがたえ、「声勢敵す可からず、壊地《かいち》復す可からず、敗将振う可からざるを熟知し、若《も》し内地に処《お》らば、則ち清《シン》朝の俗に従い、毀《き》冕《べん》（かんむりをこぼつ）裂裳《れっしょう》（もすそをさく）、髠頭《こんとう》（あたまをそる）束手《そくしゅ》（手をつかねる・帰服）

せざるを得ず」（『行実』、『全集』五七二ページ）というきびしい客観状勢の変化によるものであるが、

第二の知友・第二の知遇

ふたつには、「忠烈の知友」王翊にもくらぶべき安東守約（省菴）という、第二の「知友」をえたことと、ゆめにもわすれることのできなかった監国魯王にもなずらうべき徳川光圀（義公）という、第二の「知遇」に感激したことに、ほかならない。

安東守約

『文集』にみえる、舜水の「安東守約に与うる書」十二首（巻六）・「安東守約に答うる書」二十一首（巻七）・「安東守約に与う」十一首（巻一二）・「安東守約に答う」九首（同前）・「安東守約の問に対う」八条（巻一五）・「安東守約に諭す規」（巻一六）および筆語（巻二二）や、守約の「朱先生に上《たて》まつる」二十七首・「朱先生の孫天正に答う」二首・「朱先生を祭る文」三首・「朱先生を悼《いた》む文」（『全集』付録七二七—五一ページ）などをみても、舜水と守約のあいだがらが、「同心如蘭《じょらん》の交わり」（『周易』繋辞）で、いかに信頼と感恩と敬愛のうちに始終していたかがうかがわれる。これをよむものに、おもわず健《けん》羨《せん》のこころさえ、おこさせるのである。守約に『省菴先生遺集』十二巻、『霞

池省菴手簡』二巻などがあるが、いま安東家には、学界未公表のおびただしい文書があるときく。その公開を鶴首してまつのは、ひとりわたくしだけではあるまい。

舜水と光圀についても、まったくおなじようなことがいわれる。「君臣、水魚の交わり」（『蜀志』諸葛亮伝）といっては、かえって事実にそぐわないが、すくなくとも、舜水が光圀をえたことは、ちょうど魚が水をえたように、あるいはひでりに慈雨がふりそそいだように、あるいは駿馬が伯楽《はくらく》に一顧されたように（『戦国策』）、まさに両々あいまって、みごとな光彩をはなったのである。舜水の「元旦、源光圀を賀する書」八首（巻四）・「源光圀に与うる書」十九首（同前）・「源光圀に答うる書」五首（同前）・「源光圀に八秩《ちつ》（八十歳）を賀するを謝する書」（同前）・「源光圀に与うる啓事」二首（同前）・「源光圀に与うる啓」十四首（巻九）・「源光圀に興えて老を告ぐる啓」（同前）・「源光圀に七十の算を賀するを謝する啓」（同前）・「源光圀の字《あざな》、子竜の説」（巻二三）・「源光圀の寿四十を賀する序」（巻二六）・「源光圀の問に対う」十二条（巻二〇）・「源光圀、先世の縁繇《えんゆう》（由）履歴を問うに対う」（同前）・「源光圀の飯含《はんがん》を問うに答う」（同前）や、光圀の「明《ミン》故徴君文恭朱先生を祭る文」（『全集』付録七二六―二七ページ）など、どの文章をみても、このあいだの事情がよくわかる。

舜水は、光圀のことを「上公」「宰相《さいしょう》上公」「上公閤下《こうか》」などとよんで、つねにその「知遇」に感激していたが、光圀が『朱舜水先生文集』二十八巻を編集したとき、「門人権中納言従三位西山《せいざん》源光圀輯」としるしたことは、特筆されてよい。舜水をいつも「賓師」「師友」としてあおぎ、みずからその「門人」をもって任じていた光圀なればこそ、両者の信頼と敬愛は、いよいよふかく、ますますあつくなっていったものとおもう。光圀がみずからえらんだ『梅里先生碑志』（碑陰并びに銘）は、もっとも有名であり、いまなお「月は瑞竜《ずいりゅう》の雲に隠ると雖も、光は暫らく西山の峰に留まる」ともいえよう。著に『常山文集』がある。

碑面の「嗚呼忠臣楠子之墓」は徳川光圀の筆。碑陰は朱舜水の撰。いわゆる「楠公碑陰記」というのは「楠正成像賛」三首の第一(挿図16 21)を刻したものである。全文は、つぎのとおり。

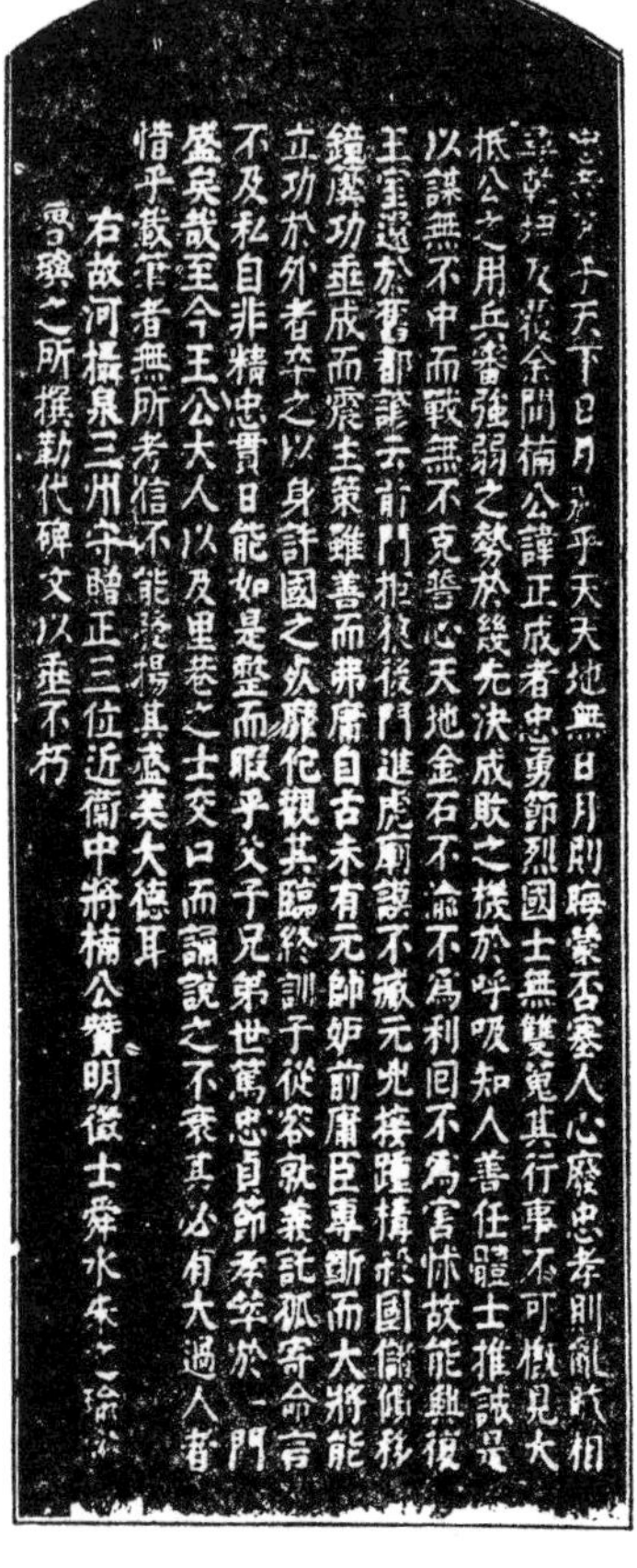

挿図20　湊川楠公碑（拓本）

三絶

ちなみに、「三絶」といわれた正成の忠、光圀の義、舜水の文によってたてられた、湊《みなと》川の楠公碑の碑文（碑陰記）（挿図20）は、舜水の「楠正成像賛」三首（『文集』巻一七、『全集』三四九—五〇ページ）の第一をとったものであるが、これは加賀（石川県）の前田綱紀《つなのり》が、狩野《かの》探幽《たんゆう》に、桜井の駅における、いわゆる「楠公父子訣別《けつべつ》図」をかかせたときの、舜水の賛である。この図は、いまも前田家に秘蔵されている（挿図21）。正成の忠を論じては「精忠、日を貫ぬく」といい、「父子兄弟、世《よ》々《よ》忠貞

楠正成像賛

楠公父子訣別図讃

忠孝著二乎天下一、日月麗二乎天一。天地無二日月一、則晦蒙否塞。人心廃二忠孝一、則乱賊相尋、乾坤反覆。余聞楠公諱正成者。忠勇節烈、国士無雙。蒐二其行事一、不レ可二概見一。大抵公之用レ兵、審二強弱之勢於幾先一、決二成敗之機於呼吸一。知レ人善任、体レ士推レ誠。是以謀無レ不レ中、而戦無レ不レ克。誓二心天地一、金石不レ渝。不二為レ利回一、不二為レ害怵一。故能興二復王室一、還二於旧都一。諺曰、前門拒レ狼、後門進レ虎。廟謀不レ臧、元兇接レ踵。構二殺国儲一、傾二移鐘簴一。功垂レ成而震レ主、策雖レ善而弗レ庸。自レ古未レ有下元帥妒レ前、庸臣専レ断、而大将能立二功於外一者上。卒レ之以レ身許レ国、之レ死靡レ他。観二其臨レ終訓レ子、従容就レ義、託レ孤寄レ命、言不レ及レ私。自レ非二精忠貫レ日、能如レ是整而暇乎。父子兄弟、世篤二忠貞一、節孝萃二於一門一。盛矣哉。至レ今王公大人、以及二里巷之士一、交レ口而誦二説之一不レ衰。其必有二大過レ人者一。惜乎載レ筆者、無レ所二考信一、不レ能レ発二揚其盛美大徳一耳。

右故河摂泉三州守贈正三位左近衛中将楠公賛、明徴士舜水朱之瑜字魯璵之所レ撰、勒二代碑文一、以垂二不朽一。

いわゆる楠木正成・正行父子が桜井の駅で別かれる場面を、狩野探幽がえがき、その賛を朱舜水がしるしたもの。むかしは「青葉しげれる桜井の、里のあたりの夕まぐれ……」と、小学生から愛誦したうたもある。この賛は、「楠正成像賛」三首（『朱舜水先生文集』巻一七）の第一。

挿図21　楠公父子訣別図讃（前田利為氏旧蔵）

を篤くし、節孝、一門に萃《あつ》まる。盛んなるかな」の文字も、全霊全身をささげて、明《ミン》室光復につくした舜水のことばなればこそ、の感がふかい。

舜水の学風をもっともよくつたえた門人としては、安積覚（澹泊《たんぱく》）をあげなければなるまい。かれは、いわゆる「往《おう》を彰《あき》らかにして来《らい》を考う」（杜預『春秋左伝集解』序）からと

安積覚

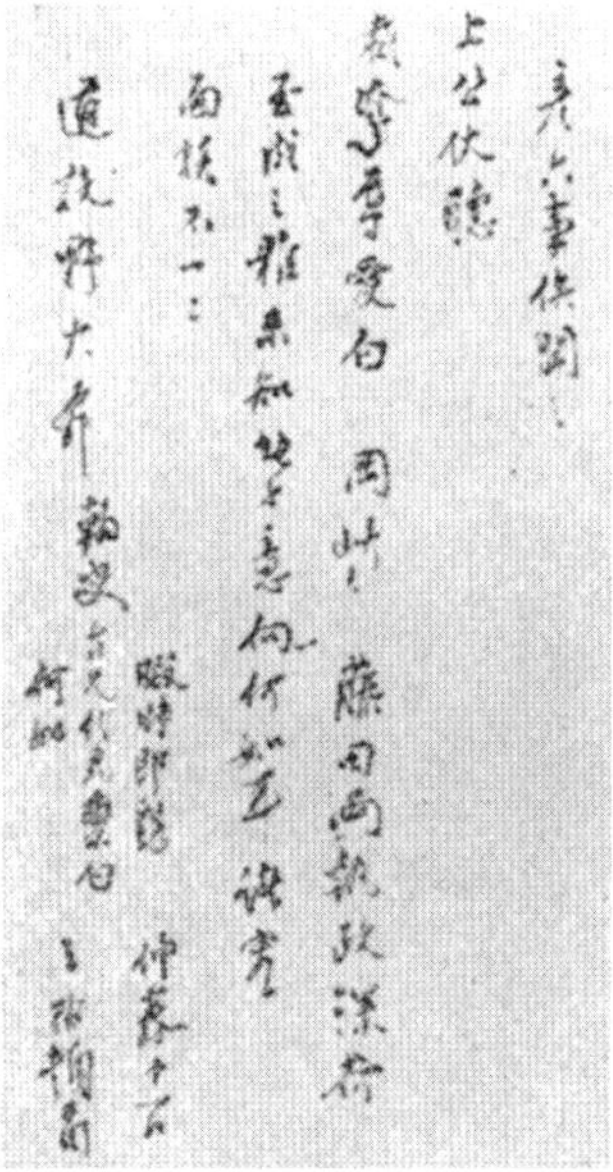

挿図22　朱舜水尺牘(二)（反町茂雄氏旧蔵）

朱舜水から人見伝（懋斎・道設、本姓は藤田）によせたてがみ。大いさ二七・五×一二・一センチ（弘文荘待賈古書目・三四）

彦六事俟聞之
上公伏聴
裁奪辱愛白　岡崎　藤田両執政深荷
玉成之雅、未知此子意向何如耳。諸容
面談不一々
暇時即懇　仲春十一日
道設野大爺　翰史　台兄代為稟白　之瑜頓首
何如

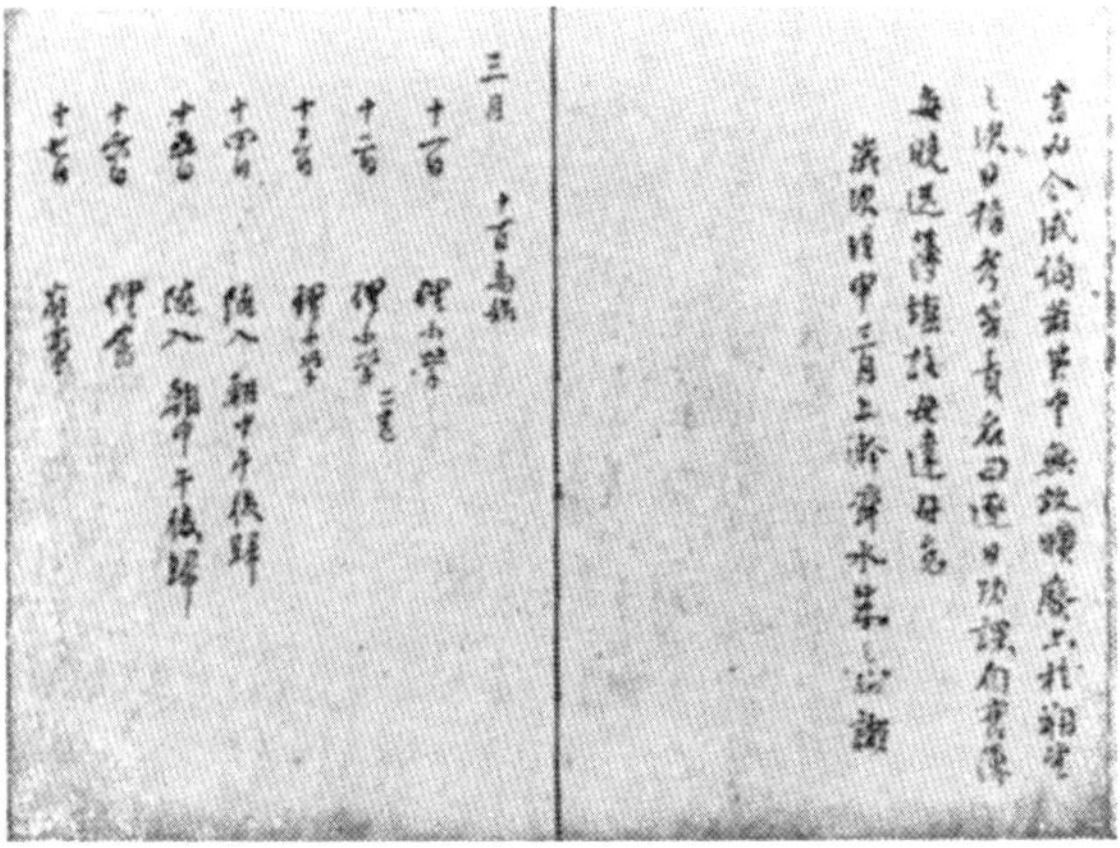

挿図23　逐日功課自実簿（天理図書館蔵）

朱舜水自筆、一冊一六葉、二六×一八・五センチ。戊申（寛文八年・一六六八）三月十一日から九月十五日までの、安積覚（澹泊）にあたえた勉学日課の予定表である。覚の跋がついている。『天理図書館稀書目録』和漢書之部・第二、六四―五ページを参照。舜水の自序（『朱舜水先生文集』巻二一にみえる「安積覚の逐日功課自実簿に題す」がそれである）は、つぎのとおり。

学者用レ功、須二是漸進而不一レ已。日計則不レ足、歳計則有レ余。若一暴十寒進、鋭退速、皆非レ学也。子夏曰、日知二其所一レ亡、月無レ忘二其所一レ能。是亦可乎。騏驥一日千里、駑馬十駕則亦及レ之。儻自矜二捷足一而弗レ馳、弗レ駆、則駑馬先レ之矣。今為レ爾厳立二課程一。自レ非二疾病及不レ得レ已礼際応酬一之外、須二逐日登記一。朔望則温二習前書一、必令レ成レ誦。若其中無レ故曠廃、亦於二朔望之次日一稽考咎責。名曰二逐日功課自実簿一。毎晩送レ簿塡注。毋レ違毋レ怠。

歳次戊申三月上澣舜水朱之瑜識

った彰考館がひらかれて、『大日本史』の編集がはじまったとき、人見伝（懋《ほう》斎・道設）について（挿図22）、第二代の史館総裁にえらばれた。『朱舜水先生行実』（『文集』付録・『全集』五六七―八一ページ、『続々群書類従』史伝部・第三）が「門生」今井弘済・安積覚によってえらばれたことは、すでにのべた。舜水の「安積覚に与う」・「安積覚に答う」（『文集』巻一二、『全集』一二四六ページ）や、ことに「安積覚の逐《ちく》日功課自実簿に題す」（『文集』巻二一・『全集』四一五―一六ページ）をみると、舜水と覚との師弟関係が、いかに愛情にみちたものか、しかも厳励格謹、かりそめにもなまけたり、おこたったりさせなかったことが、うかがわれる。さいわい、舜水自筆の「逐日功課自実簿」が、天理図書館に珍蔵されている（挿図23）。一日と十五日には復習をわすれず、もしその日やらなかったら、翌日の二日と十六日にはかならず実行せよ、とさとしている。覚の『朱文恭遺事』（『全集』付録・七二一―二六ページ）および「朱文恭先生を祭る文」代言・「明《ミン》故徴君文恭先生碑陰記」・「文恭朱先生の墓を祭る文」・「逐日功課自実簿の後に書す」・「舜水朱氏談綺《だんき》序」（『全集』付録・七五一―六六ページ）などには、覚

逐日功課自実簿

の舜水にたいする真情が、よくのべられている。覚の著に『澹泊《たんぱく》斎文集』十八巻・『湖亭渉《しょう》筆』四巻などがある。

門生ないし師事した人

おわりに、日本における舜水の門生、ないし師事したひとびとを、まとめて列記し、日本文化におよぼした影響の一面をしのびたい。

○徳川光圀・前田綱紀

○安東　省菴
- 安東　侗《とう》菴
- (南部南山)
- 伊藤　春琳《りん》

○安積　澹泊
- 菊池　南汀《てい》
  - 青山　瑤《よう》溪
  - 菊池　南洲
- 徳田　錦江
- 松村　芳洲
- 鈴木　白水
  - 鈴木　廉《れん》泉
  - 谷田部東壑《かく》
    - 木村　子虚
    - 石川　安亭
    - (立原東里)

○今井弘済・服部其衷《きちゆう》・（人見懋《ほう》斎）・栗山潜《せん》峯・小宅生順・今村魯斎・小宅重治・吉弘元常・古市務本・奥村庸《よう》礼・下川三省《せい》・安藤抱琴《ほうきん》・安藤年山・藤咲僊潭《せんたん》

○佐々十竹・丸山活堂

○酒井　竹軒―（中島通軒）

○五十川霍皐《かくこう》―（原　淇《き》園）

○林春信・林春常・木下順菴

四　彰　考

朱舜水研究の特色

朱舜水の研究は、おおざっぱにいうと、本国の中国よりも、投化した日本のほうが、はやくおこなわれ、また、その内容も豊富である。

これは、舜水が、いわゆる残明《ミン》の歴史をいろどるひとりとして、清《シン》朝三百年のあいだまったく封じこまれた運命にあったのにたいし、日本では、舜水が日本を永住の地とさだめ、水戸義公（光圀）の礼聘《へい》におうじて東上し、いわゆる水戸学をはじめ、わが文教学術のうえに大きな貢献をなし、ことに楠氏の顕彰・湊《みなと》川碑の建立など、その七生報国の熱血が、明治維新にもふかい影響をあたえていたからであろう。つぎに、日本における朱舜水研究のあらましをのべておく。

日本人の研究

『明朱徴君集』と『朱舜水先生文集』

加賀の前田綱紀《つなのり》（松雲）の儒臣五十川《いそがわ》剛伯《ごうはく》（霍皐《かくこう》）は、貞享元年（一六八四）に『明《ミン》朱徴君集』十巻をえらび、「門人源剛伯済之《さいし》編」としるした。これにたいし、水戸の徳川綱條《つなえだ》は、正徳五年（一七一五）に『朱舜水先生文集』二十八巻を刊行して、その開巻第一に「門人権中納言従三位西山《せいざん》源光圀輯・男権中納言従三位綱条校」としるした。その付録の一巻『行実』は、「門生今井弘済・安積覚謹撰」にかかるものである。安積覚の「朱舜水先生文集後序」は、正徳二年（一七一二）七月にかかれている。いま、両者の出入を表示すれば、つぎのとおりである。

巻	朱舜水先生文集28巻	明朱徴君集10巻
1	奏疏三・賦二・書一六	賦一(一)、書一八(一二)
2	書一八	書六五(四一)
3	書一八	書七八(四七)
4	書四五	書八八(三九)
5	書二七	書六四(三四)
6	書一二	書七五(四九)・啓二〇(一七)
7	書二三	議三(三)・雑著四八(二九)
8	書二六	策問四(四)・対八六(七〇)
9	啓二一・掲一	〔序七(七)・論一(一)・記六(六)・説一二(一二)・
10	尺牘四六	辯一(一)〕
11	尺牘一一三	〔贊二九(二六)・箴一(一)・銘八(六)・鐘銘
12	尺牘四九	一(一)・碑銘一(一)・誌一(一)・告文一(一)・

13	策問四・論二・説一七
14	議五・辯一
15	対五
16	序七・記六・志一・規二・箴言三
17	賛四九
18	銘七・碑銘一
19	祭文七
20	雑著一四
21	雑著五五
22	筆語
23	筆語
24	批評
25	批評
26	釈奠儀注

〔祝文一(一)・祭文五(五)〕

付、安南供役紀事（同上）

〔備考〕

1 両者はその収録内容に増減がある。

2 両者はその分類基準に出入がある。

3 徴君集（　）内の数は、文集に入っているもので、内数である。

4 文集には水戸本のほか、早大本（付属図書館蔵）十六冊がある。これは安積覚の旧蔵本で、正徳五年(一七一五)四月、文集の「編修の功を褒めて賜わる所」のものである。

27	陽九述略
28	安南供役紀事
付	行実・略譜

そのほかの文献

このほか、光圀の「明《ミン》故徴君文恭朱先生を祭る文」、安東守約の「朱先生に上《たて》まつる」二十七首・「朱先生の孫天正に答う」二首・「朱先生を祭る文」・「朱先生を悼《いた》む文」、安積覚の「朱文恭遺事」・「朱文恭先生を祭る文」代言・「明《ミン》故徴君文恭先生碑陰記」(『瑞竜碑誌纂』にも収む)(挿図24)・「文恭朱先生の墓を祭る文」や『舜水朱氏談《だん》綺《き》』三巻、人見伝の「舜水朱先生七十の算を寿《こと》ほぐ詞」・「春、小石川邸後楽園に遊ぶ記」、木下貞幹の「朱舜水に与うる書」八首・「朱舜水に謝する書」二首・「朱舜水に復する書」三首・「朱之瑜に与うる書」・「朱舜水に与うる啓」(以上、『全集』付録・七二一―七六ページ)などがある。

明の遺民

舜水をさして、光圀は「明《ミン》の遺民」といい「威容堂堂、文質彬彬《ひんぴん》、学は古今を貫ぬき、思いは風塵《ふうじん》を出《い》ず。道徳循循《じゅんじゅん》、家宝国珍《こくちん》、函丈《かんじょう》師事、恭礼

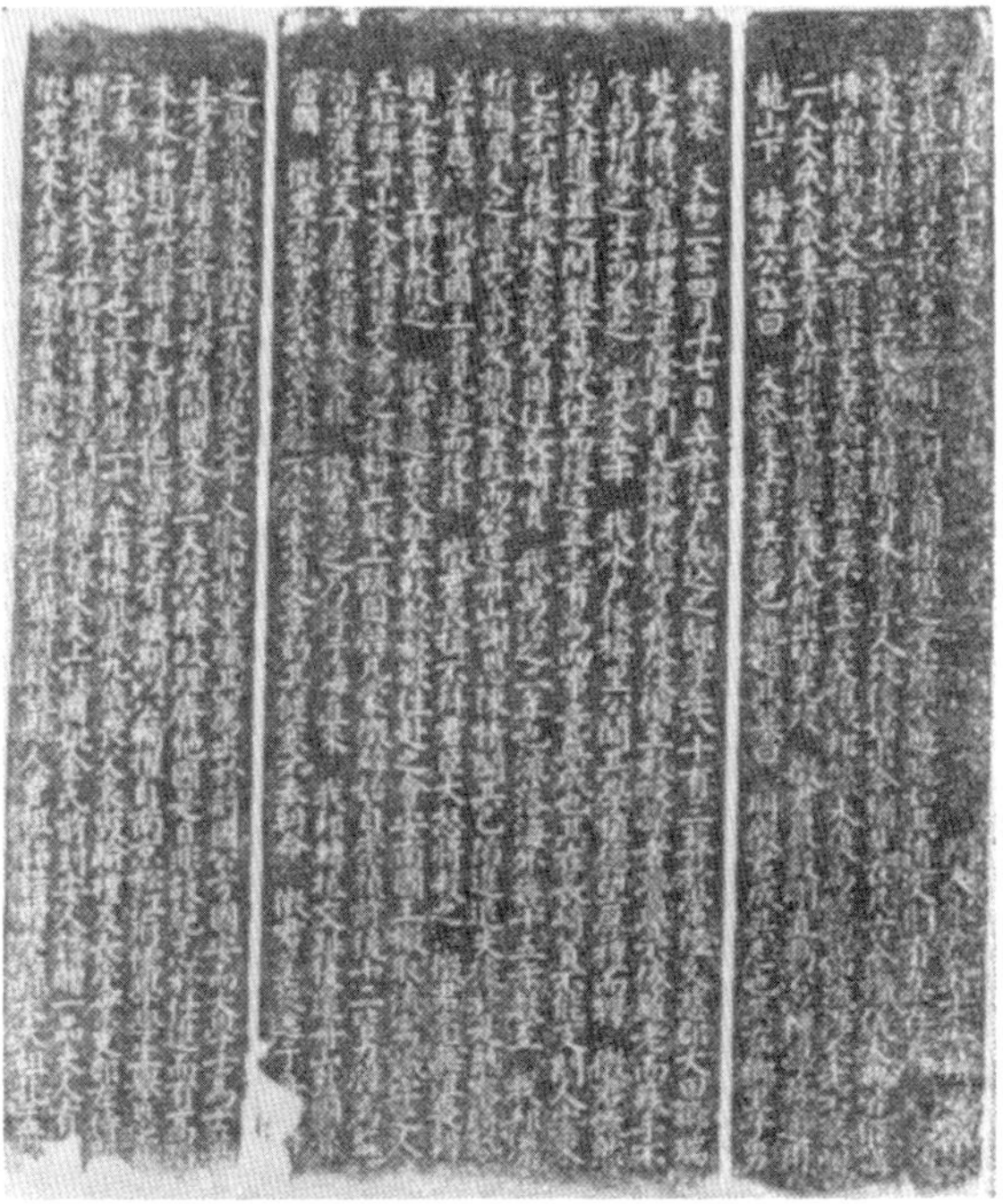

挿図24　明故徴君文恭先生碑陰（拓本）（彰考館文庫蔵）
図は碑陰の三面。左から右へ順次によむのである。

大恩師朱先生大人

名は千載の後に垂れん

寅賓《いんびん》(つつしみ)(もてなす)」(『全集』七二七ページ)とたたえている。安東守約は、「門生」として、「大恩師……朱先生大人」とあおぎ、「質性剛毅《ごうき》、誠を以って本と為し、一生偽《いつわ》らず。徳は天人を貫ぬき、学は古今を極む」(『全集』七四三ページ)とあがめる。安積覚は「文恭(舜水)、自ら持すること厳毅、人に接するに和愉《わゆ》。客と談論するに、間〻《まま》俚《り》諺嘲笑《げんちょうしょう》の事に及ぶ」(『全集』七二一ページ)とか、「徴君(舜水)、厳毅剛直、……平居、妄《みだ》りに言笑せず。惟《た》だ邦讐《ほうしゅう》未だ復せざるを目《も》(以)って憾《うら》みと為し、切歯流涕《りゅうてい》、老に至るも衰えず。明《ミン》室の衣冠、始終一の如し」(『全集』七五三ページ)とか、「先生、九泉《きゅうせん》の下に瞑目するも、名は千載《せんざい》の後に垂れん。……人事を尽くして天理に循《したが》うとは、斯《か》くの如きのみ」(『全集』七五五ページ)とか、やはり「門生」からみた「大恩師」を、ふかくたたえている。

なお、青山延于《えんう》に「朱之瑜」、原善にも「朱舜水」の一文が、それぞれある(『朱舜水記事纂録』二一一三ページ)。

明治二十九年(一八九六)に発行された栗田寛博士の『天朝正学』に、朱舜水にふれた記事があるが、同三十六年（一九〇三）にその子勤《つとむ》の「舜水祠堂考」（『古蹟』二—七・八）が発表された。これよりさき、同三十四年（一九〇一）に高瀬武次郎博士は「朱舜水」（『史学界』三—八・一一・一二）をかいておられるが、これは主として『行実』によったものである。

『朱舜水全集』

舜水の研究が飛躍的にすすめられたのは、なんといっても、稲葉岩吉（君山）博士におうところが大きいであろう。同博士は、かねてから「朱舜水考」（『日本及日本人』四七五—八五）を連載しておられたが、明治四十五年（一九一二）四月十七日（陽五月二十四日）、ちょうど朱舜水二百三十年忌を期して、『朱舜水全集』（A5判・七七六ページ・文会堂）を刊行された。これには『朱舜水先生文集』二十八巻をはじめ、『明《ミン》朱徴君集』十巻、および舜水の詩としてめずらしい「泊舟稿《こう》」十五首（『姚江詩存』）や、付録として、内外二十四種の有用な史料が収録されている。

朱舜水日本渡来二百五十年祭

さて、このとしには、もうひとつ、大きな行事がおこなわれた。それは同年六月二日に、朱舜水記念会（東京神田一橋・帝国教育会内）主催のもとに、舜水の日本渡来二百五十年祭が、本郷の第一高等学校（現東大農学部）でおこなわれ、「朱舜水先生終焉《しゅうえん》之地」と刻した記念碑がたてられたことである。碑のかたわらには、舜水が賞美してやまなかつたサクラをうえた。はじめ、光圀がこの駒籠《こまごめ》の別邸に、舜水の祠堂をたてたときに、舜水遺愛のサクラをうえたし、また、この祠堂がやけて、水戸にうつされたときも、彰考館生らによって、数十本のサクラをうえている。サクラと舜水・光圀・祠堂とのふかいゆかりから、このたびもうえられたのであった。現在の碑の位置は、当時とはかわっているが、構内の変貌も、またいちじるしいものがある。わたくしは一高在学中、三年間この碑をみてくらしたので、この建碑のありさまについて、二十数年まえに、一文をかいたことがある。

朱舜水碑をたてる

建碑・祭典のありさま

建碑のことは、『向陵誌』の「自治寮略史」にも一言ふれているが（昭和五年版・四二ページ・一九三ページ）、当日は、記念として『朱舜水』（A5判・一〇四ページ）が発行された。祭典は、委員長が侯爵徳川圀順《くにより》、副委員長が侯爵徳川頼倫《よりとも》・同徳川達孝《さとたか》であり、文相長谷場純孝・侯爵前田利為・男爵後藤新平らも、祭文をささげた。碑はほぼ三〇センチ角、たかさ二メートルほどの花崗岩で、碑面・碑陰の文字は、前田侯家職石川竜三の筆である。一高の図書館では、遺品展覧会がひらかれ、また記念講演会には、黒板勝美・三上参次・菊池謙次郎・三宅雄二郎・井上哲次郎の諸博士が参加し、塩谷《しおのや》時敏・国府《こくぶ》種徳が、それぞれ開会・閉会のあいさつをのべた。宮内省からは、朱舜水記念会々長阪谷芳郎へ、金一封がおくられた。なお、この祭典には、朱舜水十一世の孫という朱輔基も参列したが、かれはこの日を記念して、一高に「忠勇節烈」という横聯《よこれん》の一幅をおくった。この横額は、一高の食堂にかかげられていたが、「謹贈第一高等学校、十一世祖朱舜水二百五十年記念祭之日、十一世孫朱輔基」とかかれている。

いずれにしても、明治末年・大正初年をさかいとして、内外における朱舜水研究のきそが、画期的な発展をとげたといってよい。大正二年（一九一三）には、雨谷毅《つよし》

舜水・梨洲と辛亥革命

の『朱舜水記事纂録』三巻（A5判・油印・一六〇ページ）が頒布されたが、事蹟・祠堂・遺事の三篇からなる史料集で、祠堂篇はことに珍重すべきである。のち、『義公と朱舜水との関係資料』一・二・三（A5判・油印）もでた。市村瓚次郎博士が『支那論集』（A5判・富山房・昭和五年）の巻頭に、「清《シン》朝の遺臣某氏に贈る」として

国亡び家破れて、旗《き》軍《ぐん》を散じ
痛哭《つうこく》人間、独り君有り
舜水は曾つて泛槎《はんさ》（いかだにのる）の客と為り
梨洲《りしゅう》は空しく乞師《きつし》（援兵をこう）の文を草す
凄涼《せいりょう》たる夜色、扶桑《ふそう》（日本）の月
暗澹《たん》たる秋光、靺鞨《まっかつ》（清満）の雲
首《こうべ》を回《めぐ》らせば、髀肉《ひにく》（もものにく）を歎ずるに堪えず
中原《ちゅうげん》の羽檄《うげき》（羽をつけたいそぎの回文）、尚お紛々《ふんぷん》

という一詩をのせられたのは、乙卯《いつぼう》（民国四年・大正四年・一九一五）冬十二月の作であり、おそらく、朱舜水の日本投化と黄梨洲（宗羲）の日本乞師によせて、辛亥《しんがい》革命（一九一一）を、ひそかに明《ミン》・清《シン》の交替になぞらえたものとおもう。ちなみに、舜水をしたって、のち長崎にきた張斐《ひ》（非文）については、大正四年（一九一五）に後藤秀穂（粛堂）が「明末乞師弧忠張非文」（『史学雑誌』二六―八）を発表された。

昭和になっては、今関寿麿（天彭《ぼう》）の『日本流寓の明末諸士』（昭和三年）・同『近代支那の学芸』（昭和六年）、小畑利三郎の『明《ミン》の君臣の亡命と其の庇護』（昭和一三年）、本山桂川の『史蹟と名碑』（昭和一七年）など、いずれも舜水の事蹟に言及している。前川三郎編の『遊常詩草』のなかに、国分高胤《たね》（青厓《がい》）の「朱舜水墓」があり、また「義公像賛」二首（西山荘四十二首）のひとつにも

世々《よよ》金角を銷《しょう》して、儒功を尚《たっと》ぶ
洙泗《しゅし》（山東にある河名・孔子の学問）流れを引く、瀛海《えいかい》（大海）の東

千里飄零《ひょうれい》す、朱舜水

絳帷《こうい》（あかいとばり）の弟子に、英雄有り

と詠じている。吉川英治は、朝日新聞に『梅里先生行状記』（昭和三一年・単行本）を連載し、そのなかに、舜水のことにもふれている。ちかくは、中山久四郎博士や名越《なご》時正《や》の論文があり、わたくしも、昭和十二年このかた、舜水にかんし、いろいろしらべてきたが、くわしくは、巻末の「参考文献」について承知されたい。

朝鮮人の研究

つぎに、朝鮮について、一言ふれておこう。舜水にかんして研究というほどのものはなく、たとえば、民国二十五年＝昭和十一年（一九三六）に刊行された朝鮮人著鈔《しょう》本『皇明《ミン》遺民伝』（北京大学影印）をみても、わずかに「朱文瑜、字は魯璵（嶼）、黄檗禅師と号す、舜水の人。明《ミン》の宗室、国亡び、日本に入る。娶《めと》らず、後無し」（巻一）というたどたどしい伝聞があるにすぎない。「文」は之、「嶼」は璵のあやまりだし、黄檗《おうばく》宗をつたえた隠元《いんげん》らと混同しているらしく、「舜水（舜江姚江）の人」というのも、たよりない記事であろう。

つぎに、中国にうつる。

まず『東南紀事』『西南紀事』の著者である明《ミン》末の邵廷寀《しょうていさい》（念魯）が、『思復堂文集』（紹興先正遺書四集三八―四四）巻三の「明《ミン》遺民所知伝」朱之瑜の条に略伝をのせるが、これは温睿《えい》臨《りん》の『南疆《なんきょう》逸史』列伝三九逸士＝朱之瑜の記事と、大同小異である。明《ミン》の翁洲老民が撰び、清《シン》の楊泰亨《ようたいこう》がおぎなった『海東逸史』（『邵武徐氏叢書』）巻一八には、今井弘済・安積覚の『朱舜水先生行実』を参考し、朱衍緒《えんしょ》（鎮夫）の家伝からおぎなった朱之瑜伝があるが、いずれも、明《ミン》の「逸士」「遺民」としてあつかっている。趙爾巽《ちょうじそん》らの編した『清史《シンシ》稿《こう》』（列伝之部）には、巻五〇五・列伝二八六＝遺逸のなかにみえており、閔《びん》爾昌の編した『碑伝集補』には、巻三五にみえている。このほか、黄宗羲《そうぎ》の『行朝録』（『梨洲遺著彙刊』後函・一四冊・『紹興先正遺書』四集）にみえる「日本乞師《きつし》記」などにも、参考になる記事がある。なお、国粋叢編社がだした『張蒼水《そうすい》全集』の付録に、「人物考略」一巻・「伝略補」一巻があるが、このなかに、朱舜水のこともみえている。清《シン》の翁広平の『吾妻鏡補』（一名、日本国志）巻一〇・世系表一〇には、己亥《きがい》万治二年（一六五九）にかけて、わずかに「舜水帰化」の四字しかみえぬが、つぎにできた黄遵憲《じゅんけん》の『日本国志』第二・巻六・鄰交志《りんこうし》・上三・華夏の条には、舜水の日本乞師にも言及し、略伝を注している。遵憲の詩集『人境廬《ろ》詩草』巻二には、旧水戸藩邸であった後楽園にあそび、光圀と舜水を詠じたものがあるが、光緒五年・明治十二年（一八七九）にかきあげたなだかい『日本雑事詩』のなかにも、「朱舜水」（一七）と題して

海外の遺民、竟《つい》に帰らず
老来、東望して涙頻《しき》りに揮《ふる》う
終身、興朝の粟《ぞく》を食《く》らうを恥ず
更に西山《せいざん》に采薇《さいび》を賦するに勝《まさ》る

西山に采薇を賦す

とうたい、伯夷《はくい》・叔斉《しゅくせい》が、周の粟《ぞく》をたべるのをはじて首陽山にかくれ、わらびを

たべて「采薇」の詩を賦したのと、くらべている。詩後に、舜水にかんする説明がついているが、「鄭芝竜が台湾にいたとき、舜水に書をおくり、明室《ミン》を回復するため、日本の出兵を請うことを依頼した」といっているのは、おそらく、まえにのべた「鄭成功、帰化舜水に贈る書」（鄭大木、朱舜水に与える書状）のことを、あやまりつたえたものであろう。おなじく明治十二年に来日した王韜《とう》の『扶桑《ふそう》遊記』上巻の水戸学の記事のなかにも、舜水のことがのべられている。光緒三十三年（一九〇七）に、佚名《いつめい》の「朱舜水伝」（『漢帳』二）があるという。民国元年＝大正元年（一九一二）には馬《ば》瀛《えい》の「明《ミン》朱舜水先生言行録」（『東方雑誌』一〇―一）がかかれている。

なお、舜水終焉の地となった駒籠《こまごめ》の別邸（旧一高・現東大農学部）で、舜水の日本渡来二百五十年祭が、明治四十五年＝民国元年（一九一二）におこなわれたことは、まえにのべたが、ここにひとつのエピソードをつけくわえておく。いわゆる戊戌《ぼじゅつ》の政変（光緒二十四年・明治三十一年・一八九八）の中心人物としてなだかい康有為（南海）が、そのとき日本に

きており、たまたま須磨に滞在していた。『康南海集』第十二冊・詩のところをみると、「朱舜水を懐《おも》う」五首があり、その前文に

明《ミン》末の朱舜水先生、地を日本に避く。徳川儒学の盛此れより伝わる。今、二百五十年、徳川圀順、改碑の祭を挙げ、名侯士夫、集まりて礼を行う者四百余人。吾れ須磨に在りて、盛典に預《あず》かること能わず。附するに五詩を以ってし、以って思仰《しぎょう》を寄す(九葉以下)。

とあるから、舜水の日本渡来二百五十年祭に、かれは参加できなかったわけである。東京——神戸のあいだ、いまでいえば、ゆめのようなはなしである。つぎに、この五詩のうち、三詩をしるしておこう。

孔子已《す》でに無く、祭拝に丁《あた》り
学風地を掃《はら》って、斯文《しぶん》を喪《うしな》う
我れ印度に遊び、仏教絶ゆ

一綫《せん》（一線）儒伝、或いは君に頼らん

いまのインドに仏教がなく、中国における儒学の道統も、あるいは日本に投化した朱舜水によって、うけつがれるのではないか、とうたったもの。

徳川の儒業、世《よ》〻昌丰《よしようふう》（さかんにしげる）

楠社の看碑《かんぴ》、落紅を訪《と》う

十五年来、重ねて地を避け

毎《つね》に舜水を懐《おも》うて高風を庶《ねが》う

戊戌の政変にやぶれて、亡命すること十五年、湊川《みなとがわ》に楠公の碑をおとずれ、いつも舜水を敬仰しているという。

未だ裙屐《くんげき》（もすそげた）に随いて遺碑を拝せず

僅かに図文により、夢思を寄す

他日海雲、水戸を訪れ

先ず阡墓《せんぼ》(はかみち)に従いて、松枝を植えん

瑞《ずい》竜山の「明《ミン》徴君子朱子墓」のことは、図文によっていろいろ想像しているにすぎないが、いつの日か水戸をおとずれ、宿願のお墓まいりをして、記念の松をうえたいものだといっている。康有為が、日本の明治維新にならって「変法自強」をおこなったが、失敗して日本にわたり、日本の後援をひそかに待望していた心境を、朱舜水の日本投化に寓したものであろう。

祠堂を杭州にたてる

『舜水遺書』

さて、中国において、舜水のことを本格的にとりあげたのは、まえにのべた稲葉君山編『朱舜水全集』(明治四五年)や、朱舜水日本渡来二百五十年祭などに、刺激されたものとおもわれる。中国では、あたかも辛亥《しんがい》革命のすぐあとであった。すなわち、民国二年＝大正二年(一九一三)に、湯寿潜《じゅせん》の首唱によって、舜水の祠堂を杭州(浙江省)にたて、また馬浮とちからをあわせて、『舜水遺書』を刊行した。これは、文集二十五巻のほか、釈奠《せきてん》儀注・陽九述略・安南供役《きょうえき》紀事と附録一巻からなり、

ことに文集は、水戸・加賀（金沢）の二本と、稲葉本とをあわせて重訂しているから、内容の分類は、『全集』より『遺書』のほうが便利なところもある。湯寿潜の序文と馬浮の識語とは、舜水にたいして、きわめて同情的・共感的である。用語は避諱《ひき》をやめ、たとえば、由（繇）・以（㠯）・似（佀）・海（澥）・国（圀）などをもちいている。

舜水の事蹟を、はじめて学術的に考究したのは梁啓超《りょうけいちょう》である。清《シン》初の五大学師として、黄梨洲《りしゅう》・顧亭林・王船山・顔習斎・朱舜水をあげているが、民国二十五年＝昭和十一年（一九三六）にだした『飲氷室合集・専集』第九七におさめてある「朱舜水先生年譜」は、もっともすぐれている。中山久四郎博士は、この年譜の原本とおもわれる上下二巻の写本を珍蔵しておられるが、民国四十六年（一九五七）に、台湾の中華書局からも、単行本（B6判・五九ページ）として印行された。庚子《こうし》万歴（暦）二十八年の舜水の生年から、壬戌《じんじゅつ》永歴三十六年（一六八二）の卒年まではいうまでもないが（清《シン》の

高宗乾隆帝《けんりゅう》の諱《いなみ》弘暦をさけて歴をもちいている）、卒後のこと、ことに

先生卒後の一百八十五年戊辰《ぼしん》日本明治元年、日本大将軍徳川慶喜、大政を奉還す。彼の都《すべ》ての史家、称して「王政復古」と為す。

先生卒後の二百二十九年辛亥《しんがい》清宣統三年、清《シン》帝、位を遜《ゆず》る。

ということにまで言及しているのは、とくに注目にあたいする。すなわち、舜水の学風が、水戸学に反映し、王政復古・明治維新の原動力であったこと、また、舜水の抗清復明《シンミン》という宿志が、二百三十年をへて、ついにかなえられたことにたいする、梁啓超のふかい同情と共感とを、あらわしたものにほかならない。なお、梁氏には「朱舜水先生学彙纂《がくいさん》」や黄宗羲《そうぎ》・朱舜水らの日本乞師を論じた「黄梨洲・朱舜水乞師日本弁」（『東方雑誌』二〇—六）・「明清《ミンシン》之交中国思想界及其代表人物」（『東方雑誌』二一—三）などの撰著がある。また、高良佐《りょうさ》の「清《シン》代民族思想之先導者」（『建国月刊』九—五）という論文もめにつく。

民国二十五年には、世界書局の『朱舜水全集』一冊が刊行されたが、胡《こ》行之《こうし》の「朱舜水之海外因縁」(『越風』一三)もかかれたという。翌二十六年＝昭和十二年(一九三七)には、上海の正中書局から、郭垣《かくえん》の『朱舜水』(A5判・一〇七ページ)が発行された。前年のすえに、その序をかいた陶希《とうき》聖《せい》は、「舜水は日本に亡命して王(陽明)学をつたえた。尊王攘夷《じょうい》と廃幕討藩は、明治維新のスローガンであり、王学を哲学的な指導原理としたが、これは偶然ではない。自由主義と絶対王権がむすんだ明治維新は、儒教の自由意志の学説と、当然マッチする」といい、舜水の学説や研究は、「内は封建に反し、外は強敵を禦《ふせ》ぐ」必要のあるこんにち、中国人にとって有用である、といういみのことをのべている。舜水の影響が、明治維新とむすびついているというかんがえかたは、まえの梁啓超とおなじであり、著者郭垣も、そのことを本文にも明記している(五二―七ページ)。民国二十五年は、日本では二・二六事件がおこり、日独防共協定がむすばれ、中国では西安事件がおこっている。そして翌二十六年には、ついに日華事変がおこり、第二次の国共合作がおこなわれていることを想起したい。このとし、郭廉《れん》の「明《ミン》志士朱舜水」（『史地半月刊』一一一・一二）と魏《ぎ》守謨《しゅぼ》の「朱舜水思想概述」（『論学』二）がでている。昭和十六年＝民国三十年（一九四一）に、青年書房からでた王世民の『一中華人の見た日本精神』（B6判・二四五ページ）のなかに、「水戸光圀と朱舜水」（三二―四ページ）の一文があるが、その一節に「……舜水対名君光圀との交際は、唐の名臣となって、其名を我国（中国）に貽《のこ》した阿倍仲麿に次《つ》ぐ日華親善の心交史である」（三四ページ）という見解をしめしているのは、注目すべきであろう。民国四十二年＝昭和二十八年（一九五三）には、台北の中央文物供応社から『伝記叢書』のひとつとして、宋越倫《えつりん》の『朱舜水伝』（B6判・一八ページ）が発行された。もとより小冊子ではあるが、本文の表題には、『海外孤忠朱舜水』としるし、巻末には「水戸に朱舜水先生の墓に謁す」（一五―八ページ）という一文もある。また、梁容若《ようじゃく》は「梁任公著朱舜水年譜」（『大陸雑誌』七―九）をかいて、梁啓超の舜水年譜を批評したが、翌四十三年＝昭和二十九年（一九五四）

には「朱舜水与日本文化」（『大陸雑誌』八―四）を発表している。王賓客の「朱舜水之民族思想及其学旨」（『大陸雑誌』八―八）もかかれた。このとし刊行された連《れん》横《おう》の『剣花室詩集』外集之一・詠史《えいし》のなかに、「朱舜水」（一三六ページ）と題する、つぎの一詩がみえる。

禹《う》域《いき》、胡《こ》塵《じん》満ち
扁舟《へんしゅう》、日東に泛《うか》ぶ
浪浪《ろうろう》たり、亡国の涙
化して作《な》す、海潮《ちょう》の紅

前田多門・宇野哲人博士らの訪台講学を記念して、翌四十四年＝昭和三十年（一九五五）に刊行された『中日文化論集』（B6判・二冊）のなかに、毛子水の「朱舜水先生学行略識」がある。また呉其昌《きしょう》に「朱舜水政治学述」という一文もある。

昭和三十年（一九五五）七月二十七日、台湾の董《とう》顕光駐日中国大使・張伯欽《はくきん》公使らが、常陸太田市の朱舜水の墓に参拝したことは、翌日の新聞にも報道された（朝日・茨城版、一九五五

台湾における南明の研究

五・七・二八)。民国四十七年(一九五八)の黄玉斎「明《ミン》鄭成功等的抗清《シン》与日本」(『台湾文献』九ー四)は、朱舜水のことにもふれている。翌四十八年(一九五九)には、藍《らん》文徴の「朱舜水之思想」(『東海学報』一ー一)があり、また彭国棟《ほうこくとう》の「日本典籍所載明《ミン》末遺老之史実」(『文史薈刊』一)もある。後者には、舜水に関係ある記事もひかれているが、誤字がめにつくし、記事の批判もされていない。しかし、現在、台湾においては、明《ミン》鄭・南明《ミン》の研究がさかんであり、舜水のことにも言及されていることを、注目しておきたい。

朱舜水公簡歴

昭和三十六年(一九六一)四月十七日、舜水の二百七十九年忌に、舜水十一代(朱氏二十五世)の孫朱力行(千葉大文理学部理学科三年)と同族の朱貽柳《いりゅう》(三江公司最高顧問)が、西野正吉常陸太田市長の案内で、瑞竜山《ずいりゅうざん》の舜水の墓まいりをしたが、各種新聞にも、写真入りで報道された(毎日・東京各茨城版、読売、一九六一・四・一八)。舜水の建廟が念願である、ときいている。なお、「朱舜水公簡歴」(朱仲山蔵)をみると、同治年間に、憬然《けいぜん》が日本にゆき、はじめて『朱舜水文集』を手にいれ、ついで衍緒《えんしょ》がこれによって家伝をおぎなった。光緒丙午(三

朱舜水の肖像

彫像

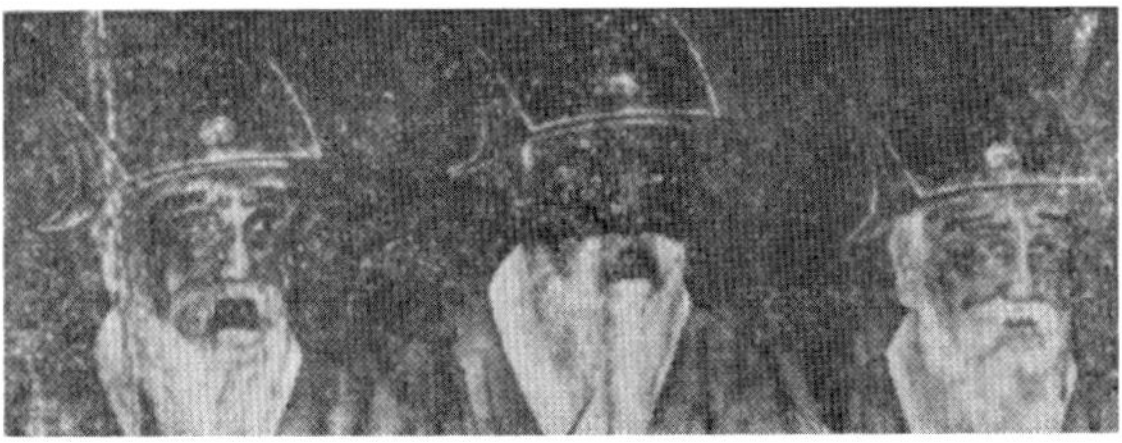

挿図25　朱舜水画像(1)（彰考館文庫蔵）

十二年・明治三十九年・一九〇六）にその族弟の元樹《げんじゅ》（舜水九世・朱氏二十三世孫）が日本に留学し、舜水の墓にもうで、その翌年に舜水の木像の写真をとっている。舜水日本渡来二百五十年祭のときに来日したのは、あるいは仲弼《ちゅうひつ》（舜水十世・朱氏二十四世孫）かとうたがったが、これは衍緒（字は輔基）であったらしい。別稿で詳論したい。

おわりに、朱舜水の肖像と真筆の日本に残存するもの若干について、一言ふれておく。わたくしは、このことについて、とくにくわしくしらべたわけではないが、たまたま見聞したものにかぎってのべたい。

まず肖像のうち、彫像としては、本書の巻首口絵にあるもの、常陸太田市瑞竜《ずいりゅう》山の徳川家墓所に安置されてい

挿図26　朱舜水画像(2)（彰考館文庫蔵）

瞿塘峡口曲江頭、万里風煙接ニ素秋一。花蕚夾城通ニ御気一、芙蓉小苑入ニ辺愁一。珠簾繡柱囲ニ黄鵠一、錦纜牙檣起ニ白鷗一。回レ首可レ憐歌舞地、秦中自レ古帝王州。

これは朱舜水の詩ではなく、杜甫の「秋興八首」の第六首である。

朱舜水の肖像を、徳川光圀が当代一流の画家に命じてかかせたことは、事実であろう。これは、中村等善の模。一のように、まず試作品として三態をえがき、そのうちの一態をえらんでいるのは、さこそとおもわる。影像（巻首・口絵）の製作は、この画像によったものであろう。「舜水朱賢兄肖像」（挿図19）も、これを参考したのではあるまいか。

る。道服《どうふく》に紗帽《さぼう》をかぶる木彫の座像で、たかさ七六センチ。作者はわからない。胡粉《ごふん》で一面にしろくぬってあるが、はげているところもある。ひたいのしわ、たれさがったひげ、枯木をわたる風の静けさがただよっている。手の爪を、ほそながくのばしているのは、文人のシンボル。武人は爪をみじかくきる。ながい爪は筆硯に水をいれるとき、これですくっていれるのにも利用された。画像は、水戸の彰考館に二種ある。ひとつは、原画としての三態。ふたつは、その三態かららんだ画像(挿図25 26)。これが、おそらく、右の木像のもとになっているとおもう。そのほかは、まえに紹介した心越禅師えがくところの「舜水朱賢兄肖像」である。

画像

つぎに、筆蹟にうつる。

朱舜水の筆蹟 天理図書館蔵の二書

一、天理図書館に、舜水が安南において、監国魯王の恩詔にこたえた「上奏文案文」(『天理図書館稀書目録』和漢書之部・第二・二八八)がある。これは、いわゆる「監国魯王に上《たて》まつりて恩を謝する奏疏《そうそ》」二首のうちの前疏。稲葉博士の『朱舜水全集』所収のものと出入がある（挿図3）。

二、舜水が、安積覚のためにあたえた勉学日課の予定表である「逐日功課自実簿」（同前・二九四）。覚の跋がついている（挿図22）。

三、前田家に「楠公父子訣別図《けつべつず》讃《さん》」があり、図は狩野探幽、賛は舜水。この賛は、「楠正成像賛」三首の第一で、この文が湊川の楠公碑陰に刻されている（挿図20）。

以上、三つについては、すでにまえにのべた。

四、水戸の彰考館に「大成至聖文宣王」（孔子をさす）の一書がある（挿図27）。

五、市村瓚次郎博士旧蔵の「朱舜水詩幅」（七言八句、楚王宮北……）。本書の巻首・口絵。博士の没後、「肺病」の詩をいとわれて、手ばなされたという。

六、茨城県立図書館蔵の「板矩《ばんく》・村顧言《そんこげん》に与うる書」（挿図28）。板矩は板垣聊《りょう》爾《じ》斎、村顧言は中村篁溪《こうけい》のこと。『朱舜水先生文集』巻五にみえる（『全集』一〇三ページ）。

大成至聖文宣王

挿図27　朱舜水書
（彰考館文庫蔵）

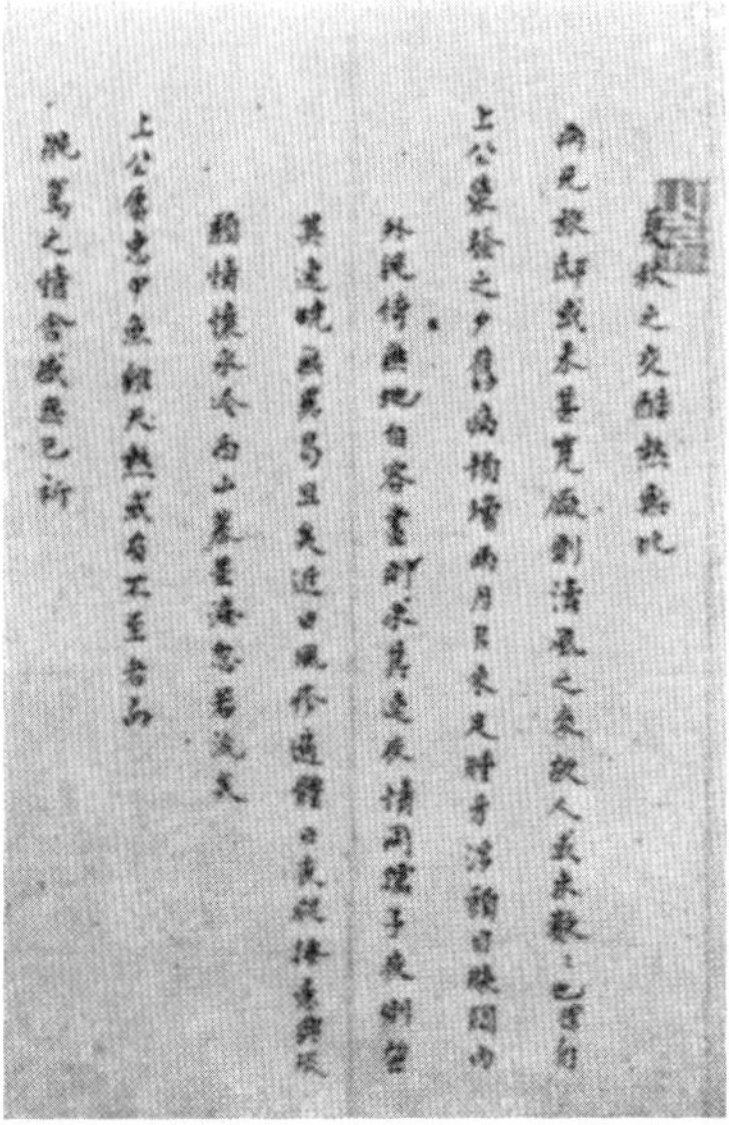

に与うる書（茨城県立図書館蔵）

夏秋之交、醋熱無レ比。

両兄旅邸或未ニ甚寛敞一、則清風之来ニ故人一、或未ニ数数一也。僕自ニ／上公栄発之夕一、旧病頓増。両日目来、足踵牙浮、頭目脹悶、内／外徙倚、無レ地ニ自容一。昼則求ニ其速夜一、情同ニ孺子一、夜則望ニ／其速暁、無レ異ニ曷旦一矣。近日風疹遍レ体、日夜爬搔。意興灰／頽、情懐氷冷、西山暮景、淹忽若レ流矣。／上公屢恵ニ甲魚一、雖ニ天熱或有ニ

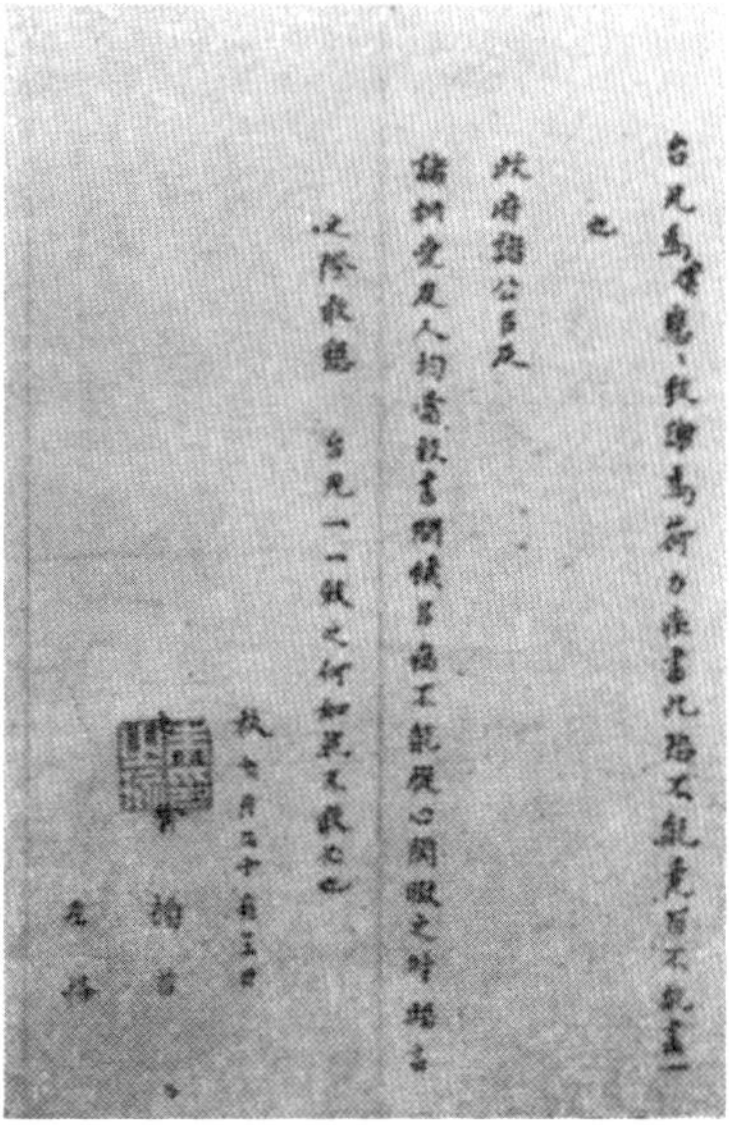

挿図28　朱舜水，板矩・村顧言

不レ至者一、而／肫篤之情、含感無レ已。
祈／台兄為レ僕懇懇致謝為レ荷。力
レ疾書レ此、恐不レ能レ竟、百不レ能レ尽
レ／也。／政府諸公目及二／諸相愛
友人一、均当三致レ書問候一、目レ病不レ能
レ従レ心。閑暇之時、晤言／之際、
敢懇台兄一一致レ之。何如。然不三敢
必一也。

秋七月二十有三日

之瑜頓首

左恪

七、文求堂展観書目（昭和二九年三月）に、「朱舜水細楷《さいかい》小点軸」（六一）があった。そのとき、買いたいとおもって問合せたら、すでに売れていた。現在の所蔵者はしらない。

八、山本書店主敬太郎氏から私信（昭和三四年五月一一日付）で、「朱舜水詩巻」一巻をしめされた。「歳次癸卯《さいじきぼう》（寛文三年・一六六三）、於長崎」のものである。

九、弘文荘待賈《たいか》古書目、三四号（昭和三四年七月）に、「朱舜水自筆尺牘《せきとく》」（挿図22）がある。人見懋斎《ぼうさい》

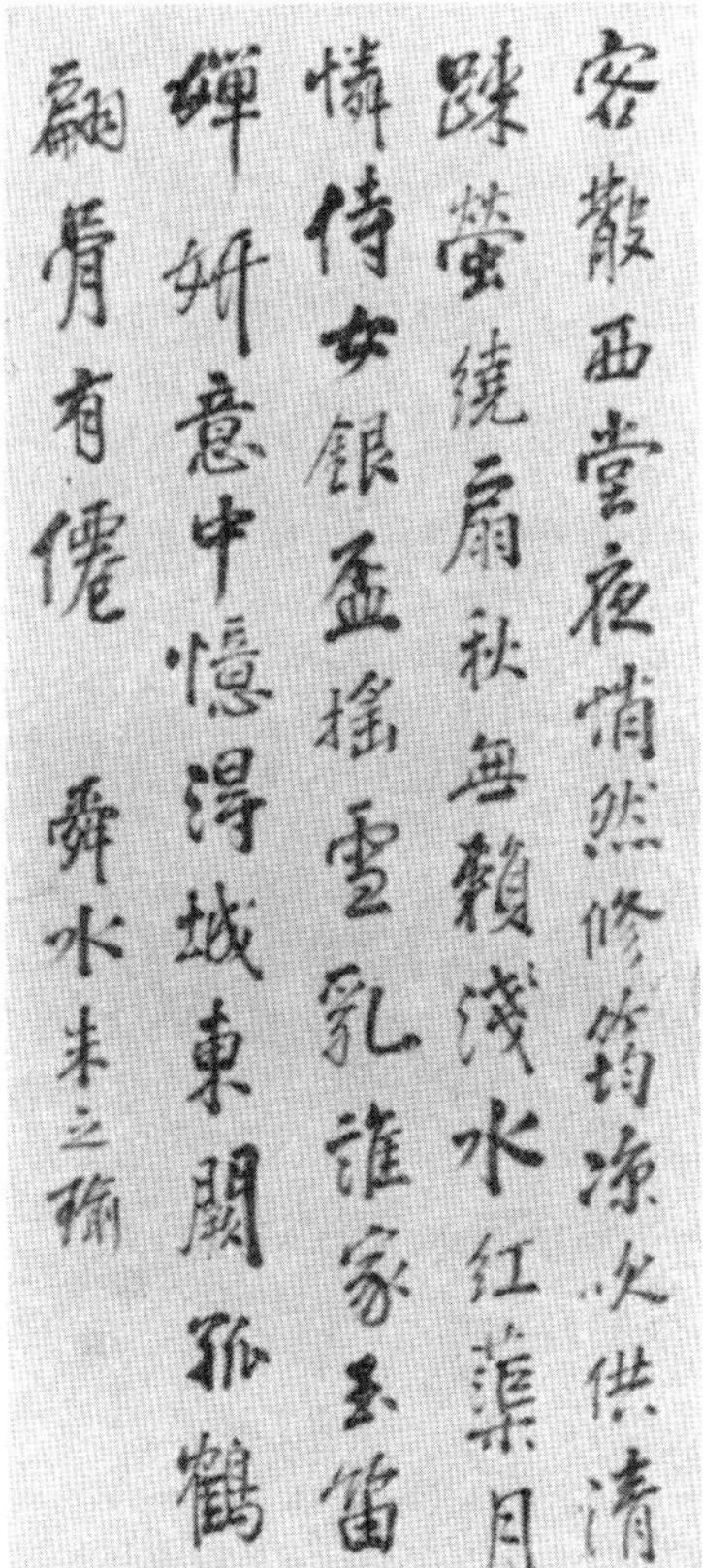

客散西堂夜悄然、修筠涼吹供二清瞑一。踈螢繞レ扇秋無頼、浅水江藻月可レ憐。侍女銀盃揺二雪乳一、誰家玉笛唱二嬋娟一。意中憶得城東闕、孤鶴翩翩骨有レ僊。　舜水朱之瑜　印印

挿図29　朱舜水詩幅（長野県・奥村兵一氏蔵）

（道設野大爺）にあてたもの（二八一―三ページ）。

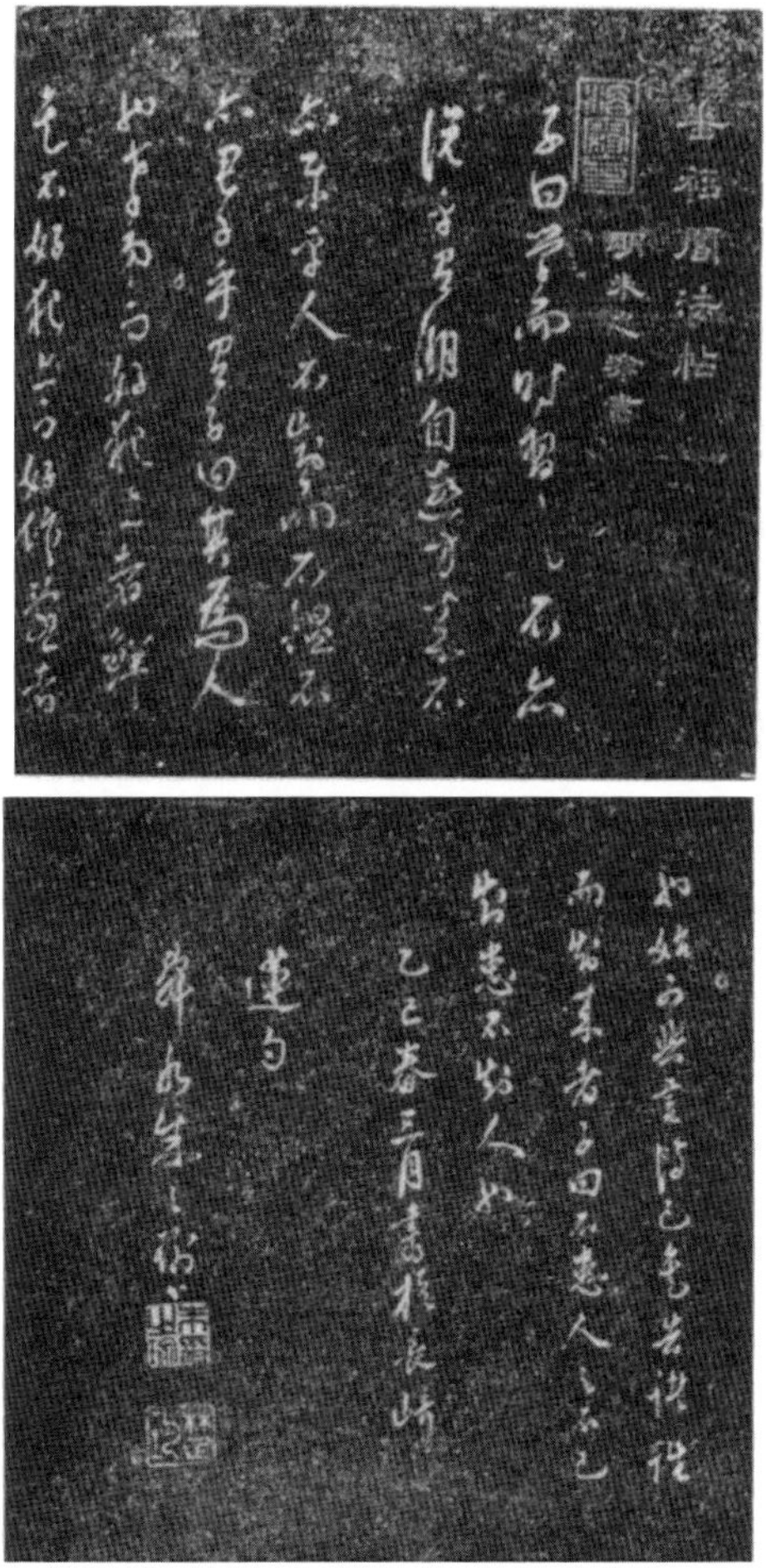

挿図30　朱舜水書（拓本）（『垂裕閣法帖』巻17所収）

『垂裕閣法帖』というのは，文政12年（1829）に常陸宍戸の藩主松平太玄が，水戸藩主の依頼により，藤田貞正や立原翠軒らとともに，中国の古法帖を翻刻し，その日本につたわる真蹟をあつめたもの。すべて十七巻。図は，『論語』学而第一のはじめとおわりの部分である。乙巳（寛文5年・1665）春3月，長崎でかいたもの。

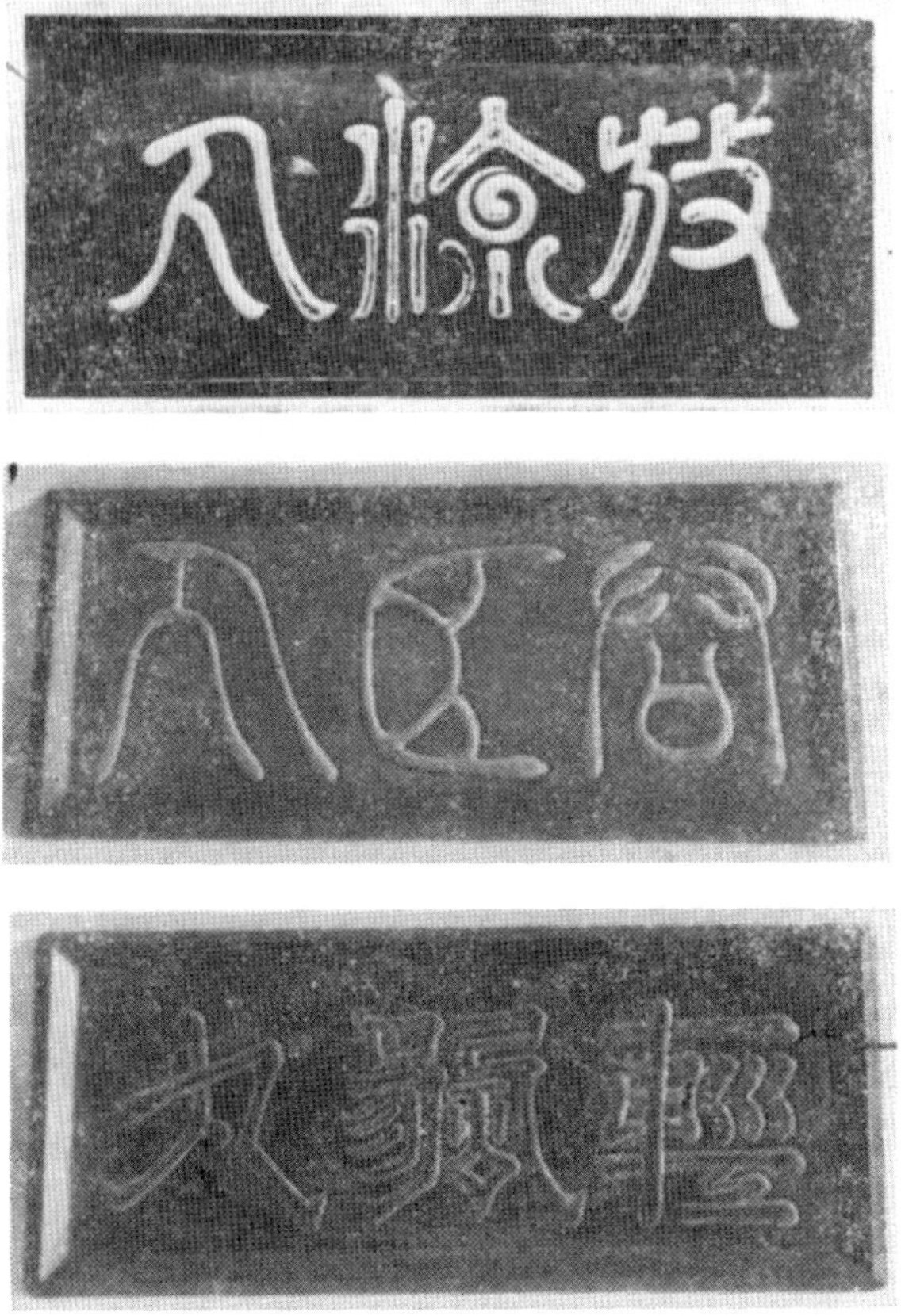

挿図31　朱舜水扁額

「放流丸」「君臣丸」「軽　丸」。三つとも，右がきの篆書。扁額の大いさ26×60センチ前後。

一〇、平凡社『書道全集』巻二一に、「朱舜水尺牘」があり、おなじく人見懋斎（道設野大兄）にあてたもの。まえに引用した（挿図11）。

一一、奥村兵一氏蔵の「朱舜水詩幅」（七言八句、客散西堂……）。これは、同氏がわたくしに鑑定をこわれたもの（挿図29）。

一二、『垂裕閣《すいゆうかく》法帖』巻一七にみえるもの。これは拓本であるが、みごとなものである（挿図30）。垂裕閣とは、水戸徳川の第八代斉修《なりのぶ》（哀公）の閣号（光圀を潜竜《せん》閣というたぐい）。この法帖を十六巻とするのが通説のようだが、これはあやまり。舜水の真蹟は、まさに巻一七におさめられている。はじめにおしてある印により、舜水が「溶霜斎《ようそう》」という号をもっていたこともしられる。

溶霜斎

一三、拓本といえば、彰考館文庫に「舜水先生後楽園題字」一枚がある。『彰考館図書目録』国書之部・巻二三・申部・雑書類を参照（八七八ページ）。

朱舜水扁額

一四、朱舜水筆という扁額が三つある。一は「放流丸」、もと水戸藩御水立士であった中西家蔵。二は「君臣丸」、三は「軽颺《けいよう》丸」、ともに那珂湊市南水立町有志の保管。三つとも、めずらしいものである（挿図31）。落合純正に「旧藩官船扁額放流丸記」（写本・湯浅五郎氏旧蔵）がある。

朱舜水略系図（安積覚「略譜」（『朱舜水全集』五八三―八六ページ）を中心にその他の史料によって補正した。数字は世代を示す）

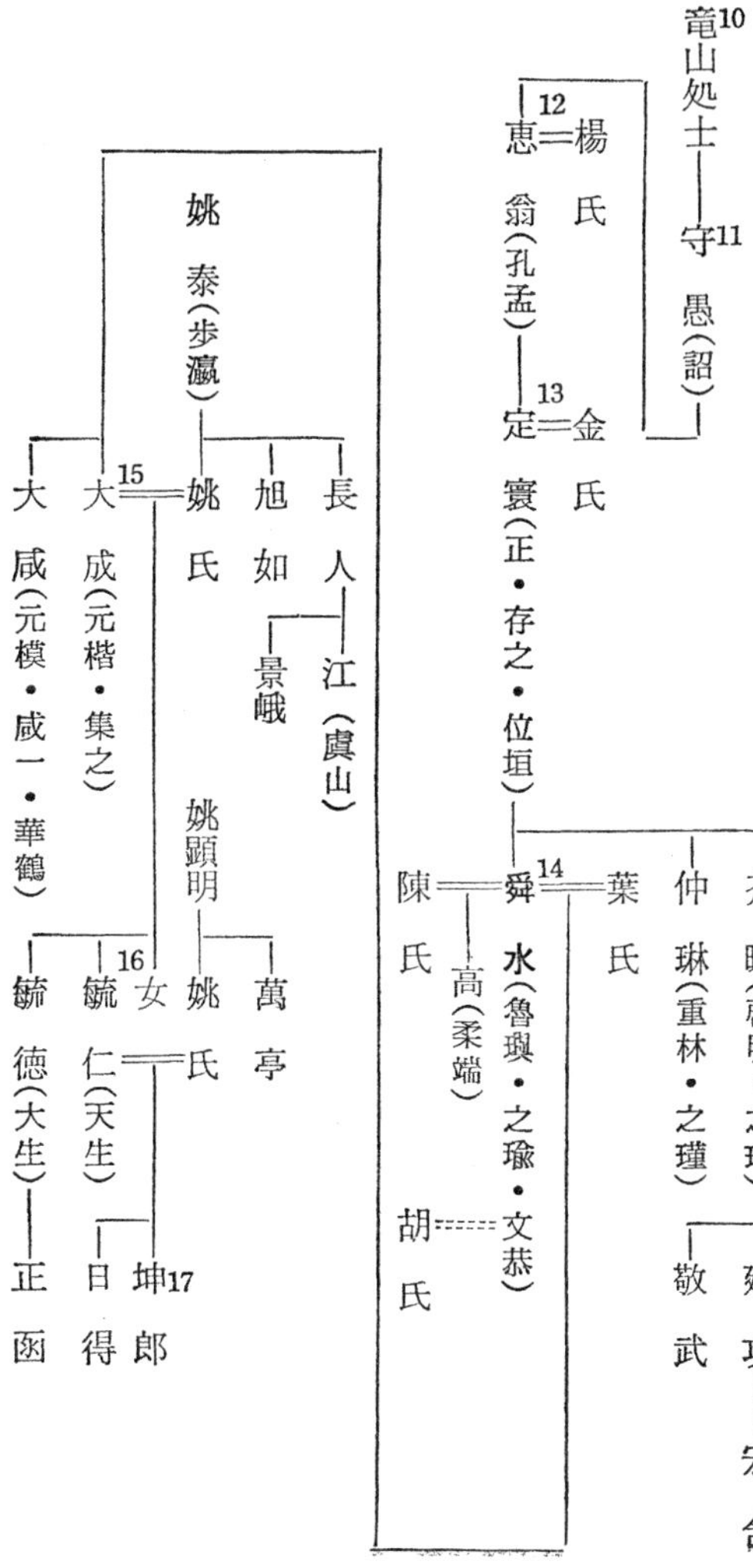

略年譜

日本 天皇	日本 年次	中国 明	中国 後金	西暦	年齢	事歴	参考事項
後陽成	慶長五	万暦28		一六〇〇	一	一〇月一二日、浙江餘姚に生まれる。父は正、母は金氏	(関ヶ原の戦)○(イギリス東インド会社設立)
	一二	35		一六〇七	八	父、正が没する	
	一五	38		一六一〇	一一		黄宗羲が生まれる
後水尾	元和四	46	天命3	一六一八	一九	妻葉氏が長子大成を生む（次子大咸の出生は不詳）	後金が撫順を陥れる○(ドイツ三十年戦争はじまる)
	五	47	4	一六一九	二〇		サルホの戦○王夫士が生まれる
	六	泰昌1	5	一六二〇	二一	このころ朱永佑に学ぶ	(イギリス清教徒の北米移住)
		天啓1	6	一六二一	二二		後金が瀋陽・遼陽を陥れる
	八	2	7	一六二二	二三		後金が広寧を陥れる○安東守

尾						
寛永元	4		9	一六二四	二五	約が生まれる 鄭成功が生まれる〇張斐が生まれる 〇(日光東照宮陽明門ができる)
五	崇禎1		天聡2	一六二八	二九	陝西が飢饉で、流賊李自成らが乱をおこす〇徳川光圀が生まれる 〇(イギリス権利の請願)
正明						
八	4		5	一六三一	三二	八月、後金が大凌城を囲む〇一一月、孔有徳が反する
一〇	6		7	一六三三	三四	二月、流賊が畿南・河北を犯す〇七月、後金が旅順を陥れる
一一	7		8	一六三四	三五	後妻陳氏が女高を生む(あるいは明年?) 七月、後金が宣府に入る〇一一月、流賊が河南・江北・湖広を犯す
一二	8		9	一六三五	三六	正月、流賊が鳳陽を陥れ、一一月、陝州を陥れ、洛陽を攻

明正						
寛永一三	9	清 崇徳1	一六三六	三七		める〇顔元が生まれる 〇(参覲交代の制) 後金が国号を清と改める〇七月、清軍が塞に入り、八月、東に帰る
一五	11	3	一六三八	三九	恩貢生として礼部にあげられる	九月、清軍が塞に入る
一六	12	4	一六三九	四〇		正月、清軍が済南に入り、徳王由枢がとらえられる 〇(日本、鎖国)
一七	13	5	一六四〇	四一		九月、張献忠が剣州を陥れる
一八	14	6	一六四一	四二		正月、李自成が河南を陥れ、福王常洵をころす〇張献忠が襄陽を陥れ、襄王翊銘をころす〇一一月、李自成が南陽を陥れ、唐王聿鏌をころす
一九	15	7	一六四二	四三		二月、清軍が松山・錦州を攻める〇五月、張献忠が廬州を

天皇		後光明	
日本年号	二〇	正保 元	二
明年号	16	17	弘光 1 隆武 1
清年号	8	順治 1	2
西暦	一六四三	一六四四	一六四五
年齢	四四	四五	四六
事項	一〇月、監紀同知にあげられたが就かない（第一回）○母金氏が没する？○後妻胡氏をむかえようとしたが、喪乱のためむかえない	五月、南京の福王由崧から徴されたが就かない（第二回）	正月、福藩から再び徴されたが就かない（第三回）○四月、福藩から三たび徴されたが就かない（第四回）○人臣の礼な
一般事項	陥れる○九月、李自成が開封を陥れる○一一月、清軍がしきりに畿南・山東の州県を陥れる （田畑永代売買の禁止）	三月、李自成が北京を陥れ、毅宗が景山で自殺する○四月呉三桂が乞師し、清軍が入関する○五月、福王由崧が南京でもりたてられる	五月、福王弘光帝が清軍に害せられる○六月、魯王以海が紹興でもりたてられる○閏六月、唐王聿鍵が福州でもりた

後	光	明
	正保三	四
	隆武2	永暦1
	魯監国1	2
	順治3	4
	一六四六	一六四七
	四七	四八
しと論劾され、海浜へのがれる○長崎へおもむく(第一次)	安南へゆき、ついで舟山にかえる	長崎へおもむき(第二次)、ついで舟山にかえる○昌国県知事をさずけられたが受けない
てられる○一一月、鄭芝竜が日本に援兵を乞う○一二月、崔芝が日本の師三千・堅甲二百領を乞う○康永寧が安南乞師にゆく	六月、鄭芝竜が日本請援使をつかわしたが、風波のため失敗する○僧広済を海外徴兵におもむかせる○魯王は舟山の黄斌卿に納れられず、廈門にむかう○八月、鄭芝竜が再び日本請援使をつかわす○一〇月、桂王由榔が肇慶でもりたてられる○一一月、唐王隆武帝が清軍に害せられる	四月、鄭成功の使者が日本請援にくる○馮京第・黄孝卿らが日本に乞師する○王翊が義

後光明		
慶安元	二	三
2	3	4
3	4	5
5	6	7
一六四八	一六四九	一六五〇
四九	五〇	五一
(第五回)〇一〇月、監察御史管理屯田事務をさずけられたが受けない(第六回)〇軍前賛画にも就かない(第七回)(私的に黄斌卿の記室となる?)	海に浮んで風波にあい(安南方面?)舟山にかえる	正月、監紀推官にすすめられたが受けない(第八回)〇兵科給事中・吏科給事中・翰林院官もすべて受けない(第九・一〇・一一回)〇孝廉にあげ
兵を四明山寨にあげる 一〇月、鄭成功・鄭彩が日本に請援する〇(ウェストファリア条約)	五月、鄭彩が日本・琉球に請援する〇九月、舟山の黄斌卿が殺される〇一〇月、魯王が舟山にむかえられる〇(慶安の御触書)	八月、鄭成功が廈門を根拠地とする〇一〇月、明の王太后がミカエル＝ボイムをローマ法王庁につかわす

後光明			
慶安四	承応元	二	三
永暦5	6	7	8
魯監国6	7	8	9
順治8	9	10	11
一六五一	一六五二	一六五三	一六五四
五二	五三	五四	五五
られたがことわる(第一二回)○王翊と交わりをむすぶ舟山をさって安南へゆく○次子大咸が長崎にくる	長崎へおもむく(第三次)○安南へゆき、病にくるしむ	七月、安南から長崎へおもむく(第四次)○一二月、安南へゆく	正月、長崎へおもむき(第五次)、また安南へゆく○吐血がはじまる○三月、魯王の恩詔がくだったが知らない(第一三回)
八月、王翊が四明山寨で烈死する○舟山が陥り、魯王は廈門へむかう○一二月、鄭成功が日本から鉛銅の助けをえる○永暦帝が安南に請援する○(イギリス航海条例)		五月、鄭成功が永暦帝から延平郡王に封ぜられる	鄭成功が清から招諭されたが受けない

西　　後

明暦元	9	12	一六五五	五六	安南に滞在する	鄭成功が廈門を思明州と改める
二	10	13	一六五六	五七	廈門へかえろうとして果さずひきつづき安南に滞在する	鄭成功が父による清の招諭をことわる
三	11	14	一六五七	五八	正月、日本船によって魯王の恩詔がもたらされる○暹羅行を中止する○二月、いわゆる「安南之役」にあう○魯王に謝恩の奏疏二首をしたためる○吐血がはなはだしい○八月王翊を祭る	(江戸大火・振袖火事)○三月光圀が史局を江戸邸内にもうける
万治元	12	15	一六五八	五九	夏、安南から長崎へおもむく(第六次)○九月、王翊を祭る○一〇月、長崎から廈門へゆく	五月、鄭成功が南京攻略にむかう○六月、「朱成功献日本書」が長崎にもたらされる○八月、北征の鄭軍が羊山で覆没する○九月、鄭成功が日本に援兵を請うという○鄭泰が日本に援兵を請う

後				西			
万治 二	永暦13		順治16	一六五九	六〇	春、厦門にきた次子大咸と会う○四月、鄭成功が再び北伐にむかい、次子大咸とともに従軍する○六月、大咸が軍中が病死する○六月の瓜州・鎮江攻略、七月の南京敗戦をしたしく体験する○鄭成功から日本請援の依頼をうける？(鄭成功贈帰化舜水書)○冬、長崎へおもむき投化する（第七次）	七月、張煌言が鄭成功の別軍となって、江南北を経略する○九月、鄭成功が厦門に逃回する
三	14		17	一六六〇	六一	長崎に流寓する○秋冬の交、柳川からきた安東守約と会う	七月、鄭成功が張光啓を日本借兵につかわす○一一月、張光啓が日本の武器援助をうけてかえる
寛文 元	15		18	一六六一	六二	安東守約が俸祿の半をさいて奉仕する○独立から僧装をすすめられたがことわる○六月	三月、鄭成功が台湾を攻略し、一二月、ゼーランジャ城を降す○清が遷界令を実施する○

	二	16	康熙1	一六六二	六三	『陽九述略』をあらわす 長崎に流寓する（安東守約が筑後に居をうつすことを提案したが実現しない——年月不詳）	李定国が車里・暹羅・古剌に乞師する○(ルイ一四世親政) 三月、鄭成功が呂宋招諭をおこなう○四月、永暦帝が清軍に害せられる○五月、鄭成功が台湾で没する○一一月、魯王が金門で没する
霊元	三	(17)称	2	一六六三	六四	春、長崎が大火で寓居がやけ一時、皓台寺の軒下にすむ	鄭成功の子経が、なお永暦の正朔を奉ずる○七月、鄭泰の長崎寄銀を請求する
	四	(18)	3	一六六四	六五	徳川光圀の使者小宅生順が長崎にきて、東上をすすめる	九月、張煌言が杭州で烈死する
	五	(19)	4	一六六五	六六	六月、長崎をたつ○七月、江戸につく○九月、水戸へおもむく○一二月、江戸へかえる	一二月、朱氏の宗族の姓をかえ、隠避するものを籍にかえす
	六	(20)	5	一六六六	六七	二月、腫毒・めまい・みみなりなどになやまされる	水戸で新寺や淫祠をこわす
	七	(21)	6	一六六七	六八	八月、水戸へおもむく	鄭経が日本に請援し、また通

天皇	年号	年齢		清	西暦	年齢	事項	関連事項
霊元	寛文八	(22称)		康熙7	一六六八	六九	二月、江戸にかえり、駒籠の別荘にはいる○光圀の四十の寿を祝う	婚をねがうという 二月、清が鄭経を招諭したが応じない
	九	(23)		8	一六六九	七〇	七十致仕の義をひき、光圀に老を告げる○四月以来大病にかかる○一一月、七十の誕生を祝い、光圀は養老の礼をおこない、後楽園に宴をはり、また倭漢先哲六人をえがいた屏風をおくる○長子大成が卒する○『諸侯五廟図説』をつくる	(清の天主教厳禁)
	一〇	(24)		9	一六七〇	七一	『学宮図説』をつくる○祭器をつくる○檜をもって寿器をつくる	七月、鄭経がイギリス東インド会社と条約をむすぶ
	一一	(25)		10	一六七一	七二	王儀(民則)を江戸へまねく?	耿継茂が子精忠に襲爵させる
	一二	(26)		11	一六七二	七三	『釈奠儀注』をあらわし、儒学生にその礼を習わせる	水戸に彰考館がひらかれる

霊元	延宝	元	(27)	12	一六七三	七四		三藩の乱がおこる ○(分地制限令)
		二	(28)	13	一六七四	七五	明室の衣冠をつくる	六月、呉鄭檄が江戸に達する
		三	(29)	14	一六七五	七六		一一月、鄭奎舎・鄭按舎が鄭泰の寄銀をうけとる
		四	(30)	15	一六七六	七七	姚江(虞山)が長崎にきて書をおくる	九月、耿精忠が清に降る
		五	(31)	16	一六七七	七八	「諸孫男に与うる書」をしたためる	明僧心越らが帰化する
		六	(32)	17	一六七八	七九	安東守約の父の喪をいたみ書をおくる○一二月、朱毓仁が長崎にきて消息をたずねる	八月、呉三桂が死に、孫世璠がたつ ○(ズンガルのガルタン汗活躍)
		七	(33)	18	一六七九	八〇	四月、今井弘済が長崎にゆき朱毓仁とあい、消息を交換する○一一月、八十の誕生を祝い、光圀は養老の礼をおこない、諸品をおくる○天地に拝告し、明室が光復できないの	(イギリス人身保護律) ○六月、鄭経が福建へ反攻し、漳州・泉州をかこむ

							をかなしむ	
霊元	延宝八	称(34)		康熙19	一六八〇	八一	老衰のうえ、疥瘡ができ、病床からおきあがることさえできない	二月、鄭経が敗れる○八月、尚之信に死をたもう
	天和元	(35)		20	一六八一	八二	病状がますます悪化するが、命を知って医薬をしりぞける	正月、鄭経が卒する○一〇月、呉世璠が自殺し、三藩の乱が平定される
	二	(36)		21	一六八二	八三	三月、宴をもうけ親友・門人らをまねいて永訣する○四月一七日、語言声色、平日とかわらず永眠する○常陸太田の瑞竜山に葬られる	正月、耿精忠を殺す○顧炎武が没する

参考文献

1 五十川剛伯『明朱徴君集』一〇巻　一六八四

2 徳川光圀『朱舜水先生文集』二八巻　一七一五

3 栗田寛『天朝正学』　一八九六

栗田勤「舜水祠堂考」（古蹟、二―七・八）　一九〇三

4 高瀬武次郎「朱舜水」（史学界、三―八・一一・一二）　一九〇一

5 稲葉岩吉（君山）「朱舜水考」（日本及日本人、四七五―四八五）

『朱舜水全集』　文会堂　一九一二

6 朱舜水記念会『朱舜水』　一九一二

7 雨谷毅「朱舜水記事纂録」油印　一九一三

「義公と朱舜水との関係資料」一・二・三　油印　一九三八？

8 後藤秀穂（粛堂）「明末乞師孤忠張非文」（史学雑誌、二六―八）　一九一五

「明末乞師の張非文」（東洋文化、一五・一六・一七）　一九二五

9 今関寿麿（天彭）『日本流寓の明末諸士』　一九二八

『近代支那の学芸』 一九三一
「朱舜水とその遺墨」(書苑、七―三) 一九四三
「朱舜水の人物」(東洋文化、復刊五) 一九六三
10 小畑利三郎「明の君臣の亡命と其の庇護」 一九三八
11 本山桂川『史蹟と名碑』 一九四二
12 中山久四郎「朱舜水と文化交流溝通」(支那、三五―五) 一九四四
「朱舜水と日本文化」(東京支那学報、三) 一九五七
「朱舜水先生年譜」(斯文、二三) 一九五九
13 名越時正「水戸学派と明末志士」(芸林、八―四) 一九五七
14 石原道博「朱舜水」(東洋歴史大辞典、四巻) 一九三七
「朱舜水と向陵」(一高同窓会々報、三五) 一九三七
「向陵朱舜水碑の筆者について」(一高同窓会々報、三七) 一九三八
「国姓爺の南京攻略」(歴史教育、一三―一・二・四) 一九三八
「明末清初請援南海始末」(史潮、九―三) 一九三九

「明末清初の南方経営」（日本諸学研究報告、歴史学・一七）　一九四二
『明末清初日本乞師の研究』　富山房　一九四五
「朱舜水の思想と生涯」（教育と社会、四—七）　一九四九
「朱舜水の経世済民」（いはらき・学芸欄）　一九五二・四・一四
「鄭成功二九〇年祭と朱舜水二七〇年祭に因んで」
（世界歴史事典10・月報）　一九五二
「鄭成功与朱舜水」（台湾風物、四—八・九合刊）　一九五四
「朱舜水之諱字与朱氏談綺」（台湾風物、五—四）　一九五五
「板倉氏蔵板『鄭成功贈帰化舜水書』について」（台湾風物、五—五）
　一九五五
「張煌言の江南江北経略」（台湾風物、五—一一・一二合刊）　一九五五
「明末清初日中交渉史の一面」（歴史教育、六—八）　一九五八
「朱之瑜」（アジア歴史事典・4）　一九六〇
「朱舜水」（朝日新聞・学界余滴）　一九六〇・八・二四

「朱舜水と康南海」（歴史教育、八―一二）一九六〇
「鄭成功・朱舜水・心越関係の二史料」（岩井博士古稀記念典籍論集）一九六三
「朱舜水二百八十年祭」（警泉、一七―一一）一九六二
「朱舜水の世系について」（鈴木俊教授還暦記念東洋史論叢）一九六四
「朱舜水十二考」（茨城大学文理学部紀要、人文科学・一五）一九六四
（中国関係論説資料、第三号第三分冊、歴史・政治・経済Ⅰ）一九六六（再録）
「朱舜水関係史料補説」（茨城県史研究、一）一九六五
「温知彰考―朱舜水への関心など」（茨城県史研究、九）一九六七
「関於所謂明帰化人舜水尺牘」（中日文化論集）一九六七

15 藤沢誠
「朱舜水の古学思想と我が古学派との関係」（東京支那学報、一二）一九六六
○

1 朝鮮人著鈔本『皇明遺民伝』北京大学影印 一九三六
○

1 邵廷采『明遺民所知伝』(思復堂文集、巻三)
2 翁洲老民『海東逸史』巻一八
3 温睿臨『南疆逸史』列伝三九・逸士
4 趙爾巽等『清史稿』列伝之部・巻五〇五・遺逸
5 閔爾昌『碑伝集補』巻三五
6 国粋叢編『張蒼水全集』付録、人物考略・伝略補
7 黄遵憲「朱舜水」(日本雑事詩・七一) 一八七九
8 佚名「朱舜水伝」(漢幟、二) 一九〇七
9 馬瀛「明朱舜水先生言行録」(東方雑誌、一〇―一) 一九一二
10 康有為「懐朱舜水五首」(康南海文集、一二冊) 一九一二
11 湯寿潜・馬浮『舜水遺書』二五巻・付四巻 一九一三
12 梁啓超「黄梨洲・朱舜水乞師日本弁」(東方雑誌、二〇―六) 一九二三
「明清之交中国思想界及其代表人物」(東方雑誌、二一―三) 一九二四
『朱舜水先生学彙纂』

『朱舜水先生年譜』 一九三六

A飲氷室合集専集、九七

B単行本　中華書局 一九五七

13高佐良「清代民族思想之先導者」(建国月刊、九—五) 一九三三

14胡行之「朱舜水之海外因縁」(越風、一三) 一九三六

15馬浮『朱舜水全集』 世界書局 一九三六

16郭廉「明志士朱舜水」(史地半月刊、一—一一・一二) 一九三七

17郭垣『朱舜水』 正中書局 一九三七

18魏守謨「朱舜水思想概述」(論学、二) 一九三七

19王世民『一中華人の見た日本精神』 青年書房 一九四一

20宋越倫『朱舜水伝』(伝記叢書) 中央文物供応社 一九五三

21梁容若「読梁任公著朱舜水年譜」(大陸雑誌、七—九) 一九五三

「朱舜水与日本文化」(大陸雑誌、八—四) 一九五四

22王賓客「朱舜水之民族思想及其学旨」(大陸雑誌、八—八) 一九五四

23 毛　子　水「朱舜水先生学行略識」（中日文化論集・二）　一九五五
24 呉　其　昌『朱舜水政治学述』　一九五八
25 黄　玉　斎「明鄭成功等的抗清与日本」（台湾文献、九—四）　一九五九
26 藍　文　徴「朱舜水之思想」（東海学報、一—一）　一九五九
27 彭　国　棟「日本典籍所載明末遺老之史実」（文史薈刊、一）　一九六三
28 朱　謙　之「朱　舜　水」（人民中国、一二〇）　一九六三
29 台湾銀行研究室編『朱舜水文選』（台湾文献叢刊、一八二種）　一九六三
30 陳　荊　和「朱舜水安南供役紀事箋註」（香港中文大学中国文化研究所学報、一）　一九六八

〔追補〕

山本武夫「『朱舜水文集』の成立をめぐって」（高橋隆三先生喜寿記念論集・古記録の研究）　一九七〇
石原道博「朱舜水の映像」（東風、二—八）　一九七三

「義公隠棲地にも朱舜水の碑を建立」（朝日新聞・研究ノート） 一九七六・六・四E
「中国対外文化協会『朱舜水』について」（街の灯、一二） 一九七六
「新建朱舜水碑記」（日本歴史、三四六） 一九七七
「徳川光圀の賓師・道義一貫朱舜水」（世界と日本、二八六―二九一） 一九七七・九〜一〇
「黄遵憲がみた水戸学の周辺」（茨城県史研究、四〇） 一九七九
「向陵朱舜水碑の周辺」（向陵、二一―一） 一九七九
「朱舜水が愛用した琴台」（常陸評論、八―六） 一九八〇
「『西山朱舜水碑』建立その後」（常陸評論、八―八） 一九八〇

翁咸新「明季遺儒朱舜水先生」一―四（暢流雑誌、五六六―五六九） 一九七一・一〇〜七二・一

王進祥『朱舜水評伝』（人人文庫） 台湾商務印書館 一九七六

朱謙之『朱舜水集』上下 中華書局 一九八〇

朱力行『朱舜水的一生』 世界書局 一九八二
藤堂明保「朱舜水先生記念碑の建立」(日中文化交流、三三〇) 一九八二・五・五
岡部巌夫「朱舜水先生樹碑由来記」(水高同窓会誌、一〇) 一九八三
木下英明「朱舜水の楠正成像賛について」(水戸史学、二二) 一九八五
田山東虎「日中友好のために」(誠魂の小蹊) 一九八八
T・N生(根本鉄也)「朱舜水の子孫を中国にたずねて」上下(新いばらぎ) 一九八八・八・二二、二九
小松崎市郎「朱舜水の故郷」中(常陸評論、一五―一〇) 一九八八
葉樹望「余姚朱氏宗譜与朱舜水家世」 一九八八

著者略歴

明治四十三年生れ
昭和十年東京大学文学部東洋史学科卒業
茨城大学教授、同学生部長、同図書館長、同地域総合研究所長、同五浦美術文化研究所長等を経て
現在　茨城大学名誉教授、常磐大学講師
文学博士

主要著書
東亜史雑攷　明末清初日本乞師の研究　国姓爺
文禄慶長の役　倭寇　新訂魏志倭人伝他三篇

人物叢書　新装版

朱舜水

昭和三十六年十二月二十五日　第一版第一刷発行
平成　元　年十二月　一　日　新装版第一刷発行

著　者　石原《いしはら》道博《みちひろ》
編集者　日本歴史学会
代表者　児玉幸多
発行者　吉川圭三
発行所　株式会社　吉川弘文館
東京都文京区本郷七丁目二番八号
郵便番号一一三
電話〇三―八一三―九一五一〈代表〉
振替口座東京〇―二四四
印刷＝平文社　製本＝ナショナル製本

『人物叢書』(新装版)刊行のことば

人物叢書は、個人が埋没された歴史書が盛行した時代に、「歴史を動かすものは人間である。個人の伝記が明らかにされないで、歴史の叙述は完全であり得ない」という信念のもとに、専門学者に執筆を依頼し、日本歴史学会が編集し、吉川弘文館が刊行した一大伝記集である。

幸いに読書界の支持を得て、百冊刊行の折には菊池寛賞を授けられる栄誉に浴した。

しかし発行以来すでに四半世紀を経過し、長期品切れ本が増加し、読書界の要望にそい得ない状態にもなったので、この際既刊本の体裁を一新して再編成し、定期的に配本できるような方策をとることにした。既刊本は一八四冊であるが、まだ未刊である重要人物の伝記についても鋭意刊行を進める方針であり、その体裁も新形式をとることとした。

こうして刊行当初の精神に思いを致し、人物叢書を蘇らせようとするのが、今回の企図である。大方のご支援を得ることができれば幸せである。

昭和六十年五月

日本歴史学会

代表者 坂本太郎

〈オンデマンド版〉
朱舜水

人物叢書　新装版

2020年（令和2）11月1日　発行

著　者　石《いし》原《はら》道《みち》博《ひろ》

編集者　日本歴史学会
代表者　藤田　覚

発行者　吉川道郎

発行所　株式会社　吉川弘文館
〒113-0033　東京都文京区本郷7丁目2番8号
TEL　03-3813-9151〈代表〉
URL　http://www.yoshikawa-k.co.jp/

印刷・製本　大日本印刷株式会社

石原　道博（1910～2010）

ISBN978-4-642-75179-7